300 Menus
300 Recettes

Mariel

300 Menus 300 Recettes

Éditions Ouest-France
13, rue du Breil, Rennes

Photographie de couverture : Didier Benaouda

Sommaire

ENTRÉES

Artichauts aux Saint-Jacques

Préparation : *20 min.*
Cuisson : *40 min.*

Un Menu
Artichauts
aux Saint-Jacques
Œufs à la coque
et mousse de légumes
Fraises

Ingrédients

Pour 4 personnes.
4 artichauts (ou 4 fonds surgelés), 2 pamplemousses (1 jaune, 1 rose), 4 noix de coquilles Saint-Jacques, 50 g de crème fraîche, sel et poivre, baies de poivre rose, pluches de cerfeuil ou quelques brins de persil.

Préparez les artichauts et après les avoir lavés à l'eau vinaigrée, faites-les cuire à l'eau bouillante salée, égouttez-les bien avant d'utiliser les fonds. Si vous employez des fonds surgelés, suivez les indications portées sur l'emballage pour la cuisson.

Nettoyez et rincez soigneusement les noix de Saint-Jacques. Épluchez les pamplemousses à vif, ôtez la membrane qui recouvre les quartiers. Préparez une papillote en papier alu, mettez-y les noix de Saint-Jacques, quelques quartiers de pamplemousse, un peu de sel et des baies de poivre rose. Fermez la papillote et faites-la cuire 10 min. à la vapeur.

Pendant ce temps, chauffez la crème fraîche avec sel, poivre et quelques quartiers de pamplemousse finement écrasés.

Disposez sur chaque fond d'artichaut une noix et des quartiers de pamplemousse cuits à la vapeur. Nappez de crème, parsemez de baies de poivre rose, de pluches de cerfeuil ou persil et décorez avec les quartiers de pamplemousse restants. Servez tiède.

Flan d'asperges

Préparation : *30 min.*
Cuisson : *1 h 15.*

Un Menu
Flan d'asperges
Steak grillé
Pommes de terre maître-d'hôtel
Coupe de fruits

Ingrédients

Pour 6 personnes.
600 g d'asperges, 1/2 l de lait, 40 g de farine, 40 g de beurre, sel et poivre, 4 œufs, 1 pointe de noix de muscade.

Avec le lait, la farine et le beurre, préparez une sauce Béchamel ferme (faites fondre le beurre, ajoutez la farine d'un seul coup dans le beurre chaud et hors du feu. Remettre sur le feu en tournant sans cesse pour obtenir un mélange mousseux. Versez tout le lait froid, tournez vivement pour bien diluer, remettez à feu doux et portez à ébullition 5 min. sans cesser de remuer).

Épluchez les asperges, faites-les blanchir 10 min. à l'eau bouillante salée. Gardez quelques pointes pour la décoration et passez tout le reste au mixeur. Battre quatre œufs en omelette.

Dans la béchamel, incorporez les œufs et les asperges mixées, ajoutez une pointe de noix de muscade, vérifiez l'assaisonnement et versez le tout dans un moule à charlotte beurré pour faire cuire pendant 1 h au bain-marie dans le four préalablement chauffé (th. 5 - 160°).

Laissez refroidir avant de servir le plat bien frais.

Au moment du repas, démoulez sur quelques feuilles de salade, décorez des pointes d'asperge restantes.

Asperges en gratin

Préparation : *35 min.*
Cuisson : *15 min.*

Un Menu
Asperges en gratin
Escalopes de dinde
Petits pois
Tartelettes aux fruits

Ingrédients

Pour 4 personnes.
1 kg d'asperges,
125 g de gruyère râpé, 3 œufs,
10 cl de crème fraîche,
20 g de beurre,
sel, poivre et muscade.

Épluchez soigneusement les asperges, passez-les sous un filet d'eau et faites-les cuire à l'eau bouillante salée pendant 20 min. environ. Dès qu'elles sont cuites, retirez-les de l'eau et faites-les égoutter sur un torchon ou du papier absorbant. Faites durcir les œufs et écalez-les.

Dans un saladier, écrasez les œufs à la fourchette, ajoutez la crème fraîche, 100 g de fromage râpé, un peu de noix de muscade râpée et du poivre. Mélangez bien le tout.

Chauffez le four (th. 8 - 250°).

Beurrez un plat à gratin. Étalez au fond une couche d'asperges, recouvrez de la préparation aux œufs et fromage, et alternez jusqu'à épuisement des ingrédients. Terminez par une couche œufs, crème, fromage. Saupoudrez du reste de gruyère râpé et parsemez de quelques noisettes de beurre. Enfournez pour 15 min. environ.

Salade d'asperges vertes aux crevettes

Préparation : *30 min.*
Cuisson : *30 min.*

Cette recette fera une agréable entrée pour un repas de Pâques

Ingrédients

Pour 4 personnes.
24 asperges vertes bien tendres,
24 grosses crevettes roses fraîches (ou surgelées), ou 24 gambas,
1 gros pamplemousse
rose pas trop mûr,
150 g de champignons de Paris,
1 bouquet de cerfeuil,
2 cuil. à soupe de crème fraîche,
1 cuil. à café de sucre en poudre,
2 gouttes de tabasco, sel et poivre.

Un Menu
Salade d'asperges vertes aux crevettes
Gigot
Flageolets
Coupe de fruits

Épluchez les asperges et faites-les cuire à l'eau bouillante salée, puis égouttez-les.

Faites dégeler les crevettes si elles sont surgelées. Décortiquez-les, sauf quelques-unes que l'on gardera pour la décoration.

Épluchez le pamplemousse, ôtez soigneusement toutes les peaux intérieures pour ne garder que la pulpe.

Préparez la sauce : recoupez les asperges pour les avoir toutes de la même longueur, en enlevant 2 à 3 cm de tige. Recueillez ainsi environ 100 g de chair d'asperge cuite. Mixez cette chair avec 2 tranches de pamplemousse, sel, poivre, sucre, tabasco, 1 cuil. à soupe de pluches de cerfeuil, et la crème fraîche mise en dernier. Rectifiez l'assaisonnement.

Dans une coupe évasée, disposez les asperges en éventail, pointes vers le haut. Mélangez à la sauce les crevettes décortiquées, le reste de chair de pamplemousse coupée en morceaux, les champignons lavés et émincés (en garder quelques-uns). Mettez ce mélange dans la coupe, décorez avec les crevettes et les champignons qui restent. Parsemez de pluches de cerfeuil.

Aspics d'automne à l'emmenthal

Préparation : *35 min.*
Cuisson : *5 min.*

Un Menu

Aspics d'automne
à l'emmenthal
Gratin dauphinois
Salade
Raisin

Ingrédients

Pour 4 personnes.
1 sachet de gelée,
4 figues fraîches,
1 melon, 12 fines tranches
de viande des Grisons,
150 g d'emmenthal grand cru,
10 cl de banyuls,
quelques pluches de cerfeuil.

Préparez la moitié de la gelée suivant les indications du sachet et, lorsqu'elle est encore chaude, ajoutez le banyuls pour l'aromatiser.

Dans le fond de 4 ramequins en verre, versez 1 cm de gelée tiède, faites prendre au réfrigérateur.

Pelez les figues et coupez-les en morceaux. Ouvrez le melon, retirez les graines et prélevez des petites boules de chair.

Lorsque la gelée est prise au fond des ramequins, disposez à l'intérieur, figues, melon et pluches de cerfeuil. Préparez le reste de gelée et versez-la tiède sur l'ensemble de façon à remplir les ramequins. Faites prendre au réfrigérateur 1 h.

Pour démouler ces aspics, trempez le fond des ramequins quelques secondes dans l'eau, décollez les parois avec la lame d'un couteau et démoulez sur chaque assiette.

Coupez les tranches de viande des Grisons en lanières, détaillez l'emmenthal en fines lamelles, dressez autour des aspics.

Décorez avec des pluches de cerfeuil et servez aussitôt.

Avocats aux crevettes

Préparation : *20 min.*
Pas de cuisson.

Un Menu
Avocats aux crevettes
Rôti de dindonneau
Pommes de terre sautées
Mandarines

Ingrédients

Pour 4 personnes.
2 avocats,
200 g de crevettes roses,
1 petite boîte
de champignons de Paris,
1 petite boîte d'asperges cocktail,
2 citrons verts.
Sauce mayonnaise :
1 jaune d'œuf,
1 cuil. à café de moutarde,
10 cl d'huile,
3 cuil. à soupe de fromage blanc,
1 cuil. à soupe de ketchup,
1 cuil. à café de cognac,
tabasco, sel et poivre.

Mettez à égoutter les champignons et les pointes d'asperges.

Préparez la mayonnaise avec l'œuf, la moutarde et l'huile. Une fois prise, ajoutez sel, poivre, jus d'un demi-citron, le ketchup, le fromage blanc, le cognac et quelques gouttes de tabasco.

Coupez les avocats en deux, retirez le noyau, prélevez la chair à la petite cuiller et faites-en des dés ou des boules que vous citronnerez aussitôt pour éviter qu'elles ne noircissent. Citronnez aussi l'intérieur des coques d'avocat.

Mélangez doucement les morceaux d'avocat avec les champignons émincés, les asperges et les petites crevettes roses. Répartissez le mélange dans les coques d'avocat, arrosez de la sauce et servez frais avec des quartiers de citron.

Avocats farcis

Préparation : *15 min.*
Pas de cuisson.

Un Menu
Avocats farcis
Rôti de dindonneau aux champignons
Cake aux fruits

Ingrédients

Pour 4 personnes.
2 avocats bien mûrs, 150 g de maïs en grains, 150 g de mozzarella, 100 g de jambon cru en une tranche épaisse, 1 œuf, quelques feuilles de salade, 1 citron, 2 cuil. à soupe d'huile d'olive, sel et poivre.

Faites cuire l'œuf dur et écalez-le.

Rincez les grains de maïs et égouttez-les bien. Coupez la mozzarella en petits dés réguliers. Éliminez le gras de la tranche de jambon cru. Coupez-la ensuite en petits cubes réguliers.

Lavez les feuilles de salade et essorez-les bien.

Dans un saladier, mélangez le maïs, les dés de jambon, la mozzarella. Arrosez le tout d'un filet d'huile d'olive mélangée à un jus de citron avec sel et poivre.

Coupez les avocats en deux dans le sens de la longueur, ôtez les noyaux et citronnez aussitôt la chair pour éviter qu'elle ne noircisse.

Farcissez les demi-avocats du mélange assaisonné.

Décorez de tranches de citron, de rondelles d'œuf dur et disposez sur un lit de feuilles de salade. Servez frais.

Barquettes de printemps

Préparation : *30 min.*
Pas de cuisson.

Un Menu
Barquettes de printemps
Rôti de veau
Jardinière de légumes
Coupe de fruits

Ingrédients

Pour 4 personnes.
2 longs concombres,
200 g de gouda,
200 g de crevettes décortiquées,
1 œuf dur,
2 cuil. à soupe de mayonnaise,
4 cuil. à soupe de fromage blanc,
sel et poivre de Cayenne.

Pelez les concombres, coupez-les en deux dans le sens de la longueur. Épépinez-les à l'aide d'une petite cuiller. Découpez quatre tronçons réguliers d'environ 15 cm de long. Détaillez le reste des concombres en petits dés.

Coupez le fromage en petits cubes.

Dans un saladier, mélangez les dés de concombre, le fromage, les crevettes, la mayonnaise et le fromage blanc.

Salez légèrement et ajoutez une pointe de poivre de Cayenne. Mélangez délicatement.

Sur un plat de service, disposez les tronçons de concombre, garnissez-les du mélange au fromage blanc.

Décorez avec des rondelles d'œuf dur et servez bien frais.

Vous pouvez décorer aussi avec des petites tomates cerises ou de grosses crevettes (bouquets) décortiquées.

Brioches fourrées aux champignons

Préparation : *15 min.*
Cuisson : *20 min.*

Un Menu
Brioches fourrées aux champignons
Steak
Pommes de terre nouvelles
Salade
Fruits

Ingrédients

Pour 4 personnes.
4 brioches,
150 g de champignons de Paris,
100 g de jambon,
100 g de crevettes décortiquées,
1 œuf, 50 g de beurre,
25 g de farine,
100 g de fromage de Hollande râpé,
15 cl de lait, sel,
poivre et noix de muscade.

Préparez une béchamel avec 40 g de beurre, la farine, le lait, sel, poivre et noix de muscade.

Nettoyez et émincez les champignons. Faites-les revenir dans le reste de beurre, puis ajoutez-les à la béchamel ainsi que le jambon et les crevettes coupés finement et le fromage râpé. Liez le tout avec un jaune d'œuf.

Enlevez les chapeaux des brioches et creusez-les délicatement. Remplissez-les de la préparation à la Béchamel et rangez-les dans un plat allant au four. Remettez les chapeaux des brioches et passez le tout à four chaud (th. 6 - 180°), pendant 10 min. environ. Si vous avez du surplus de sauce, faites-le chauffer également dans un autre récipient. Les brioches doivent être bien chaudes mais non desséchées.

Servez chaud avec le reste de sauce.

Chèvres chauds aux fines herbes

Préparation : *10 min.*
Cuisson : *10 min.*

Un Menu
Chèvres chauds aux fines herbes
Côtelettes d'agneau grillées
Pommes de terre sautées
Salade de fruits

Ingrédients

Pour 4 personnes.
4 petits chèvres de Chavignol,
1 salade feuille de chêne (ou 1 frisée),
quelques brins de cerfeuil,
1 cuil. à café de romarin,
1 de sauge et 1 de ciboulette,
1 jaune d'œuf,
vinaigre de framboise,
30 cl d'huile d'olive,
sel et poivre.

Épluchez et lavez la salade, égouttez-la soigneusement. Pendant ce temps, mettez les fromages de chèvre coupés en deux horizontalement au four, après les avoir légèrement badigeonnés de jaune d'œuf pour une meilleure coloration. Faites-les gratiner à peine 10 min. au four jusqu'à ce qu'ils deviennent fondants.

Préparez une vinaigrette avec le vinaigre de framboise et l'huile d'olive auxquels on ajoute les cuillerées de romarin, sauge, ciboulette hachés, le sel et le poivre.

Sur chaque assiette, disposez un lit de salade assaisonnée légèrement, posez dessus les moitiés de fromage chaudes et dorées. Arrosez-les d'1 cuil. de vinaigrette. Servez immédiatement.

Un sancerre (blanc ou rouge) ou un chinon rouge accompagneront bien cette entrée.

Chèvres frais aux champignons de Paris

Préparation : *15 min.*
Cuisson : *5 min.*

Un Menu
Chèvres frais
aux champignons de Paris
Pintade
Petits légumes nouveaux
Gaufre aux fruits

Ingrédients

Pour 4 personnes.
4 chèvres frais,
200 g de champignons de Paris frais,
40 g de cerneaux de noix,
1 citron, beurre,
cerfeuil, salade.

Ôtez l'extrémité sableuse des champignons de Paris et lavez-les.

Pressez le citron. Réservez 1 ou 2 champignons et quelques cerneaux de noix.

Hachez finement les champignons, faites-les suer dans une poêle très rapidement, avec un peu de beurre et le jus de citron, puis laissez-les refroidir. Hachez les cerneaux de noix.

Mélangez champignons de Paris et noix. Roulez les chèvres dans ce mélange.

Sur une assiette, disposez les feuilles de salade préalablement nettoyées, lavées et séchées. Placez les chèvres, décorez avec des pluches de cerfeuil, des lamelles de champignon, des cerneaux de noix.

Proposez pour accompagner cette entrée quelques tranches de pain aux noix.

Choucroute en cocktail aux crevettes

Préparation : *15 min.*
Pas de cuisson.

Un Menu
Choucroute en cocktail aux crevettes
Poulet rôti
Pommes chips
Tarte aux fruits

Ingrédients

Pour 4 personnes.
250 g de choucroute crue,
100 g de concombre,
250 g de crevettes décortiquées,
1 cuil. à soupe de moutarde forte,
1 cuil. à soupe de jus de citron vert,
4 cuil. à soupe de crème fraîche,
3 cuil. à soupe de ketchup
et 1 cuil. à café de whisky.

Pelez le concombre, épépinez-le et taillez-le en fines lanières.

Mélangez choucroute et lanières de concombre.

Dans un bol, mettez la moutarde. Ajoutez le jus de citron vert, la crème fraîche, le ketchup et le whisky.

Ajoutez les crevettes et le mélange choucroute, concombre.

Remuez délicatement.

Répartissez la préparation dans 4 coupes et mettez au réfrigérateur au moins 1 h avant de servir.

Courgettes aux crevettes

Préparation : *15 min.*
Cuisson : *8 min.*

Un Menu
Courgettes aux crevettes
Steak
Pommes de terre maître-d'hôtel
Ananas

Ingrédients

Pour 4 personnes.
4 petites courgettes,
100 g de crevettes entières
et 100 g de crevettes décortiquées.
Pour la sauce : 1 jaune d'œuf,
1 cuil. à soupe de moutarde,
1 cuil. à soupe de ketchup,
25 cl d'huile, sel, poivre,
1 petit bouquet de ciboulette.
Pour le plat :
quelques feuilles de salade.

Lavez les courgettes. Coupez les extrémités et faites-les cuire 8 min. à peine dans l'eau bouillante salée. Laissez-les complètement refroidir. Préparez une mayonnaise bien relevée, ferme, avec le jaune d'œuf, la moutarde, l'huile et le ketchup.

Découpez les courgettes dans leur longueur. Évidez-les en formant de petites boules avec la pulpe. Vous ajouterez ces boulettes à la mayonnaise aïnsi que les crevettes décortiquées.

Remplissez les barquettes des courgettes de cette préparation. Décorez avec des crevettes entières et de la ciboulette hachée (ou d'autres herbes).

Pour servir, faites un lit de feuilles de salade (ou de rondelles de tomate ou de citron) sur le plat, déposez les barquettes de courgettes.

Les crevettes peuvent être remplacées par du thon au naturel en boîte ou du saumon.

Flans d'épinards au bacon

Préparation : *20 min.*
Cuisson : *40 min.*

Un Menu
Flans d'épinards au bacon
Pommes de terre gratinées
Salade de fruits

Ingrédients

Pour 4 personnes.
800 g d'épinards (ou un paquet de 500 g d'épinards en branches surgelés), 4 fines tranches de bacon,
3 œufs,
2 cuil. à soupe de crème épaisse,
20 g de beurre,
200 g de fromage de Hollande râpé,
1 pincée de noix de muscade râpée,
sel et poivre.

Équeutez et lavez les épinards et faites-les cuire à l'eau bouillante salée 5 min. ou décongelez les épinards à feu doux. Égouttez et pressez pour bien éliminer toute l'eau.

Râpez le fromage.

Préchauffez le four (th. 7 - 210°) et enfournez un plat à demi rempli d'eau pour avoir un bain-marie le moment voulu. Beurrez quatre petits moules ou ramequins individuels.

Dans un saladier, mélangez les œufs et la crème, ajoutez la muscade et le fromage. Salez et poivrez. Battez à la fourchette.

Versez le mélange sur les épinards et travaillez avec une cuiller en bois pour que la préparation soit homogène.

Répartissez dans les moules et faites cuire 25 min. au bain-marie dans le four.

Juste 5 min. avant la fin de la cuisson des flans, faites griller les tranches de bacon dans une poêle antiadhésive et disposez-les sur les assiettes. Démoulez les flans au centre de chaque tranche et servez aussitôt.

Frisée au fromage

Préparation : *15 min.*
Pas de cuisson.

Un Menu
Frisée au fromage
Poulet
Pommes de terre sautées
Fruits au sirop

Ingrédients

Pour 4 personnes.
1 frisée, 150 g de tomme,
4 filets d'anchois à l'huile,
1 échalote,
1 cuil. à soupe de vinaigre,
4 cuil. à soupe d'huile,
1 cuil. à café de moutarde,
sel et poivre.

Triez et lavez la salade, et coupez les feuilles en plusieurs morceaux. Pelez et hachez l'échalote. Découpez le fromage (tomme, cantal...) en lamelles larges mais peu épaisses.

Dans un saladier, préparez la vinaigrette en délayant la moutarde avec le vinaigre, salez légèrement, poivrez, ajoutez l'échalote, puis l'huile.

Coupez les anchois en petits morceaux. Ajoutez-les avec les lamelles de fromage.

Au moment de passer à table, mettez la frisée dans le saladier. Mélangez bien pour que les feuilles de salade s'imprègnent bien de sauce et servez.

Hors-d'œuvre surprise

Préparation : *15 min.*
Pas de cuisson.

Un Menu
Hors-d'œuvre surprise
Sauté de veau
Carottes
Pêches

Ingrédients

Pour 4 personnes.
4 pamplemousses, 2 pommes,
1/2 concombre, 1 avocat,
1 citron, des radis,
1 branche de céleri,
50 g de cassis ou de groseilles,
1 salade.

Épluchez les pommes, coupez-les en dés et arrosez-les de jus de citron. Lavez le céleri et coupez-le en morceaux. Pelez le concombre et coupez-le en rondelles.

Lavez les radis. Incisez-les sur le sommet et mettez-les dans l'eau froide pour qu'ils s'ouvrent en fleurs. Coupez les pamplemousses aux trois quarts de leur hauteur. Décollez la pulpe de l'écorce et séparez les tranches en enlevant les peaux blanches pour évider les pamplemousses.

Dans un grand saladier, mélangez tous les ingrédients : tranches de pamplemousse, morceaux de pomme, avocat coupé en dés, céleri, concombre, groseilles. Salez et poivrez. Garnissez les pamplemousses de ce mélange. Servez très frais en décorant avec des feuilles de salade et les radis.

Langoustines façon Bretagne

Préparation : *15 min.*
Cuisson : *25 min.*

Un Menu
Langoustines
façon Bretagne
Gratin dauphinois
Salade
Fruits

Ingrédients

Pour 6 personnes.
1,5 kg de langoustines,
3 échalotes,
1/2 bouteille de vin blanc sec,
80 g de beurre, 1 petit verre
d'eau-de-vie de cidre (facultatif),
2 cuil. à soupe de crème fraîche,
1 carotte, 1 gousse d'ail,
1 blanc de poireau,
quelques branches de persil,
thym, laurier, sel, poivre.

Pelez les échalotes, la carotte, coupez-les en fines rondelles. Ne gardez que le blanc du poireau, lavez-le et détaillez-le en petits tronçons.

Dans une cocotte, faites fondre le beurre à feu doux, ajoutez-y les légumes à suer quelques minutes, salez légèrement, poivrez, mouillez avec le vin blanc et le même volume d'eau. Ajoutez la gousse d'ail écrasée, thym, laurier et persil. Couvrez. Portez à ébullition et maintenez-la quelques minutes.

Jetez les langoustines dans le bouillon et laissez reprendre l'ébullition. Selon la taille des langoustines, laissez-les de 2 à 4 min. Sortez-les avec une écumoire et laissez-les égoutter.

Passez le liquide de cuisson à travers un chinois et recueillez-le dans une petite casserole. Laissez réduire quelques minutes à feu vif. Ajoutez alors l'eau-de-vie (facultatif) et la crème fraîche. Maintenez à feu doux 2 à 3 min. à la limite de l'ébullition.

Servez les langoustines et, à part en saucière, la sauce que vous aurez saupoudrée d'un peu de persil haché.

Morilles et poireaux à la crème

Préparation : *15 min.*
Cuisson : *20 min.*

Un Menu
Morilles et poireaux
à la crème
Steak
Pâtes fraîches
Raisin

Ingrédients

Pour 4 personnes.
400 g de morilles, 4 poireaux,
20 cl de crème fraîche liquide,
20 g de beurre, sel et poivre.

Éliminez la partie terreuse des morilles et passez-les rapidement à l'eau vinaigrée en les remuant pour enlever tout le sable ou la terre.

Épluchez les poireaux en leur retirant un tiers du vert, ouvrez–les en croix, lavez-les, égouttez-les puis coupez-les en fines lanières.

Mettez 2 cuil. à soupe de crème dans une poêle. Faites chauffer, ajoutez les lanières de poireau et laissez-les fondre. Salez, poivrez puis ajoutez la crème restante en donnant quelques bouillons. Réservez au chaud.

Faites fondre le beurre dans une autre poêle sur feu moyen, mettez-y les morilles délicatement. Salez, poivrez, remuez en laissant cuire 5 min.

Remettez la poêle contenant la crème et les poireaux sur feu très doux, laissez frémir, puis ajoutez les morilles. Laissez cuire encore à peine 5 min. et servez.

Noix de Saint-Jacques à la fondue de poireaux

Préparation : *30 min.*
Cuisson : *30 min. pour les poireaux et 10 min. pour les Saint-Jacques.*

Un Menu
Noix de Saint-Jacques à la fondue de poireaux
Omelette aux pommes de terre
Salade
Figues

Ingrédients

Pour 4 personnes.
8 belles noix de coquilles Saint-Jacques avec corail,
1 cuil. à soupe de court-bouillon déshydraté, 1/2 l d'eau,
12 poireaux, 20 g de beurre,
sel et poivre,
2 cuil. à soupe de crème fraîche.

Commencez par préparer la fondue de poireaux, qui est la plus longue à cuire. Épluchez et lavez soigneusement les poireaux. Coupez-les en tronçons de 2 cm.

Dans une casserole épaisse, faites fondre le beurre. Ajoutez les poireaux, salez et poivrez. Faites cuire à découvert 10 min. en remuant fréquemment, puis couvrez, réduisez la source de chaleur et laissez mijoter doucement, 20 min. environ. Ajoutez la crème et rectifiez l'assaisonnement.

Préparez le court-bouillon. Lavez très soigneusement les noix de Saint-Jacques et détachez le corail. Faites pocher les noix dans le court-bouillon non bouillant. Mettez le corail 2 min. avant la fin de la cuisson. Égouttez.

Sur un plat long, chauffé, étalez une couche de fondue de poireaux. Coupez chaque noix en deux rondelles, disposez ces demi-noix et le corail sur les poireaux.

Œufs brouillés aux anchois

Préparation : *15 min.*
Cuisson : *5 min.*

Un Menu

Œufs brouillés aux anchois
Salade
Gâteau de semoule aux fruits

Ingrédients

Pour 6 personnes.
6 œufs,
150 g de crème fraîche,
50 g de beurre,
6 tranches de pain de mie,
2 cuil. à soupe de crème d'anchois,
12 filets d'anchois,
sel et poivre du moulin.

Faites griller les tranches de pain de mie. Réservez au chaud. Cassez les œufs entiers dans une terrine, battez-les simplement à la fourchette, ajoutez la crème, salez et poivrez.

Faites fondre sur feu doux, dans un poêlon, 25 g de beurre. Lorsqu'il est blond, versez les œufs et, toujours sur feu doux, remuez à l'aide d'une fourchette ou d'une spatule jusqu'à obtenir une crème onctueuse.

Beurrez les tranches de pain de mie chaudes, étalez sur le beurre une couche de crème d'anchois, puis une couche d'œufs brouillés. Disposez sur le plat de service, décorez chaque toast de deux filets d'anchois en croisillon.

Servez aussitôt accompagné d'une bonne salade.

Œufs cocotte aux champignons

Préparation : *20 min.*
Cuisson : *7 - 8 min.*

Un Menu

Œufs cocotte
aux champignons
Tomates farcies
Salade
Tartelette aux fruits

Ingrédients

Pour 4 personnes.

4 œufs,
250 g de champignons de Paris,
1/2 citron,
3 branches de persil plat,
15 g de margarine au tournesol,
sel et poivre.

Lavez rapidement à l'eau les champignons de Paris après en avoir coupé le pied sableux. Séchez-les sur du papier absorbant et hachez-les grossièrement.

Dans une sauteuse à revêtement antiadhésif, mettez les champignons à cuire, versez dessus le jus d'1/2 citron. Salez et poivrez. Portez doucement à ébullition, couvrez, laissez étuver 10 min. à feu doux.

Pendant ce temps, lavez le persil, séchez-le et coupez-le très fin. Lorsque les champignons sont cuits, ajoutez le persil hors du feu. Mélangez bien et vérifiez l'assaisonnement.

Dans des petits ramequins individuels ou des cassolettes pour les œufs, légèrement enduits de matière grasse, versez le mélange champignons-persil. Au centre, cassez 1 œuf. Posez un petit morceau de la margarine restante dans chaque ramequin et faites cuire au bain-marie à four moyen (th. 5 - 150°) de 7 à 8 min.

A noter : vous pouvez très bien réaliser cette recette avec des girolles et ajouter un peu d'ail.

Œufs farcis à l'oseille

Préparation : *15 min.*
Cuisson : *5 min.*

Un Menu
Œufs farcis
à l'oseille
Gratin de pommes
de terre
Salade de fruits

Ingrédients

Pour 4 personnes.
4 gros œufs,
300 g d'oseille,
40 g de beurre,
100 g de feta,
1 bouquet de ciboulette,
sel et poivre.

Découpez proprement une petite calotte à chaque œuf, videz le contenu et réservez les coquilles. Lavez et équeutez l'oseille, découpez-la en fines lanières.

Dans une poêle, faites fondre le beurre. Versez l'oseille et laissez cuire 1 min. en tournant. Ôtez la moitié de la quantité d'oseille de la poêle, versez les œufs battus sur l'oseille restante.

Cuire à feu moyen, en remuant, jusqu'à ce que les œufs soient pris. Hors du feu, ajoutez la moitié de la feta émiettée et la ciboulette finement ciselée. Poivrez largement. Vérifiez l'assaisonnement car la feta est déjà salée.

Remplissez les coquilles d'œufs de ce mélange. Servez chaud avec le reste d'oseille et de feta mélangées. Vous pouvez aussi ajouter quelques tranches de tomates pour colorer cette entrée.

Œufs mollets sauce piquante

Préparation : *10 min.*
Cuisson : *6 min.*

Un Menu

Œufs mollets
sauce piquante
Hachis parmentier
Pommes

Ingrédients

Pour 4 personnes.
4 œufs, 1 cœur de salade,
2 à 3 cornichons,
2 cuil. à soupe de câpres,
2 yaourts nature,
1 cuil. à café de moutarde forte,
sel et poivre.

Faites cuire les œufs mollets, 6 min. environ. Passez-les sous l'eau froide dès qu'ils sont cuits, écalez-les et laissez-les tiédir.

Gardez quelques câpres pour la décoration, hachez les autres avec les cornichons. Dans un bol, mélangez les yaourts, la moutarde, les cornichons et les câpres hachés. Goûtez, ajoutez sel et poivre si nécessaire.

Nettoyez la salade (choisissez de préférence une salade à larges feuilles), superposez les feuilles, roulez-les en forme de cigare et coupez-les en tranches fines. Vous obtiendrez une chiffonnade.

Tapissez le plat de service de salade, disposez les œufs dessus et nappez de sauce.

Servez à température ambiante.

A noter : si vous ajoutez un peu de concentré de tomates à la sauce, vous obtiendrez une sauce rose.

Pain perdu au gruyère

Préparation : *A peine 10 min.*
Cuisson : *10 min.*

Ingrédients

Pour 4 personnes.
4 belles tranches de pain un peu rassis,
1 grand verre de lait,
3 œufs, 100 g de gruyère râpé,
beurre, sel et poivre.

Un Menu
Pain perdu au gruyère
Jambon à l'os
Pommes de terre sautées
Salade
Coupe de fruits

Mettez les tranches de pain à tremper dans le lait, dans une assiette creuse. Laissez-les le temps qu'elles ramollissent un peu, sans devenir bouillie toutefois.

Dans une autre assiette, cassez les œufs et battez-les en omelette avec un peu de sel et de poivre.

Sur une assiette plate, étalez le gruyère râpé.

Retirez les tranches de pain du lait, pressez-les pour exprimer l'excédent de lait, trempez les tranches dans l'œuf battu, puis sur le gruyère, des deux côtés, et en appuyant bien pour que le fromage adhère.

Faites fondre le beurre dans une poêle. Quand il est chaud, disposez les tranches de pain en les faisant cuire 5 min. sur la première face. Retournez-les délicatement avec une spatule sur la deuxième face et laissez cuire encore 5 min. Servez aussitôt bien chaud car le fromage à tendance à durcir.

Pamplemousse aux deux céleris

Préparation : *15 min.*
Cuisson : *15 min.*

Un Menu

Pamplemousse
aux deux céleris
Rôti de porc boulangère
Salade
Fruits

Ingrédients

Pour 4 personnes.
2 pamplemousses roses,
1 petit céleri boule,
1 cœur de céleri branche,
1 jus de citron,
1 cuil. à café de moutarde blanche,
2 cuil. à soupe de vinaigre de vin blanc et 2 d'huile de noix,
1 yaourt au goût bulgare,
sel, poivre,
1 cuil. à soupe de ciboulette hachée.

Épluchez les pamplemousses à vif, c'est-à-dire en enlevant à la fois l'écorce et la peau blanche.

Séparez la chair des membranes en glissant la lame d'un couteau contre chaque membrane (au-dessus d'une assiette pour recueillir le jus que vous ajouterez à la sauce).

Épluchez le céleri-rave, râpez-le assez finement. Arrosez-le de jus de citron. Coupez les branches de céleri en lamelles. Mélangez les deux céleris. Délayez la moutarde avec sel, poivre, vinaigre et yaourt.

Battez à la fourchette en ajoutant l'huile. Versez sur les céleris et laissez macérer 15 min.

Disposez les céleris au centre d'un ravier. Autour, installez les tranches de pamplemousse. Saupoudrez de ciboulette hachée.

Pamplemousse au concombre

Préparation : *25 min. + 2 h pour dégorgement du concombre.*
Pas de cuisson.

Ingrédients

Pour 6 personnes.
3 pamplemousses,
1 concombre,
1 cuil. à café de moutarde,
1/2 citron, 3 cuil. à soupe d'huile, sel et poivre.

Un Menu

Pamplemousse au concombre
Rôti de porc
Pommes sautées
Nectarines

Pelez le concombre, coupez-le en tranches fines. Étalez-les dans un grand plat, salez légèrement et laissez dégorger 2 h environ.

Coupez les pamplemousses en deux. Retirez délicatement la pulpe avec le couteau spécial à lame courbe ou, à défaut, une cuiller à pamplemousse. Coupez la chair en dés. Réservez les écorces.

Dans un saladier, mettez la moutarde, le poivre. Incorporez une cuiller d'huile en fouettant vivement puis, peu à peu, le reste de l'huile et enfin le jus de citron.

Égouttez les tranches de concombre, essuyez-les avec du papier absorbant. Mettez-les dans le saladier avec les dés de pamplemousse. Remuez le tout délicatement pour bien enrober de sauce. Remplissez les demi-écorces de pamplemousse avec le mélange et servez bien frais.

Paniers printaniers

Préparation : *20 min.*
Pas de cuisson.

Un Menu
Paniers printaniers
Côtes de veau
Épinards
Tartelettes aux fraises

Ingrédients

Pour 4 personnes.
8 belles tomates bien rondes,
250 g de macédoine de légumes,
100 g de fines et courtes asperges,
1 botte de radis,
4 cuil. à soupe de crème fraîche,
1 cuil. à café de moutarde,
1/2 citron,
1 bouquet de ciboulette,
quelques branches de persil,
quelques lamelles de piment rouge,
sel et poivre.

Découpez les tomates en forme de panier, en réservant une anse assez large. Videz les tomates le plus possible, sans percer le fond et sans casser l'anse.

Faites une sauce avec la crème fraîche, la moutarde, le jus de citron, la ciboulette hachée, le sel et le poivre. Mélangez la sauce et la macédoine de légumes.

Remplissez soigneusement les petits paniers de macédoine et garnissez-les de quelques asperges, de radis et d'un brin de persil. Mettez au réfrigérateur. Servez frais mais non glacé.

La pulpe de tomate restant servira pour une sauce ou un potage.

Petits légumes farcis

Préparation : *20 min.*
Pas de cuisson.

Un Menu
Petits légumes farcis
Rôti de veau
Épinards
Fruits

Ingrédients

Pour 4 personnes.
4 petits cœurs d'artichauts,
2 branches de céleri,
4 gros champignons,
1 citron, 4 petits-suisses,
1 ou 2 tranches de jambon
de Parme, 1 petite carotte,
1/2 verre de lait demi-écrémé,
sel, poivre, 1 cuil. à café
de paprika, 1 cuil. à café
de ciboulette hachée finement.

Égouttez les cœurs d'artichauts s'ils sont en conserve ; faites-les cuire s'ils sont surgelés ou frais. Lavez et épluchez le céleri, coupez les branches en tronçons, citronnez-les. Nettoyez soigneusement les champignons, ne conservez que les chapeaux, citronnez-les. Lavez, épluchez et râpez la carotte. Hachez le pied des champignons.

Préparez la farce : battez au fouet les petits-suisses et le lait. Ajoutez la carotte râpée, le hachis des pieds de champignon, le paprika, sel et poivre.

Garnissez les fonds d'artichauts, les tronçons de céleri et les chapeaux de champignons de la farce, parsemez de fines lanières de jambon de Parme et saupoudrez de ciboulette.

Servez bien frais.

Salade bretonne

Préparation : *15 min.*
Cuisson : *20 min.*

Un Menu

Salade bretonne
Côtelettes d'agneau
Tomates grillées
Fromage blanc aux fruits

Ingrédients

Pour 4 personnes.
12 grosses crevettes (bouquet),
1 salade (batavia, laitue),
500 g de pommes de terre,
4 fonds d'artichauts, 2 échalotes,
ciboulette, 1 jus de citron,
4 cuil. à soupe d'huile d'olive,
sel et poivre.

Faites cuire les pommes de terre 20 min. à l'eau bouillante salée. Mettez aussi à cuire, dans un autre récipient, les fonds d'artichauts, pendant 15 min. à l'eau bouillante salée et légèrement citronnée.

Pendant ce temps, décortiquez les crevettes, épluchez les échalotes et émincez-les. Nettoyez la salade. Ciselez la ciboulette.

Égouttez les fonds d'artichauts, laissez-les tiédir avant de les couper en dés. Pelez les pommes de terre et coupez-les en rondelles.

Mettez tous les ingrédients de la salade dans un saladier. Dans un bol, mettez le jus de citron, le sel, le poivre. Mélangez bien. Ajoutez l'huile en fouettant. Versez cette sauce sur la salade encore tiède et servez.

Salade de carottes surprise

Préparation : *15 min.*
Pas de cuisson.

Ingrédients

Pour 4 personnes.
600 g de carottes,
1 grosse pomme acide,
150 g de noisettes mondées,
10 cl de crème fraîche, 2 citrons,
1 cuil. à soupe d'huile de noisette,
6 branches de cerfeuil,
sel et poivre.

Un Menu

Salade de carottes surprise
Steaks hachés à l'américaine
Tomates grillées
Fromage
Fruits

Épluchez les carottes et passez-les à la râpe à julienne, grille fine. Répartissez dans deux saladiers.

Évidez la pomme, pelez-la, coupez-la en quatre, passez-la immédiatement à la même râpe en l'arrosant avec 1 cuil. à soupe de jus de citron pour qu'elle ne noircisse pas. Mêlez-la au contenu d'un des saladiers. En même temps, ajoutez le jus de citron, la crème fraîche, salez et poivrez, couvrez et mettez au réfrigérateur.

Concassez grossièrement les noisettes sans les réduire en poudre, mêlez-les au contenu du second saladier avec l'huile de noisette, le jus de citron, sel, poivre et pluches de cerfeuil. Couvrez et mettez au réfrigérateur.

Au moment du repas, soit vous posez les deux saladiers sur la table et chacun se sert à sa convenance, soit, vous déposez dans chaque assiette, 2 feuilles de laitue (lavée) qui formeront deux petites corbeilles dans lesquelles vous mettrez chaque sorte de salade de carottes.

SALADE DE COQUES

Préparation : *30 min.*
Cuisson : *8 min.*

UN MENU
Salade de coques
Côtes d'agneau
Pommes de terre sautées
Raisin

Ingrédients

Pour 4 personnes.
2 l de coques, 1 citron, 140 g de gruyère, 1 salade (laitue, batavia), 1 oignon, 2 échalotes, 1 gousse d'ail, 1 verre de vin blanc sec, huile, sel, poivre, persil.

Brossez et frottez très soigneusement les coques et laissez-les tremper dans l'eau froide salée pour qu'elles se débarrassent du sable. Rincez plusieurs fois.

Dans une grande casserole, mettez les coques avec le vin blanc sec, un oignon et une échalote émincés. Laissez ouvrir, à feu doux, 8 min.

Retirez les coques de leurs coquilles, filtrez le jus de cuisson. Lavez la salade, essorez-la et découpez-la en lanières pour faire une chiffonnade. Disposez sur les assiettes.

Préparez une sauce avec 2 cuil. à soupe de jus de citron, 2 cuil. à soupe de jus de cuisson et 2 cuil. à soupe d'huile. Salez, poivrez. Hachez très fin l'ail, le persil et 1 échalote. Coupez le fromage en petits dés.

Mélangez les coques, le fromage, le hachis et la sauce.

Déposez le mélange sur les feuilles de salade.

Salade d'endives aux oranges

Préparation : *15 min.*
Pas de cuisson.

Un menu
Salade d'endives
aux oranges
Rôti de porc
Pommes de terre sautées
Crème au caramel

Ingrédients

Pour 4 personnes.
4 belles endives,
2 oranges,
2 cuil. à soupe d'huile de noix,
1 cuil. à soupe de jus de citron,
sel et poivre.

Préparez les endives en enlevant les feuilles extérieures abîmées ou sales, coupez la base des endives et enlevez, en profondeur, à partir de la base, un cône (cette partie donne de l'amertume à l'endive). Passez les légumes sous l'eau, épongez-les et émincez les endives en chiffonnade, bien fine.

Avec un couteau bien aiguisé, incisez les oranges de façon à enlever les deux peaux en même temps. Séparez les quartiers en retirant les membranes qui les relient, pour obtenir des morceaux d'orange à vif. Travaillez au-dessus d'un saladier pour recueillir le jus des oranges.

Préparez la sauce avec l'huile de noix, le jus de citron, celui des oranges, sel et poivre. Assaisonnez les endives de cette sauce. Disposez les quartiers d'orange autour de la chiffonnade d'endives.

Vous pouvez également ajoutez quelques lamelles fines de chèvre frais.

Servez bien frais.

Salade sans façon

Préparation : *20 min.*
Cuisson : *9 min.*

Un Menu
Salade sans façon
Tourte au jambon
Fruits

Ingrédients

Pour 4 personnes.
1 petite salade, 2 pommes de terre moyennes déjà cuites à l'eau, 150 g de crevettes roses décortiquées, 2 œufs, quelques radis, ciboulette, huile, vinaigre, sel et poivre.

Faites chauffer une casserole d'eau pour cuire les œufs durs. Rafraîchissez-les sous l'eau froide dès qu'ils sont cuits.

Lavez et essorez la salade. Pelez les pommes de terre et coupez-les en rondelles. Écalez les œufs et coupez-les en quartiers. Coupez les radis en grosses tranches après les avoir lavés. Ciselez la ciboulette.

Tapissez les parois d'un grand saladier avec les feuilles de salade et disposez les autres ingrédients à l'intérieur, y compris le reste de salade.

Préparez la vinaigrette en délayant d'abord le sel dans 2 cuil. à soupe de vinaigre, puis en ajoutant progressivement l'huile (4 à 5 cuil.), finissez par le poivre. Versez cette vinaigrette sur la salade et mélangez délicatement.

Salade de haricots verts

Préparation : *20 min.*
Cuisson : *35 min.*

Un Menu

Salade de haricots verts
Brochettes de dinde
Tomates grillées
Fraises au sucre

Ingrédients

Pour 4 personnes.
350 g de haricots verts,
350 g de pommes
de terre nouvelles,
200 g de lardons fumés,
1 oignon, 20 g de beurre,
sel, poivre et persil.
Vinaigrette :
vinaigre ou citron,
moutarde, oignon haché
et huile d'olive.

Équeutez et lavez les haricots verts. Lavez les pommes de terre sans les peler et faites-les cuire, séparément des haricots verts à l'eau bouillante salée (20 à 25 min. environ, moins si vous utilisez l'autocuiseur).

Pendant ce temps, faites fondre le beurre dans une poêle et faites revenir les lardons jusqu'à ce qu'ils soient bien croustillants et dorés. Enlevez les lardons et réservez-les. Faites alors revenir 1 oignon haché dans cette même poêle et laissez cuire à peine 10 min.

Lorsque les haricots sont cuits, égouttez-les et mettez-les dans un saladier. Pelez les pommes de terre et coupez-les en rondelles un peu épaisses. Ajoutez-les aux haricots verts avec l'oignon, salez et poivrez.

Préparez une vinaigrette, versez-la sur les haricots et pommes de terre encore chauds. Mélangez soigneusement et laissez tiédir.

Au moment de servir, parsemez des lardons et saupoudrez de persil haché.

SALADE AU MAÏS

Préparation : *15 min.*
Cuisson : *20 min.*

UN MENU
Salade au maïs
Poêlée de crevettes à la fondue de tomates
Salade verte
Tarte aux abricots

Ingrédients

Pour 4 personnes.
1 boîte de maïs en grains (285 g), 150 g de champignons de Paris, 1 citron, 100 g de riz, 1 petite botte de radis, 2 cornichons, 50 g de gruyère râpé, brins de basilic, 1 cuil. à soupe de moutarde, 3 à 4 cuil. à soupe d'huile, 2 cuil. à soupe de vinaigre de cidre, sel et poivre.

Faites cuire le riz à l'eau bouillante salée. Égouttez-le, rincez-le à l'eau froide et laissez-le bien refroidir.

Préparez les radis, lavez-les et coupez-les en rondelles (la moitié de la botte de radis suffit). Nettoyez les champignons, émincez-les et citronnez-les aussitôt pour éviter qu'ils ne noircissent.

Rincez et égouttez les grains de maïs. Émincez les cornichons.

Préparez la vinaigrette de la salade : dissolvez le sel dans le vinaigre, ajoutez la moutarde et mélangez bien. Incorporez l'huile en fouettant le mélange, puis poivrez.

Dans un grand saladier, mélangez le riz, le maïs, les champignons, les rondelles de radis, les cornichons. Versez la vinaigrette sur le tout et mélangez délicatement.

Parsemez de gruyère râpé et de feuilles de basilic, finement ciselées. Servez bien frais. Décorez le plat avec le reste de radis entiers.

SALADE DE MOULES AU VINAIGRE DE FRAMBOISE

Préparation : *20 min.*
Cuisson : *20 min.*

Ingrédients

Pour 4 personnes.
2 l de moules, 1 échalote hachée, 1 boîte 4/4 de haricots verts extra fins, 1 cuil. à soupe de vinaigre de framboise, 2 cuil. à soupe de crème fraîche, 10 g de beurre, sel, poivre, ciboulette hachée.

UN MENU
Salade de moules au vinaigre de framboise
Courgettes à la provençale
Œufs à la neige

Pochez les haricots verts dans une eau légèrement salée, pendant 8 à 10 min. Égouttez-les et réservez dans un plat fermé pour qu'ils ne refroidissent pas trop vite.

Faites ouvrir les moules à sec pendant 3 à 4 min. Dans une petite casserole, faites fondre l'échalote hachée dans le beurre. Quand celle-ci est dorée, ajoutez le vinaigre de framboise et laissez cuire 3 min. Versez deux louches du jus de cuisson filtré des moules, délayez la crème fraîche, salez et poivrez et laissez à feu très doux.

Sur chaque assiette, disposez les haricots verts, répartissez les moules que vous enlèverez de leurs coquilles. Saupoudrez de ciboulette hachée. Versez la sauce chaude et dégustez tiède.

Conseil : la cuisson des moules doit être faite à feu vif. Pour la cuisson à sec, vous mettez directement les moules dans une cocotte, après avoir mis le couvercle, vous les laissez cuire 4 à 5 min. en les faisant sauter 2 à 3 fois.

Salade normande

Un Menu
Salade normande
Blancs de volaille aux courgettes
Salade de fruits

Préparation : *20 min.*
Cuisson : *12 min.*
(avec autocuiseur).

Ingrédients

Pour 4 personnes.
400 g de pommes de terre,
1 pied de céleri,
250 g de jambon, 1 pomme,
20 cl de crème fraîche,
le jus d'1/2 citron,
sel et poivre.

Mettez à cuire les pommes de terre à l'eau salée. Une fois cuites, épluchez-les et coupez-les en rondelles.

Coupez le jambon en dés. Nettoyez et coupez les côtes du céleri en petits morceaux. Pelez la pomme et coupez-la en fines tranches.

Dans un saladier, mélangez pommes de terre, céleri, jambon. Décorez de fines tranches de pomme.

Préparez l'assaisonnement. Fouettez la crème fraîche, ajoutez le jus du 1/2 citron, salez et poivrez largement.

Versez le mélange sur la salade et servez frais.

A noter : en augmentant les proportions de cette salade, en y ajoutant des feuilles de batavia ou de laitue, cela peut faire un plat pour le soir.

Salade pêcheur

Préparation : *15 min.*
Cuisson : *15 min.*
(+ 1 h au frais)

Un Menu
Salade pêcheur
Gratin de légumes
Gâteau aux fruits

Ingrédients

Pour 4 personnes.
200 g de filets
de limande surgelés,
100 g de crevettes au naturel,
100 g de moules au naturel,
100 g de riz, 1 boîte de maïs,
1 tomate, 1 petit verre de câpres,
1 laitue, 2 citrons,
15 cl de crème,
1 cuil. à café de moutarde,
sel et poivre de Cayenne.

Faites cuire le riz à l'eau bouillante salée. Égouttez-le.

Mettez les filets de limande à cuire 5 min. au court-bouillon (dans lequel vous aurez mis 1 carotte, 1 oignon, 1/2 feuille de laurier et un peu de sel).

Passez le maïs sous l'eau, égouttez-le. Pelez la tomate et coupez la pulpe en petits dés. Mélangez ces éléments dans un plat avec les filets de poisson, les crevettes et les moules égouttées.

Préparez la sauce avec le jus des citrons, la moutarde, les câpres, le sel, le poivre et la crème. Versez sur le plat. Remuez et laissez au frais 1 h.

Au moment du repas, tapissez un saladier de feuilles de laitue nettoyées, versez la préparation et servez.

Salade de pommes de terre nouvelles

Préparation : *30 min.*
Cuisson : *20 min.*

Un Menu

Salade de pommes de terre nouvelles
Filets de poisson en papillotes
Carottes au naturel
Fromage blanc aux fruits

Ingrédients

Pour 4 personnes.
500 g de pommes de terre nouvelles, 4 artichauts, 200 g de crevettes roses, 1 salade, 2 citrons, huile, échalote, sel, poivre et fines herbes.

Grattez les pommes de terre et lavez-les. Préparez les artichauts en ôtant feuilles et foin, en ne gardant que les fonds que vous laissez dans l'eau froide citronnée jusqu'au moment de les cuire.

Faites cuire à la vapeur pommes de terre et fonds d'artichauts. Laissez-les refroidir.

Lavez et essorez la salade. Préparez la vinaigrette avec le jus d'1 citron, sel, poivre, échalote et huile.

Dans un saladier, disposez la salade et assaisonnez avec une partie de la vinaigrette. Coupez les pommes de terre en rondelles et les artichauts en dés (de préférence, les légumes doivent être encore tièdes). Mettez-les au cœur de la salade et parsemez de crevettes roses décortiquées. Nappez du restant de vinaigrette et saupoudrez de fines herbes hachées.

Salade provençale

Préparation : *15 à 20 min.*
Cuisson : *10 min.*

Ingrédients

Pour 4 personnes.
4 grosses tomates fermes,
1 petit concombre, 1 poivron vert,
4 petits oignons blancs, 2 œufs,
8 filets d'anchois allongés
à l'huile (à défaut une petite boîte
de thon à l'huile), 1 gousse d'ail,
1 poignée de petites olives noires,
4 cuil. à soupe d'huile d'olive,
4 feuilles de basilic, sel et poivre.

Un Menu
Salade niçoise
Rôti de dindonneau
Pommes de terre sautées
Fruits

Lavez les tomates et coupez-les en 16 quartiers en les égrenant, salez-les légèrement, laissez-les égoutter dans une passoire.

Pelez le concombre et émincez-le finement, mettez-le dans une autre passoire avec un peu de sel.

Lavez le poivron, équeutez-le, retirez les graines avec une petite cuiller, coupez-le en fins anneaux. Pelez les oignons, émincez-les.

Faites cuire les œufs durs (10 min.). Égouttez à fond anchois ou thon. Pelez l'ail, coupez la gousse en deux, frottez-en largement la paroi d'un grand saladier. Mettez-y le concombre rincé et épongé, les anneaux du poivron, l'oignon émincé, les filets d'anchois coupés en petits tronçons ou le thon effeuillé, puis les tomates, les œufs durs coupés en quartiers, les olives.

Arrosez avec l'huile fouettée avec sel et poivre (attention au dosage du sel à cause des anchois et du sel de dégorgement des tomates et du concombre). Parsemez de basilic finement ciselé. Présentez très frais, tel quel dans le saladier.

Salade de toutes les couleurs

Préparation : *20 min.*
Cuisson : *20 min.*

Un Menu
Salade
de toutes les couleurs
Brochettes de bœuf
Tomates
à la provençale
Abricots

Ingrédients

Pour 4 personnes.
1 belle salade verte,
100 g de riz,
100 g de maïs,
1 petit poivron rouge,
20 g d'olives noires et vertes,
200 g de bacon coupé en dés,
1 cuil. à soupe de Worcestershire,
2 cuil. à soupe de ketchup,
1/2 cuil. à café de moutarde,
100 g de fromage blanc maigre,
1 citron, sel et poivre.

Faites cuire le riz à l'eau bouillante salée, rincez-le à l'eau froide et laissez-le refroidir.

Épluchez et lavez la salade et le poivron, égouttez le maïs.

Détaillez le poivron en dés.

Préparez la sauce en mélangeant le ketchup, la sauce Worcestershire, le jus du citron, la moutarde, le sel, le poivre et le fromage blanc.

Tapissez le saladier de salade verte, ajoutez ensuite riz, maïs, petits cubes de poivron et de bacon, olives. Arrosez le tout avec la sauce.

Saucisson chaud aux pommes de terre

Préparation et cuisson : *45 min.*

Ingrédients

Pour 4 personnes.
500 g de pommes de terre fermes à la cuisson,
1 saucisson à cuire,
1 cuil. à soupe de moutarde,
2 cuil. à soupe d'huile,
sel et poivre.

Un Menu
Saucisson chaud aux pommes de terre
Salade
Fromage
Quatre-quarts aux pommes

Placez le saucisson dans une casserole d'eau froide. Portez à ébullition et faites pocher 20 à 25 min.

Pelez les pommes de terre, lavez-les, essuyez-les avec du papier absorbant et faites-les cuire à la vapeur 10 min. à l'autocuiseur, davantage si vous utilisez un autre récipient (pratiquement 30 min.).

Préparez la sauce en mélangeant dans un bol la moutarde, l'huile versée petit à petit en filet. Fouettez énergiquement avec une cuiller en bois. Salez et poivrez.

Égouttez le saucisson, coupez-le en rondelles, placez-les dans un plat préalablement chauffé.

Égouttez et coupez les pommes de terre, dans le sens de la longueur, en tranches d'1/2 cm d'épaisseur. Disposez-les autour du saucisson, nappez avec la sauce moutarde. Servez tiède.

Soufflé aux carottes

Préparation : *15 min.*
Cuisson : *1 h 10.*

Un Menu

Soufflé aux carottes
Jambon à l'os
Salade
Ananas

Ingrédients

Pour 4 personnes.
1 kg de carottes,
1 cuil. à café de sucre,
2 cuil. à soupe rases de Maïzena,
20 cl de lait, 30 g de beurre,
10 cl de crème fraîche,
4 œufs, sel et poivre.

Grattez les carottes, puis faites-les cuire 25 min. environ à l'eau bouillante salée et sucrée. Égouttez-les, puis passez-les au mixer afin d'obtenir une purée, gardez au chaud.

Dans une casserole, mettez la Maïzena et ajoutez peu à peu le lait froid, en remuant. Mettez sur feu doux en tournant constamment jusqu'à ébullition. Hors du feu, salez et poivrez, ajoutez le beurre divisé en petits morceaux, la crème fraîche et les jaunes d'œufs en remuant bien après chaque élément ajouté. Versez alors la purée de carottes et mélangez bien.

Battez les blancs d'œufs en neige ferme, incorporez-les délicatement à la préparation.

Versez dans un moule à soufflé beurré grassement.

Faites cuire à four chaud (th. 4-5 - 120°-150°).

Servez aussitôt.

Taboulé

Préparation : *15 min.*
+ au moins 4 h au réfrigérateur.
Pas de cuisson.

Un menu

Taboulé
Rôti de porc
Courgettes
Sorbets aux fruits

Ingrédients

Pour 6 personnes.
500 g de couscous à grains fins ou du boulghour fin (grains de blé germé, précuits, séchés, et concassés en vente dans les magasins de produits naturels ou orientaux), 7 tomates, 2 concombres, le jus de 4 citrons, 20 feuilles de menthe fraîche, 20 brins de persil plat, 1 poignée d'olives noires au naturel, 20 cl d'eau tiède, 20 cl d'huile d'olive vierge, sel et poivre.

Jetez les tomates 30 s dans l'eau bouillante, épluchez-les, partagez-les en deux pour les épépiner, coupez la chair en petits dés que vous réservez sur un plat.

Pelez les concombres, partagez-les en deux dans le sens de la longueur, faites-en de longues lanières, puis des dés que vous ajoutez aux tomates. Hachez très fin ensemble, menthe fraîche et persil. Réservez quelques feuilles de menthe.

Mettez le couscous ou le boulghour dans un grand saladier. Ajoutez l'eau tiède salée (environ 2 cuil. à café de sel fin), un peu de poivre et mélangez longuement. Ajoutez le jus des citrons. Mélangez. Puis l'huile d'olive, les dés de tomate et concombre, les petites olives, les herbes. Mélangez longuement.

Couvrez le saladier d'un film étirable et mettez au réfrigérateur pour 4 h environ. Au moment de servir, mélangez à nouveau longuement, dressez sur le plat de service et décorez de feuilles de menthe et de quelques olives.

Tarte à l'oignon

Un Menu

Tarte à l'oignon
Salade
Fromage
Coupe de fruits

Préparation : *15 min.*
Repos de la pâte : *1 h.*
Cuisson : *30 min.*

Ingrédients

Pour 6 personnes.
500 g d'oignons,
2 jaunes d'œufs,
6 cuil. à soupe de crème épaisse, 250 g de farine,
200 g de beurre,
noix de muscade, sel et poivre.

Dans une terrine, mélangez la farine et 120 g de beurre ramolli, ajoutez 2 pincées de sel, 3 ou 4 cuil. à soupe d'eau et travaillez rapidement la pâte du bout des doigts. Roulez en boule et laissez reposer la pâte au moins 1 h.

Pendant ce temps, préparez les oignons. Pelez-les, coupez-les en lamelles et mettez-les à la poêle avec 60 g de beurre, sel et poivre. Ajoutez un peu d'eau chaude pour recouvrir légèrement les oignons et faites cuire sur feu moyen jusqu'à évaporation de l'eau. Prolongez la cuisson quelques minutes en remuant souvent jusqu'à ce que les oignons soient blonds. Laissez tiédir.

Faites chauffer le four (th. 7 - 220°). Beurrez un moule à tarte, étalez la pâte et garnissez le moule. Dans une terrine, fouettez les jaunes d'œufs avec la crème, ajoutez oignons, sel, poivre et 1 pincée de muscade et mélangez bien. Garnissez la tarte avec la préparation et enfournez pour 30 min.

Servez bien chaud.

Tartelettes aux œufs brouillés

Préparation : *30 min.*
Cuisson : *30 min.*

Un Menu
Tartelettes
aux œufs brouillés
Foie de veau
Haricots verts
Fraises

Ingrédients

Pour 4 personnes.
4 fonds de tartelette
cuits à blanc, 3 artichauts,
2 cuil. à soupe de crème
fraîche épaisse, 7 œufs,
4 cuil. à soupe de jus de citron,
65 g de beurre, sel et poivre,
brins de persil.

Utilisez des fonds d'artichauts surgelés ou, si les légumes sont frais, préparez-les de façon à ne garder que les fonds. Plongez-les dans l'eau citronnée pour éviter qu'ils ne noircissent.

Faites bouillir de l'eau salée, mettez 2 cuil. à soupe de jus de citron, plongez les fonds d'artichauts et laissez cuire à petits frémissements, 15 à 20 min.

Préchauffez le four (th. 5 - 160°). Cassez les œufs dans un saladier, salez, poivrez et mélangez bien à la fourchette mais sans les battre. Incorporez la crème fraîche.

Lorsque les fonds d'artichauts sont cuits, égouttez-les, coupez-les en petits morceaux. Faites fondre 25 g de beurre dans une poêle et laissez revenir les morceaux d'artichauts, doucement.

Mettez les tartelettes au four et laissez-les chauffer. Faites fondre le reste de beurre dans une casserole. Lorsqu'il mousse, versez-y les œufs et faites cuire à feu doux en mélangeant sans cesse à la cuiller en bois. Quand les œufs prennent consistance, ajoutez les artichauts et leur beurre. Retirez du feu et continuez de mélanger quelques secondes pour que les œufs soient bien pris. Répartissez cette préparation dans les fonds de tartelette chauds et décorez avec du persil.

Terrine à la ratatouille

Préparation : *30 min.*
Cuisson : *1 h.*

Un Menu

Terrine à la ratatouille
Côtes d'agneau
Tomates
à la provençale
Riz au caramel

Ingrédients

Pour 4 personnes.
2 poivrons verts,
2 poivrons rouges,
300 g de courgettes,
300 g d'aubergines,
250 g d'oignons,
4 œufs, 150 g de gouda, sel,
poivre, persil, huile d'olive.

Pelez les oignons et coupez-les en fines rondelles.

Lavez tous les légumes. Coupez-les en petits cubes.

Dans une cuillerée à soupe d'huile d'olive, faites cuire les poivrons, 5 min. à feu doux, ajoutez les oignons et laissez encore 5 min. Salez, poivrez et réservez la préparation.

Dans une autre cuillerée d'huile d'olive, faites cuire courgettes et aubergines, 10 min. en tournant de temps en temps. Ajoutez la préparation des poivrons, mélangez et laissez cuire 15 min., à couvert, en tournant 2 ou 3 fois. Préchauffez le four (th. 5 - 160°).

Mélangez 4 œufs, le fromage râpé, sel et poivre, 2 cuil. à soupe de persil haché.

Versez sur les légumes, tournez 5 s et remplissez un plat à cake huilé ou une terrine. Mettez au four, 35 min. (th. 6 - 180°).

Servez frais.

Tomates à la mexicaine

Préparation : *15 min.*
Pas de cuisson.

Un Menu
Tomates à la mexicaine
Poulet rôti
Haricots verts
Crumble aux pêches

Ingrédients

Pour 4 personnes.
4 grosses tomates,
2 carrés frais demi-sel,
1 gros avocat bien mûr,
2 cuil. à café de jus de citron,
1 cuil. à soupe de coriandre fraîche ciselée, 1 gousse d'ail,
1 pointe de tabasco,
1 cuil. à soupe de crème fraîche,
sel et poivre, 1 salade.

Lavez et essuyez les tomates. Dans chacune d'elles, découpez un chapeau, évidez-les délicatement. Salez l'intérieur. Retournez-les pour qu'elles s'égouttent.

Coupez l'avocat en deux, retirez la pulpe à la petite cuiller et mettez-la dans une terrine. Écrasez l'avocat avec une fourchette en ajoutant le jus de citron, la crème et les trois carrés de fromage frais. Assaisonnez avec le tabasco, le sel, le poivre, la coriandre ciselée, l'ail pelé et écrasé finement au presse-ail. Mélangez bien.

Farcissez les tomates de cette mousse à l'avocat et servez sur un lit de feuilles de salade.

Velouté de tomates à la hollandaise

Préparation : *15 min.*
Cuisson : *45 min.*

Un Menu

Velouté de tomates
à la hollandaise
Steak haché
Purée
Fruits

Ingrédients

Pour 4 personnes.
6 tomates, 2 oignons,
1 gousse d'ail, 1/2 l d'eau,
4 cuil. à soupe de Maïzena,
sel et poivre,
150 g de gouda tendre râpé,
persil, 1 jaune d'œuf.

Épluchez les tomates après les avoir plongées 2 min. dans l'eau bouillante. Coupez-les en morceaux. Épluchez et hachez les oignons. Émincez l'ail.

Dans une grande casserole, mettez le mélange tomates, oignons, ail sur feu doux pendant 10 min., puis ajoutez l'eau. Salez, poivrez, laissez mijoter 25 min.

Passez au mixer ou au moulin à légumes. Remettez sur le feu. Délayez la Maïzena dans un peu d'eau froide. Versez-la dans le potage en tournant sans cesse, faites chauffer encore 10 min.

Dans la soupière, mélangez le jaune d'œuf, le persil haché et le gouda râpé.

Versez le velouté bouillant en tournant et servez aussitôt.

Velouté de cresson

Préparation : *20 min.*
Cuisson : *45 min.*

Un Menu
Velouté de cresson
Escalopes de dinde
Petits pois
Pommes au four

Ingrédients

Pour 4 personnes.
1 botte de cresson,
250 g de pommes de terre,
1 l de bouillon de volaille,
1/4 l de lait,
4 cuil. à soupe de crème fraîche,
75 g de beurre, 2 jaunes d'œufs,
1 poignée de gros sel,
sel et poivre.

Épluchez les pommes de terre, lavez-les, coupez-les en dés. Préparez le cresson, lavez-le soigneusement.

Dans une casserole, faites blondir le beurre, ajoutez le cresson et faites-le fondre à feu doux. Ajoutez les pommes de terre, puis le gros sel. Mouillez avec 1 l de bouillon, portez à ébullition.

Laissez cuire à feu doux pendant 30 min. Passez au mixer. Ajoutez les 2 jaunes d'œufs, puis le lait pour rendre le velouté plus onctueux. Remuez au fouet. Laissez cuire encore très doucement 10 min.

Au moment de servir, salez, poivrez, ajoutez la crème fraîche (la valeur d'une cuillerée par assiette). Parsemez le potage de feuilles de cresson frais, finement hachées. Servez avec des croûtons de pain grillé.

POISSONS ET COQUILLAGES

Bar en papillotes d'endives

Préparation : *15 min.*
Cuisson : *30 min.*

Un Menu
Coques en salade
Bar en papillotes d'endives
Fromage
Clémentines

Ingrédients

Pour 4 personnes.
4 filets de bar de 150 à 180 g (ou un bar de 1,2 kg en demandant au poissonnier de lever les filets),
800 g d'endives,
2 cuil. à soupe de crème fraîche,
15 g de beurre, sel et poivre.

Lavez les endives. Creusez-les de façon à enlever la partie dure et amère. Faites-les blanchir 2 min. à l'eau bouillante pour leur faire perdre leur amertume. Égouttez-les et découpez-les en lanières. Mettez-les à fondre doucement dans une casserole avec le beurre, pendant 15 min. Salez, poivrez. Quand les endives sont cuites, ajoutez la crème fraîche.

Découpez quatre carrés de papier aluminium. Dans chacun d'eux, faites un lit d'endives, déposez le filet de bar, salez, poivrez légèrement. Fermez soigneusement la papillote en relevant bien les bords. Enfournez à four chaud (th. 8 - 240°) et laissez cuire 15 min.

Servez sans attendre en ouvrant légèrement la papillote pour laisser échapper la vapeur.

Filets de barbue sauce au thé

Préparation : *15 min.*
Cuisson : *15 min.*

Ingrédients

Pour 4 personnes.
600 g de filets de barbue,
1 oignon, 1/4 l de vin blanc sec,
80 g de beurre,
3 cuil. à café de thé vert,
1/2 citron, sel et poivre.

Un Menu

Poireaux vinaigrette
Filets de barbue sauce au thé
Pommes de terre à l'anglaise
Tarte aux pommes

Épluchez l'oignon et émincez-le. Faites-le revenir dans une casserole avec la moitié du beurre. Mouillez avec le vin blanc. Ajoutez le jus du 1/2 citron, la même quantité d'eau (ou mieux de fumet de poisson), salez et poivrez modérément. Laissez cuire 10 min.

Ajoutez les filets de poisson. Remettez à frémir 10 min. Dans une mousseline ou une boule à thé, placez la quantité de thé vert. Retirez le récipient du feu et laissez infuser 15 min.

Sortez le poisson, réservez-le dans un plat chaud. Passez le court-bouillon et faites-le réduire d'un quart.

Fouettez en ajoutant le reste de beurre, rectifiez l'assaison-nement. Nappez le poisson de sauce et servez immédiatement.

A noter : le thé vert donne à la sauce un léger goût amer qui met en valeur la chair du poisson.

Cabillaud aux câpres

Préparation : *15 min.*
Cuisson : *20 min.*
(Le court-bouillon doit refroidir 1 h.)

Un Menu

Roulé au fromage
Cabillaud aux câpres
Riz
Salade
Raisin

Ingrédients

Pour 6 personnes.
1 kg de cabillaud,
1 bouquet garni,
1 brin de céleri,
1 carotte, 1 oignon,
2 cuil. à soupe de câpres,
3 cuil. à soupe de crème épaisse,
40 g de beurre,
1 cuil. à soupe de farine,
2 cuil. à soupe de vinaigre de vin,
sel, poivre.

Mettez dans une marmite l'oignon pelé, la carotte pelée et coupée en rondelles, le céleri, le bouquet garni, le vinaigre, du sel, des grains de poivre. Recouvrez de 2 l d'eau. Amenez à ébullition et laissez frémir 10 min. environ. Laissez refroidir 1 h et prélevez 40 cl de ce bouillon (soit 2 grands verres).

Plongez le poisson dans le court-bouillon froid, amenez à ébullition. Au premier bouillon, baissez le feu et laissez frémir à peine 10 min. Retirez alors la casserole du feu mais laissez le cabillaud dans le court-bouillon.

Faites fondre le beurre dans une casserole, incorporez la farine, laissez cuire 1 min. Ajoutez en une seule fois le bouillon réservé. Poivrez. Portez à ébullition tout en remuant et laissez cuire 8 min. environ à feu doux. Ajoutez la crème et les câpres.

Égouttez le poisson, retirez la peau, placez-le sur le plat de service chaud, nappez avec la sauce brûlante et servez aussitôt.

Cabillaud au cresson

Préparation : *30 min.*
Cuisson : *18 à 20 min.*

Un Menu
Riz aux tomates
Cabillaud au cresson
Haricots verts vapeur
Crumble aux pommes

Ingrédients

Pour 4 personnes.
4 filets de cabillaud de 120 g,
1 botte de cresson,
5 cuil. à soupe d'huile,
1 cuil. à soupe de vinaigre de xérès,
1 cuil. à soupe de baies roses (poivre), 1/2 cuil. à soupe de jus de citron, sel et poivre.

Essuyez les filets de cabillaud. Salez, poivrez légèrement et faites cuire à la vapeur pendant 18 à 20 min.

Lavez le cresson. Coupez les tiges au ras des feuilles et essorez bien celles-ci.

Mélangez vinaigre et jus de citron. Ajoutez sel, poivre et fouettez. Incorporez ensuite l'huile en tournant avec une cuiller.

Assaisonnez le cresson avec la moitié de cette vinaigrette. Répartissez la salade en rosace sur quatre assiettes individuelles.

Lorsque le cabillaud est cuit, effeuillez-le et disposez les morceaux de chaque filet sur le cresson de chaque assiette. Arrosez le poisson du reste de la vinaigrette. Parsemez de baies roses. Vous pouvez aussi ajouter quelques morceaux de zeste de citron.

A noter : Le cabillaud est un poisson qui supporte très bien la congélation. Faites préparer les filets par le poissonnier, lavez-les, essuyez-les et déposez-les, sans qu'ils ne se touchent sur un plateau. Enveloppez le tout d'un papier aluminium ou d'un film et mettez au grand froid. Une fois congelés, enfermez les filets dans des sacs congélation. Étiquetez. Conservez trois mois.

Cabillaud à la méridionale

Préparation : *20 min.*
Cuisson : *1 h.*

Un Menu
Salade de haricots verts
Cabillaud à la méridionale
Pêches Melba

Ingrédients

Pour 6 personnes.
1,5 kg de cabillaud ou de daurade, vidé et écaillé, 1 kg de tomates, 700 g de pommes de terre, 1 gros oignon, 1 citron, 25 cl de bouillon de volaille, 40 cl de vin blanc sec, 1 cuil. à soupe de moutarde, 1 de thym, 4 de persil haché et 8 d'huile d'olive, sel et poivre.

Lavez les tomates, coupez-les en rondelles. Épluchez les pommes de terre, lavez-les et coupez-les en rondelles. Pelez l'oignon et émincez-le. Dans un saladier, versez le vin blanc, le bouillon de volaille, la moutarde et 6 cuil. à soupe d'huile. Mélangez bien. Préchauffez le four (th. 6 - 180°).

Dans un plat allant au four, disposez en les alternant les rondelles d'oignon, de pomme de terre et de tomate. Saupoudrez de persil, de thym, de sel et poivre et arrosez du contenu du saladier. Couvrez le plat d'une feuille d'aluminium ménager et laissez cuire 30 min. au four.

Préparez le poisson, incisez les flancs et glissez-y des demi-rondelles de citron.

Au bout de 30 min., réduisez la température du four (th. 5 - 160°). Retirez la feuille d'aluminium et disposez le poisson sur les légumes. Badigeonnez du reste d'huile et laissez cuire 30 min. en arrosant de temps à autre.

Cabillaud sauce aurore

Préparation : *10 min.*
Cuisson : *50 min.*

Ingrédients

Pour 4 personnes.
1 morceau de cabillaud d'1 kg environ.
Pour le court-bouillon :
1 oignon piqué de 2 clous de girofle,
1 carotte, thym, laurier, persil, sel,
poivre en grains,
1 verre de vin blanc sec et 2 l d'eau.
Pour la sauce : 50 g de beurre,
3 cuil. à soupe de farine, sel, poivre,
2 cuil. à soupe de concentré
de tomates, 2 cuil. à soupe de câpres,
2 cuil. à soupe de crème fraîche,
persil et citron.

Un Menu

Chèvres chauds
sur canapés
Cabillaud sauce aurore
Riz
Coupe de fruits

Faites un court-bouillon avec les ingrédients indiqués et laissez cuire 15 à 20 min. Plongez-y le poisson. Le liquide doit rester tout juste frémissant et le poisson doit y cuire pendant 20 min. environ.

Pendant ce temps, préparez la sauce. Faites fondre le beurre, saupoudrez de farine en remuant à la cuiller en bois. Mouillez avec 1/2 l de court-bouillon passé et laissez cuire doucement, à feu doux, pendant 15 min. Salez, poivrez et ajoutez le concentré de tomates, les câpres et la crème fraîche.

Égouttez le poisson, disposez-le sur le plat de service et nappez de sauce. Décorez avec des petits bouquets de persil et des rondelles de citron. Servez le reste de sauce en saucière et accompagnez de riz ou de pommes de terre persillées.

Dorade à la provençale

Préparation : *15 min.*
(ou 5 min. si le poisson est préparé)
Cuisson : *35 min.*

Un Menu

Toasts grillés aux anchois
Dorade
à la provençale
Riz
Glace à la pistache

Ingrédients

Pour 6 personnes.
1 dorade de 2 kg environ,
quelques branches de thym,
1/2 verre d'huile d'olive,
1 citron, sel et poivre.

Allumez le four (th. 7 - 220°).

Videz, écaillez et lavez la dorade, coupez les nageoires (ou faites-la préparer par le poissonnier). Mettez à l'intérieur, 1 ou 2 branchettes de thym.

Placez le poisson dans un plat allant au four et arrosez-le avec l'huile d'olive, salez et poivrez. Tout autour du poisson, dans le plat, disposez quelques branchettes de thym (gardez-en 2 ou 3).

Mettez à four très chaud et laissez le poisson cuire 20 min. sans ouvrir le four.

Au bout de ce temps, prenez le thym restant et servez-vous-en pour recueillir l'huile au fond du plat et badigeonner le poisson. Laissez encore cuire 5 min. et recommencez à badigeonner d'huile bien chaude.

Au bout de 35 min. de cuisson, le poisson peut être sorti du four. Servez-le aussitôt décoré de rondelles de citron.

Filets d'églefinen papillotes de laitue

Préparation : *30 min.*
Cuisson : *5 min.*

Un Menu
Carottes râpées
Filets de poisson
en papillotes de laitue
Riz
Salade
Fraises au sucre

Ingrédients

Pour 4 personnes.
4 filets d'églefin,
15 cl de fumet de poisson,
250 g de champignons de Paris,
2 échalotes, beurre, 1 concombre,
1 citron, 1 laitue,
150 g de fromage de Hollande
(gouda), 25 cl de vin blanc,
sel et poivre.

Coupez chaque filet en trois morceaux. Épluchez, lavez, citronnez les champignons et émincez-les. Épluchez et hachez menu les échalotes.

Faites cuire doucement champignons et échalotes dans une cuiller à café de beurre, jusqu'à évaporation de l'eau. Ajoutez 80 g de gouda râpé, mélangez, salez et poivrez et laissez en attente.

Lavez 12 belles feuilles de laitue, plongez-les 30 s dans l'eau bouillante. Rafraîchissez-les et épongez-les. Épluchez, épépinez le concombre. Passez la moitié de la chair au mixer. Coupez le reste en bâtonnets.

Faites chauffer le vin blanc, la purée de concombre et le fumet de poisson. Laissez cuire jusqu'à ce qu'il ne reste que 10 cl de sauce. Faites cuire le concombre restant dans un peu de beurre avec une pointe de sucre. Salez, poivrez et gardez pour la décoration.

Disposez sur chaque feuille de laitue un morceau de poisson salé et poivré et une cuiller de farce. Fermez en petits paquets et faites cuire 5 min. à la vapeur. Passez la sauce et, sur feu doux, ajoutez-lui 70 g de fromage râpé. Dès qu'il est fondu, nappez les petits paquets et servez bien chaud.

Gratin de harengs aux poireaux

Préparation : *15 min.*
Cuisson : *30 min.*

Un Menu
Salade de betteraves
Gratin de harengs
aux poireaux
Fromage
Raisin

Ingrédients

Pour 4 personnes.
4 harengs, 8 beaux poireaux,
30 g de beurre,
3 cuil. à soupe bombées
de crème fraîche,
1 œuf, sel, poivre.

Lavez les poireaux soigneusement puis émincez-les, faites-les cuire avec le beurre dans une cocotte, recouverts de 10 cl d'eau. Laissez cuire pendant 15 min. jusqu'à évaporation totale de l'eau.

Préchauffez le four (th. 8 - 240°).

Beurrez un plat allant au four, disposez les poireaux, préalablement mélangés à l'œuf battu et à la crème.

Assaisonnez. Disposez sur ce lit de poireaux les quatre poissons. Enfournez pour 15 min. Servez chaud dans le plat de cuisson.

Lieu aux girolles

Préparation : *10 min.*
Cuisson : *20 min.*

Un Menu
Bouchée
aux fruits de mer
Lieu aux girolles
Salade
Tarte aux fruits

Ingrédients

Pour 4 personnes.
4 darnes de lieu jaune,
500 g de girolles,
1 bouquet de ciboulette,
sel, poivre
et un peu d'huile de tournesol.

Nettoyez les champignons, coupez le pied sableux. S'ils ne sont pas trop sales, essuyez-les soigneusement, sinon passez-les rapidement sous l'eau et coupez-les en morceaux.

Dans une sauteuse, faites chauffer une cuil. à soupe d'huile et faites revenir rapidement les champignons. Salez, poivrez et égouttez-les.

Découpez quatre morceaux de papier aluminium ménager, huilez-les très légèrement au pinceau sur la face intérieure, déposez sur chacun une darne de lieu jaune, salez, poivrez légèrement et répartissez sur le poisson les girolles. Saupoudrez de ciboulette hachée.

Fermez les papillotes et placez-les dans la lèchefrite du four. Faites cuire 15 min. environ (th. 5 - 150°).

Servez le poisson dès sa sortie du four.

Darnes de lieu jaune aux olives

Préparation : *5 min.*
Cuisson : *10 min.*

Un Menu
Grosses crevettes
Darnes de lieu jaune aux olives
Fenouil à l'étuvée
Clémentines

Ingrédients

Pour 4 personnes.
4 darnes de lieu jaune de 2 cm d'épaisseur,
10 olives vertes,
1 petite boîte de concentré de tomates,
2 cuil. à soupe d'huile d'olive,
1 cuil. à soupe de crème allégée,
thym, 1 gousse d'ail,
1 gros oignon, farine,
1 cuil. à soupe de margarine,
sel et poivre.

Épluchez l'oignon, puis émincez-le et faites-le revenir à l'huile d'olive dans une grande poêle.

Lorsque l'oignon est doré, ajoutez l'ail épluché et pressé, le thym, le concentré de tomates délayé dans un peu d'eau. Réservez cette sauce au chaud.

Passez les darnes de poisson dans la farine, faites-les dorer à feu moyen dans une autre poêle avec la margarine. Salez et poivrez. Laissez cuire 3 min. environ sur chaque face.

Dans la première poêle (sauce tomate), ajoutez les olives et la crème, puis les darnes de lieu bien dorées. Laissez cuire encore 3 min. avant de servir.

En accompagnement, proposez des pommes de terre vapeur, du riz ou encore du fenouil, du céleri-rave.

Papillotes de filets de lieu noir à la julienne de légumes

Préparation : *15 min.*
Cuisson : *10 min.*

Ingrédients

Pour 2 personnes.
2 filets de lieu de 150 g environ chacun, 1 carotte, 1 poireau, 1 petite branche de céleri, 1/2 oignon, beurre, sel et poivre.

Un Menu

Œufs brouillés sur toast
Papillotse de filets de lieu noir à la julienne de légumes
Gratin de fruits

Épluchez et lavez les légumes. Découpez-les en petits bâtonnets. Faites-les suer doucement à la poêle, dans un peu de beurre jusqu'à ce qu'ils soient bien tendres. Ajoutez quelques gouttes d'eau pour qu'ils ne dessèchent pas.

Préparez deux papillotes dans du papier alu. Déposez sur chacune la moitié de la fondue de légumes, le filet de lieu, salé et légèrement poivré, puis une noisette de beurre.

Fermez hermétiquement la papillote et passez à four chaud (th. 7 - 220°), environ 8 min.

Limande à la coriandre

Préparation : *20 min.*
Cuisson : *1 min.*

Un Menu

Crevettes grises,
pain, beurre
Limande à la coriandre
Riz
Fruits

Ingrédients

Pour 4 personnes.
2 limandes de 800 g,
5 cuil. à soupe de crème fraîche,
1 cuil. à café
de graines de coriandre,
sel et poivre.
Pour le fumet : 1 oignon,
2 gousses d'ail, quelques graines
de coriandre, 1 bouquet garni,
3 verres de vin blanc
et 1 verre d'eau.

Demandez à votre poissonnier de lever les filets des limandes, d'en ôter la peau et de vous donner les parures.

Faites rapidement un fumet de limande avec les parures. Pour cela, dans une petite casserole, faites suer quelques instants l'oignon, l'ail et les parures, ajoutez les graines de coriandre écrasées, mouillez avec le vin blanc et l'eau, mettez le bouquet garni.

Laissez cuire 15 min., puis passez au travers d'un chinois.

Dans une petite casserole, faites légèrement réduire le fumet de limande, ajoutez la crème fraîche et la cuiller à café de graines de coriandre écrasées. Faites faire trois bouillons.

Découpez les filets de poisson en gougeonnettes. Au dernier moment, dans une poêle antiadhésive, faites chauffer quelques gouttes d'huile d'olive. Déposez les gougeonnettes et laissez-les 1 min. en les faisant passer d'un côté sur l'autre.

Égouttez sur du papier absorbant, mettez dans la casserole de sauce pour les enrober et servez aussitôt sur le plat de service chaud.

Limandes aux herbes

Préparation : *10 min.*
Cuisson : *20 min.*

Un Menu
Cocktail de crevettes
Limandes aux herbes
Riz
Gâteau au yaourt

Ingrédients

Pour 4 personnes.
4 belles limandes,
1 cuil. à soupe de farine,
1 de ciboulette hachée,
1 de persil haché,
1/2 cuil. d'estragon haché,
2 échalotes, 60 g de beurre,
4 beaux champignons de Paris,
chapelure,
1 verre de vin blanc sec,
1/2 verre d'eau, sel et poivre.

Parez, videz et nettoyez les limandes (si vous ne l'avez pas demandé au poissonnier).

Malaxez 20 g de beurre avec la cuillerée de farine et étalez ce mélange au fond d'un plat à gratin.

Épluchez les échalotes, nettoyez les champignons. Faites un hachis. A moins d'utiliser des herbes surgelées prêtes à l'emploi, hachez le persil et l'estragon, ciselez la ciboulette. Parsemez le fond du plat des hachis d'herbes, d'échalotes et de champignons.

Placez les limandes sur ce lit, parsemez-les de chapelure et du reste de beurre en petits morceaux. Salez et poivrez. Mouillez avec le mélange vin blanc et eau.

Mettez à four chaud (th. 5-6 - 180°-200°) pendant 20 min. en arrosant de temps à autre.

Servez dans le plat de cuisson.

Lotte au cidre

Préparation : *20 min.*
Cuisson : *30 min.*

Un Menu
Taboulé
Lotte au cidre
Frisée
Tarte aux pommes

Ingrédients

Pour 4 personnes.
1 kg de lotte,
1 kg de pommes de terre,
1/2 bouteille de cidre brut,
2 oignons, 1 gousse d'ail,
1 citron,
1 cuil. à soupe d'huile d'olive,
30 g de beurre, persil,
sel et poivre.

Choisissez de préférence une queue de lotte, faites-la préparer par le poissonnier qui enlèvera la peau grise, l'arête centrale et découpera le poisson en tronçons de 4 à 5 cm environ.

Citronnez les morceaux de poisson. Dans une cocotte, faites chauffer beurre et huile, faites-y blondir les oignons émincés. Ajoutez les morceaux de poisson ainsi que la gousse d'ail et faites dorer légèrement.

Versez le cidre, salez, poivrez et laissez cuire à couvert pendant 20 min.

Pendant ce temps, épluchez et lavez les pommes de terre, coupez-les en morceaux et faites-les cuire 20 min. à l'eau bouillante salée.

Une fois la lotte cuite, retirez les morceaux de poisson, passez la sauce au tamis pour enlevez ail et oignons. Remettez la sauce dans la cocotte, ajoutez les pommes de terre égouttées, les morceaux de poisson, laissez réchauffer quelques minutes. Saupoudrez de persil haché et servez aussitôt.

Lotte au coulis de champignons à la crème

Préparation : *15 min.*
Cuisson : *30 min.*

Un Menu
Crevettes grises
Lotte au coulis de champignons à la crème
Pommes vapeur
Tartelettes aux fruits

Ingrédients

Pour 4 personnes.
600 g de lotte, 300 g d'oignons,
500 g de champignons de Paris,
20 cl de bière,
1 cuil. à soupe d'huile d'arachide,
4 cuil. à soupe de crème fraîche allégée à 15 % de matière grasse.

Dans une cocotte, faites blondir les oignons émincés dans l'huile. Lorsqu'ils ont pris une belle couleur dorée, ajoutez le morceau de lotte entier, faites dorer sur toutes les faces, puis mouillez avec la bière. Salez.

Ajoutez les champignons de Paris, coupés en quatre, préalablement lavés à l'eau vinaigrée.

Couvrez et laissez mijoter à feu doux pendant 25 min. Vérifiez de temps en temps s'il reste suffisamment de liquide de cuisson.

Lorsque le poisson est cuit, retirez-le de la cocotte et maintenez-le au chaud. Récupérez les champignons à l'aide d'une écumoire et placez-les dans le bol du mixer.

Ajoutez la crème fraîche et mixez jusqu'à obtention d'une crème homogène.

Découpez la lotte en médaillons et servez-la accompagnée de la crème de champignons.

Brochettes de lotte aux pommes et au curry

Préparation : *15 min.*
Cuisson : *10 min.*

Un Menu
Paniers de tomates aux crevettes
Brochettes de lotte aux pommes et au curry
Riz
Crème fraîche

Ingrédients

Pour 4 personnes.
900 g de lotte dépouillée,
2 pommes bien fermes.
Pour la sauce :
1 verre de vin blanc,
2 échalotes,
6 cuil. à soupe de crème fraîche,
1 cuil. à café de curry,
sel et poivre du moulin,
quelques brins de ciboulette.

Détaillez la lotte en filets, puis en carrés, en prenant bien soin de mettre la chair du poisson à vif. Comptez deux brochettes par personne, soit 5 carrés de 20 g par brochette.

Épluchez les pommes, coupez-les en quartiers et citronnez-les. Salez et poivrez chaque carré de lotte, disposez-les sur les brochettes en intercalant avec des quartiers de pomme.

Posez les brochettes sur le gril et laissez cuire 5 à 6 min. pas plus.

Pendant ce temps, dans une petite casserole, faites fondre les échalotes ciselées dans le vin blanc. Dès que le vin est évaporé, incorporez la crème fraîche dans laquelle vous aurez délayé le curry. Laissez faire trois bouillons sur feu doux, rectifiez l'assaisonnement, parsemez de ciboulette et servez avec les brochettes.

Lotte au poivre vert

Préparation : *20 min.*
Cuisson : *30 min.*

Un Menu
Fonds d'artichauts
à la macédoine
Lotte au poivre vert
Riz
Tartelettes aux fruits

Ingrédients

Pour 4 personnes.
750 g de lotte, 4 échalotes,
1 branche de céleri, 2 carottes,
2 gousses d'ail, 60 g de beurre,
1/2 verre de vin blanc,
2 cuil. à soupe de poivre vert,
200 g de crème fraîche,
1 filet de jus de citron,
sel et poivre.

Coupez la lotte en morceaux d'égale grosseur. Coupez en julienne les échalotes, carottes et la branche de céleri. Hachez finement les gousses d'ail.

Beurrez un plat allant au four avec 20 g de beurre, étalez-y les légumes puis, sur ce lit, disposez les morceaux de lotte.

Salez, poivrez, parsemez du reste de beurre coupé en petits morceaux, arrosez de vin blanc.

Faites cuire 15 min. à four moyen (th. 6-7 - 200°).

Pendant ce temps, écrasez 2 cuil. à soupe de poivre vert dans un bol, ajoutez la crème fraîche et le filet de jus de citron. Remuez bien. Versez sur le poisson et remettez le tout au four (th. 6 - 180°) pendant à nouveau 15 min.

Servez chaud.

Rôti de lotte

Préparation : *10 min.*
Cuisson : *30 min.*

Un Menu
Salade de cœurs de palmier
Rôti de lotte
Haricots verts
Gâteau aux pommes

Ingrédients

Pour 6 personnes.
1,5 kg de lotte, 1 kg de tomates, 300 g de lard fumé, 3 gousses d'ail, persil, sel, poivre, le jus d'1 citron, 2 cuil. à soupe d'huile d'olive.

Farinez légèrement le morceau de lotte et piquez-le à l'ail. Salez et poivrez au moulin.

Dans une cocotte, faites dorer le lard fumé, coupé en dés, dans 2 cuil. à soupe d'huile d'olive. Réservez les lardons égouttés.

Dans la même huile, faites dorer la lotte sur toutes ses faces.

Dans un plat à gratin, disposez les tomates coupées en rondelles, salez et poivrez. Parsemez de persil finement haché. Posez la lotte, bien dorée, sur le lit de tomates. Faites cuire à four très chaud pendant 15 min. (th. 7-8 - 250°).

Ajoutez les lardons et laissez cuire encore 15 min., en arrosant de temps en temps.

Au moment de servir, arrosez le rôti d'1 jus de citron frais et parsemez de persil haché.

Matelote de maquereaux

Préparation : *15 min.*
Cuisson : *10 min.*

Un Menu
Crevettes grises
Matelote de maquereaux
Riz
Salade
Fruits

Ingrédients

Pour 2 personnes.
2 maquereaux d'environ 400 g chacun, 1 oignon, 1 cuil. à café de concentré de tomates, 1 cuil. à café de Maïzena, 50 cl de vin blanc, 4 gousses d'ail, 1 branche de thym, 1 branche de romarin, 2 feuilles de laurier, 2 cuil. à soupe d'huile d'olive, 1 cuil. à soupe de vinaigre de vin blanc, sel et poivre.

Faites vider et étêter les poissons par le poissonnier. Lavez, essuyez et coupez chaque maquereau en quatre tronçons. Faites revenir les morceaux dans une sauteuse, avec une cuil. d'huile d'olive, sel et poivre. Gardez le poisson en réserve.

Jetez l'huile et essuyez la sauteuse avant de la réutiliser pour faire dorer doucement l'oignon émincé dans le reste d'huile. Ajoutez le concentré de tomates, remuez la Maïzena, remuez encore et mouillez avec le vin blanc.

Salez, poivrez, mettez les aromates ainsi que les gousses d'ail épluchées et écrasées. Laissez cuire 5 min.

Ajoutez alors les tronçons de poisson. Faites cuire doucement 8 à 10 min.

Enlevez le poisson, déposez-le sur le plat de service chaud.

Ôtez les branches d'aromates de la sauteuse, versez le vinaigre. Faites un bouillon, arrosez les maquereaux de cette sauce et servez aussitôt.

Maquereaux en papillotes

Préparation : *10 min.*
Cuisson : *30 min.*

Un Menu

Tomates farcies au riz
Maquereaux en papillotes
Pommes vapeur
Coupe de melon aux fruits

Ingrédients

Pour 4 personnes.
4 maquereaux de 250 g chacun environ, 60 g de beurre, 2 cuil. à soupe d'échalotes hachées, 1 cuil. à soupe de persil haché et 1 de ciboulette hachée, 2 citrons, sel et poivre.

Faites préparer les poissons par le poissonnier.

Dans un grand bol, pétrissez ensemble le beurre, les échalotes, la ciboulette et le persil hachés. Salez et poivrez. Faites quatre parts de cette farce et remplissez-en le ventre des poissons.

Préparez quatre grandes feuilles d'aluminium ménager, placez-y les poissons au centre, avec une rondelle de citron. Refermez les papillotes. Mettez-les à griller, à feu vif, pendant 30 min. en les retournant à mi-cuisson.

Au moment de servir, défaites les papillotes et déposez les poissons sur un plat chaud, entourés de quartiers de citron.

En accompagnement, des pommes de terre vapeur et une sauce citronnée.

BROCHETTES DE FILETS DE MERLAN

Préparation : *15 min.*
Cuisson : *10 min.*

UN MENU

Radis - Beurre
Brochettes
defilets de merlan
Riz
Salade
Crème caramel

Ingrédients

Pour 4 personnes.
12 filets de merlan de petite taille,
30 g de beurre,
1 oignon moyen,
2 gros champignons de Paris,
chapelure, citron,
4 brins de persil, sel et poivre.

Choisissez des filets de merlan de petite taille. Lavez-les à l'eau fraîche, essuyez-les et salez-les. Hachez très finement les champignons et l'oignon ainsi que le persil. Mélangez bien ces hachis et divisez le tout en 12 petites portions égales. Étalez chaque portion de hachis sur les filets, enroulez-les sur eux-mêmes.

Enfilez les filets roulés sur de petites brochettes (3 filets par brochette), arrosez-les de beurre fondu puis saupoudrez-les aussitôt de chapelure.

Faites griller les brochettes à feu modéré pendant 10 min. en les retournant à mi-cuisson. Servez avec des quartiers de citron.

MERLANS EN COURT-BOUILLON DE POIREAUX

Préparation : *30 min.*
Cuisson : *55 min.*

UN MENU
Langoustines
Merlans en court-bouillon de poireaux
Pommes vapeur
Fromage blanc aux fruits

Ingrédients

Pour 4 personnes.
4 merlans d'environ 250 g,
12 blancs de poireau,
60 g de beurre,
1 cuil. à soupe de persil haché,
sel, poivre.
Pour le court-bouillon :
1/4 l de vin blanc sec,
1/2 l d'eau, 1 carotte,
2 échalotes, 1 bouquet garni,
sel et poivre.

Nettoyez les merlans et levez les filets.

Avec les parures (têtes et arêtes) et les ingrédients indiqués, faire un court-bouillon. Assaisonnez modérément car il va se concentrer par évaporation. Laissez cuire 30 min. à découvert et passez-le.

Mettez les blancs de poireau dans le court-bouillon. Ajoutez la moitié du beurre et faites mijoter 15 min.

Transvasez dans un plat allant au four, posez les filets de poisson assaisonnés sur les poireaux et mettez à four chaud 10 min. Retirez les filets et gardez-les au chaud.

Faites fondre le reste du beurre sur les poireaux. Disposez-les sur le plat de service. Ajoutez les filets de poisson, saupoudrez de persil haché et servez.

Merlans aux fines herbes

Préparation : *20 min.*
Cuisson : *10 min.*

Un Menu

Bâtonnets de surimi
à la mayonnaise
Merlans
aux fines herbes
Riz
Crème à la vanille

Ingrédients

Pour 4 personnes.
4 merlans écaillés et vidés
d'environ 300 g chacun,
150 g de beurre,
15 cl de vin blanc mêlé à du bouillon,
2 gros bouquets de fines herbes
(persil, ciboulette,
coriandre, oseille...),
1 pincée de gingembre en poudre,
1 cuil. à café de farine,
1 citron, sel et poivre du moulin.

Dans un plat allant au four, disposez quelques noisettes de beurre et les fines herbes ciselées, saupoudrez de gingembre en poudre. Sur ce lit d'herbes, placez les merlans et versez du bouillon et du vin blanc chauds dans lesquels vous aurez fait fondre 50 g de beurre.

Enfournez et laissez cuire 7 min. (th. 8 - 240°).

Retournez les poissons à l'aide d'une spatule en faisant attention de ne pas les casser.

Tout en laissant les poissons dans le plat, faites glisser le jus de cuisson dans une casserole et redéposez le plat de merlans dans le four éteint. Amenez le jus à ébullition et ajoutez le restant de beurre mêlé à la farine. Montez au fouet, ajoutez le jus de citron. Rectifiez l'assaisonnement si besoin est et arrosez les merlans de cette sauce. Servez aussitôt.

Filets de merluchon aux oignons confits

Préparation : *15 min.*
Cuisson : *50 min.*

Un Menu
Taboulé
Filets de merluchon
aux oignons confits
Fromage
Coupe de fruits

Ingrédients

Pour 2 personnes.
1 merluchon de 800 g environ (faites lever les filets et ôter la peau par le poissonnier), 300 g d'oignons, 70 g de sucre en poudre, 1 verre de vin rouge, 2 cuil. à soupe de vinaigre de xérès, 1 noix de beurre, aromates (thym, romarin…), sel et poivre du moulin.

Préparez les oignons, émincez-les et faites dorer doucement dans une casserole avec le beurre. Saupoudrez ensuite avec le sucre, remuez et mouillez avec le vin rouge. Laissez compoter doucement 40 à 50 min. jusqu'à ce que les oignons soient bien fondants.

Ajoutez un peu d'eau si besoin est et, à mi-cuisson, le vinaigre de xérès. Salez, poivrez et juste avant de servir, remuez avec une noix de beurre.

Pendant la cuisson des oignons, dans un petit couscoussier ou un récipient spécial-vapeur, mettez à bouillir de l'eau salée et parfumée d'aromates. Installez sur la partie haute les filets de poisson et laissez cuire 3 à 4 min. selon leur grosseur. Déposez avec précaution le plat de service, rectifiez l'assaisonnement et dressez autour les oignons confits.

Brandade de morue

Préparation : *20 min.*
Cuisson : *10 min.*

Un Menu

Brandade de morue
Pommes de terre
en robe des champs
Salade
Crème à la vanille

Ingrédients

Pour 4 personnes.
500 g de morue fraîche,
1 gousse d'ail,
noix de muscade râpée,
1 verre d'huile d'olive,
1 verre de lait, poivre.

Après avoir fait dessaler la morue dans l'eau froide, mettez-la dans une casserole, recouvrez d'eau et faites chauffer. Dès les premiers frémissements, enlevez la morue de l'eau. Ôtez les arêtes et passez la chair (sans les arêtes et la peau) à la moulinette. Dans deux casseroles, faites tiédir respectivement l'huile et le lait.

Dans une casserole à fond épais, mettez la morue hachée et la gousse d'ail pilée, ajoutez un tour de moulin à poivre et la muscade râpée (3 pincées environ). Maintenez à feu doux sous la casserole et ajoutez petit à petit à la morue, 1 cuil. de lait, 1 cuil. d'huile, tout en tournant avec la cuiller en bois. Il est important d'aller progressivement et à feu doux, pour obtenir une purée blanche : la brandade.

Servez aussitôt, chaud, avec des croûtons de pain frottés à l'ail et dorés.

Brandade de morue à la mode antillaise

Préparation : *20 min.*
Cuisson : *40 min.*
A prévoir la veille pour laisser la morue dessaler pendant la nuit.

Un Menu

Salade de maïs
et cœurs de palmier
Brandade de morue
à la mode antillaise
Salade verte
Fruits

Ingrédients

Pour 6 personnes.
1 kg de morue dessalée, 300 g de purée de pommes de terre, 1 bol de lait, 4 œufs, 4 gousses d'ail, 20 g de beurre, huile, 100 g de gruyère râpé, chapelure, sel et poivre.

Faites pocher la morue dessalée dans l'eau bouillante pendant 20 min. Jetez l'eau, enlevez la peau et les arêtes et passez la morue au presse-purée. Ajoutez-la à la purée de pommes de terre en mélangeant bien, versez un peu de lait pour faire une pâte onctueuse.

Battez les œufs en omelette, ajoutez-leur la moitié du fromage râpé et incorporez le tout à la préparation de purée et morue. Versez un peu d'huile dans une sauteuse, faites-la chauffer et mettez-y la préparation précédente, salez, poivrez et ajoutez l'ail écrasé. Si la pâte n'est pas assez onctueuse, ajoutez un peu de lait. Tournez à la cuiller en bois doucement.

Dans un plat à gratin, versez la brandade de morue, parsemez de noisettes de beurre, couvrez du reste de fromage râpé et de chapelure et faites gratiner à four chaud pendant 20 min.

Morue à l'étouffée

Préparation : *10 min.*
Cuisson : *45 min.*

Un Menu

Radis
Morue à l'étouffée
Œufs à la neige

Ingrédients

Pour 4 ou 5 personnes.
500 g de morue,
600 g de pommes de terre,
2 cuil. à soupe de persil haché,
100 g de beurre,
1 échalote, sel et poivre.

Après avoir fait dessaler la morue, coupez-la en quatre morceaux, épluchez les pommes de terre et coupez-les en tranches de 5 mm d'épaisseur.

Dans une cocotte, faites fondre 50 g de beurre. Ajoutez l'échalote hachée et les pommes de terre. Placez ensuite les morceaux de morue sur les pommes de terre en prenant soin de disposer le côté peau au-dessus. Mettez le couvercle sur la cocotte et fermez le plus hermétiquement possible. Placez la cocotte sur feu doux et laissez cuire pendant 40 min.

Au bout de ce temps, mettez la morue dans un plat chaud. Retirez la peau du poisson. Entourez avec les pommes de terre. Maintenez au chaud.

Dans la cocotte, faites fondre 50 g de beurre, ajoutez poivre et persil haché. Travaillez au fouet pour rendre cette sauce crémeuse. Versez sur la morue et servez aussitôt.

Croquettes de poisson

Préparation : *25 min.*
Cuisson : *15 min.*

Un Menu

Avocats aux crevettes
Croquettes de poisson
Salade
Pommes

Ingrédients

Pour 4 personnes.
Utilisez des restes de poisson poché ou faites pocher 300 g environ de filet de poisson, purée en flocons, 3 œufs, 2 verres de lait, 60 g de beurre, 3 cuil. à soupe de chapelure, 20 cl d'huile d'arachide, farine, sel et poivre.

Préparez une béchamel avec le beurre, 40 g de farine, 1 verre de lait, sel et poivre. Une fois faite, laissez-la tiédir.

Préparez une purée avec 50 g de flocons, en suivant les instructions du paquet (1 verre de lait / 1/2 verre d'eau, sel et poivre). Émiettez les restes de poisson, mélangez-les à la purée. Ajoutez la béchamel tiède, 2 jaunes d'œufs pour faire une pâte bien homogène.

Divisez cette pâte en croquettes (2 par personne).

Dans une assiette, mettez la chapelure ; dans une seconde, la farine ; dans une troisième, un œuf battu en omelette avec 1 cuil. à soupe d'huile. Trempez successivement les boulettes dans la farine, l'œuf et la chapelure.

Dans une grande poêle, faites chauffer l'huile. Quand elle est bien chaude, mettez-y les croquettes à dorer, à feu vif, 2 min. de chaque côté.

Servez avec une salade.

Filet de poisson en papillote

Préparation : *15 min.*
Cuisson : *20 min.*

Un Menu
Salade de cœurs de palmier et tomates
Filet de poisson en papillote
Coupe de fromage blanc aux groseilles

Ingrédients

Pour 1 personne.
1 beau filet de poisson,
1 carotte, 1 courgette,
1 citron vert,
1 branche d'estragon,
un peu de margarine, sel et poivre.
(Pour faire cette recette pour plusieurs, il suffit de multiplier chaque ingrédient par le nombre de convives.)

Rincez le filet de poisson et épongez-le dans du papier absorbant. Salez et poivrez des deux côtés, arrosez du jus de citron vert.

Lavez la courgette, enlevez une rondelle à chaque extrémité, épluchez ou grattez la carotte et lavez-la. Râpez les deux légumes avec la grille à gros trous. Mélangez carotte et courgette, salez et poivrez et faites cuire à peine 10 min. à la vapeur.

Lavez la branche d'estragon et effeuillez-la.

Préparez un grand carré d'aluminium ménager et beurrez-le légèrement. Déposez le mélange carotte-courgette, parsemez d'un peu d'estragon, disposez le filet de poisson sur les légumes et saupoudrez du reste des feuilles d'estragon. Fermez la papillote et mettez à cuire à la vapeur 10 min. environ selon la grosseur du filet de poisson.

Servez chaud et arrosez du reste de citron vert au moment de consommer.

Filets de poisson à la julienne de légumes

Préparation : *20 min.*
Cuisson : *35 min.*

Un Menu
Toast grillé aux sardines
Filets de poisson aux légumes
Cake

Ingrédients

Pour 4 personnes.
4 beaux filets de poisson,
200 g de carottes,
150 g de blancs de poireau,
100 g de crème fraîche,
50 g de beurre,
un peu d'huile, sel, poivre,
1 citron, du persil.

Pelez les carottes et taillez-les en julienne (petits bâtonnets). Nettoyez les poireaux, ne gardez que les blancs (vous utiliserez le vert dans un potage) et découpez-les en fines rondelles.

Beurrez largement un plat en porcelaine à feu, placez-y carottes et poireaux en couches alternées. Ajoutez 1 ou 2 petites noisettes de beurre et mettez à four moyen (th. 5 - 160°) pendant 15 min. (réservez un peu de légumes pour le dessus du plat).

Versez la crème fraîche sur les carottes et les poireaux, posez dessus les filets de poisson, parsemez de quelques noisettes de beurre, du reste de légumes, arrosez du jus d'1/2 citron et remettez au four pour 15 min.

Au moment de servir, décorez avec des rondelles de citron et saupoudrez de persil haché.

Gratin hollandais

Préparation : *30 min.*
Cuisson : *20 min.*

Un Menu

Soupe paysanne
Gratin hollandais
Quatre-quarts
aux pommes

Ingrédients

Pour 4 personnes.
3 l de moules,
1 verre de vin blanc sec,
3 échalotes, 1 citron,
2 cuil. à soupe de farine,
2 œufs, 1 tasse de chapelure,
120 g de gouda au cumin râpé,
100 g de beurre, persil,
sel et poivre.

Épluchez et émincez les échalotes. Lavez et grattez les moules. Faites-les ouvrir dans une casserole avec le vin blanc et les échalotes. Égouttez-les en conservant le jus que vous filtrez. Décoquillez les moules et disposez-les dans un plat à gratin.

Dans une casserole, mettez le jus de cuisson des moules, ajoutez le beurre ramolli mélangé à la farine, faites chauffer doucement sans cesser de tourner. Ajoutez les jaunes d'œufs un à un. Dès que la sauce épaissit, retirez du feu.

Pressez le citron. Ajoutez le jus dans la sauce. Sel et poivre. Nappez les moules de cette sauce.

Saupoudrez de fromage au cumin râpé mélangé à la chapelure. Faites gratiner 5 min. au four. Saupoudrez de persil haché au moment de servir très chaud.

POT-AU-FEU DE POISSON

Préparation : *20 min.*
Cuisson : *40 min.*

UN MENU

Avocat aux crevettes
Pot-au-feu de poisson
Tarte aux fruits

Ingrédients

Pour 4 personnes.
800 g de filets de poisson (cabillaud, lieu, ...), 2 tomates, 2 carottes, 2 poireaux, 4 pommes de terre, 10 cl de vin blanc, 1 oignon, ail, bouquet garni, sel, poivre, 2 cuil. à soupe d'huile d'olive et 2 doses de safran.

Épluchez carottes et pommes de terre. Coupez-les en morceaux. Nettoyez les poireaux, coupez-les en tronçons. Ébouillantez les tomates pour les peler, coupez-les en deux, éliminez les graines et hachez grossièrement la pulpe.

Faites chauffer l'huile dans une cocotte, mettez l'ail et l'oignon émincés à revenir. Ajoutez les tomates et mélangez.

Versez le vin blanc dans la cocotte, attendez l'ébullition et ajoutez 1 l d'eau. Versez alors les légumes avec le bouquet garni, du sel et du poivre. Laissez mijoter 30 min. à découvert. Pendant ce temps, préparez les filets de poisson, coupez-les en gros dés.

Une fois les légumes cuits, ajoutez le poisson dans le bouillon. Parfumez avec le safran et mélangez. Poursuivez la cuisson à petit feu, 10 min. encore. Servez bien chaud.

Roulades de poisson

Préparation : *10 min.*
Cuisson : *10 min.*

Un Menu
Salade de tomates
Roulades de poisson
Pommes de terre nouvelles
Fraises au sucre

Ingrédients

Pour 4 personnes.
4 filets de poisson,
8 grosses crevettes roses,
1/2 verre de vin blanc sec,
1 citron, sel, poivre.
Pour la sauce :
25 cl de bisque de homard,
15 cl de crème fraîche,
25 g de beurre, sel et poivre.

Essuyez les filets de poisson, saupoudrez-les de sel et de poivre, arrosez-les avec quelques gouttes de jus de citron.

Enlevez la tête des crevettes et décortiquez-les en laissant la queue.

Préchauffez le four (th. 6 - 180°). Placez deux crevettes à l'extrémité la plus large des filets et roulez-les serrés en laissant dépasser les crevettes de chaque côté. Fixez cette roulade avec une pique en bois.

Rangez les rouleaux de poisson dans un plat allant au four et arrosez avec le vin blanc. Couvrez le plat d'une feuille de papier aluminium et faites cuire 10 min. au four.

Tenez les filets au chaud dans le bas du four pendant la préparation de la sauce.

Dans une casserole, faites fondre le beurre à feu doux, ajoutez la bisque de homard. Portez à ébullition en tournant et retirez du feu. Ajoutez rapidement la crème fraîche.

Disposez les filets de poisson sur un plat chaud, nappez-les de sauce bien chaude. Décorez avec des rondelles de citron et servez accompagné de pommes de terre nouvelles cuites à la vapeur.

A noter : tous les filets de poisson s'adaptent à cette recette : cabillaud, sole, merlan, lieu…

Raie au gratin

Préparation : *25 min.*
Cuisson : *50 min.*

Un Menu

Crevettes grises
Raie au gratin
Riz nature
Salade de fruits

Ingrédients

Pour 4 personnes.
800 g de raie,
50 g de gruyère râpé,
50 g de beurre ou de margarine,
30 g de farine,
1/2 tasse de chapelure,
1 cuil. à café de curry,
sel, poivre, court-bouillon.

Préparez le court-bouillon. Lavez soigneusement la raie, plongez-la dans le court-bouillon tiède. Faites reprendre l'ébullition. Laissez frémir 8 à 10 min. Égouttez.

Allumez le four (th. 6 - 180°).

Passez le court-bouillon au chinois. Réservez-en un bon quart de litre. Faites fondre 30 g de margarine. Versez-y la farine. Mélangez pour faire un roux. Délayez avec le court-bouillon passé et la même quantité de lait. Laissez épaissir. Salez, poivrez, ajoutez le curry et le gruyère râpé. Mélangez bien.

Épluchez la raie, mettez-la dans un plat à four. Nappez avec la sauce. Recouvrez de chapelure. Parsemez le dessus du plat du reste de beurre.

Faites gratiner 15 min. à four chaud.

A noter : le court-bouillon peut se préparer avec une eau additionnée de lait et relevée de thym, laurier, poivre, gros sel... Certains préfèrent même le poisson cuit dans le lait, sans adjonction d'eau.

Raie au beurre noisette

Préparation : *10 min.*
Cuisson : *10 min.*

Un Menu

Cœurs de palmier en salade
Raie au beurre noisette
Pommes vapeur
Fromage blanc aux fruits

Ingrédients

Pour 4 personnes.
1 kg de raie, 1 bouquet garni,
4 cuil. à soupe de persil haché,
2 cuil. à soupe de câpres,
6 cuil. à soupe de vinaigre,
125 g de beurre,
sel et poivre, 1 citron.

Lavez soigneusement sous l'eau courante les morceaux de raie pour les débarrasser de la substance gluante. Emplissez une casserole d'eau à moitié, ajoutez le bouquet garni, le vinaigre (2 cuil.) du sel et les morceaux de raie. Portez doucement à ébullition et laissez cuire, 10 min., à petits frémissements jusqu'à ce que le poisson soit cuit.

Pendant ce temps, hachez les câpres. Faites fondre le beurre dans une poêle et lorsqu'il ne mousse plus, faites tourner la poêle au-dessus du feu jusqu'à ce que le beurre blondisse sans devenir noir. Aussitôt la couleur désirée, retirez du feu, versez le reste de vinaigre, les câpres et le persil hachés. Salez, poivrez, mélangez et couvrez.

Lorsque la raie est cuite, égouttez les morceaux et retirez la peau et les cartilages. Disposez le poisson sur un plat de service chaud, arrosez du beurre aux câpres. Décorez la plat de rondelles de citron (lavé).

Salade de raie à l'huile de noix

Préparation : *15 min.*
Cuisson du court-bouillon : *20 min.*
Cuisson du poisson : *15 min.*

Un Menu
Carottes râpées
Salade de raie
à l'huile de noix
Pommes de terre
en robe des champs
Crème au caramel

Ingrédients

Pour 4 personnes.
1 kg d'ailerons de raie,
1 salade feuille de chêne,
2 cuil. à soupe d'huile de noix,
1 cuil. à soupe de vinaigre de xérès,
1 cuil. à café de moutarde
à l'ancienne, sel et poivre.
Pour le court-bouillon :
soit 1 sachet tout prêt,
soit 20 cl de vinaigre,
1 oignon, 2 carottes, 1 bouquet
garni, sel et poivre en grains.

Préparez le court-bouillon. Dans 2 l d'eau, mettez oignon et carottes épluchés, coupés en morceaux. Ajoutez le bouquet garni, vinaigre, sel et poivre. Portez 10 min. à ébullition et laissez tiédir 10 min.

Faites cuire la raie dans le court-bouillon 15 min. environ.

Pendant ce temps, préparez la salade et lavez-la soigneusement. Dans un saladier, faites l'assaisonnement : dissolvez le sel dans le vinaigre, ajoutez la moutarde, le poivre, puis l'huile et mélangez bien. Mettez la salade, remuez-la dans la sauce et disposez-la dans quatre grandes assiettes.

Égouttez la raie, enlevez la peau et l'arête centrale. Disposez les filets encore tièdes sur la salade et arrosez le tout d'un léger filet d'huile de noix. Éventuellement, parsemez d'estragon émincé.

Filets de rouget poêlés aux deux riz

Préparation : *25 min.*
Cuisson : *1 h.*

Un Menu

Bigorneaux
Filets de rouget poêlés
au deux riz
Salade de fruits

Ingrédients

Pour 6 personnes.
9 rougets d'environ 200 g chacun,
40 cl de crème fleurette,
75 g de riz blanc,
100 g de riz sauvage,
90 g de beurre,
sel et poivre.

Écaillez, lavez les rougets, videz-les en récupérant les foies. A l'aide d'un couteau pointu, levez les filets, débarrassez-les des arêtes, salez et poivrez.

Faites cuire les deux riz séparément dans deux casseroles d'eau bouillante salée. Laissez cuire le riz blanc environ 20 min., le riz sauvage, 1 h jusqu'à éclatement des grains. Égouttez-les, rafraîchissez-les sous l'eau froide, égouttez encore à fond. Mélangez les deux riz dans un plat à four, parsemez-les de 50 g de beurre en morceaux et mettez à chauffer à four doux (th. 3 - 100°).

Dans une poêle chaude et légèrement beurrée, posez les filets de rouget, côté peau. Laissez cuire jusqu'à ce que la peau soit croustillante, retournez-les. La cuisson est très rapide.

Dressez les filets sur le plat de service chaud. Dans le jus de cuisson de la poêle, à feu vif, écrasez les foies de poisson, laissez cuire 15 s, mouillez avec la crème, faites réduire de moitié. Hors du feu, montez au fouet en ajoutant 30 g de beurre en morceaux. Rectifiez l'assaisonnement et servez avec le riz.

Rougets au gratin

Préparation : *15 min.*
Cuisson : *20 bonnes min.*

Un Menu
Radis
Rougets au gratin
Riz
Crème glacée

Ingrédients

Pour 4 personnes.
4 rougets de 150 g environ,
1 tomate, 1 échalote,
150 g de champignons,
2 verres de vin blanc sec,
1 verre d'eau, 30 g de beurre,
1 pincée de poivre de Cayenne,
1 cuil. à soupe de chapelure,
1 cuil. à soupe de persil haché,
sel et poivre, citron.

Écaillez, lavez et nettoyez les poissons. Pelez, épépinez et coupez la tomate en morceaux. Nettoyez et hachez les champignons ainsi que l'échalote.

Dans une casserole, faites fondre 20 g de beurre, mettez l'échalote hachée, puis la tomate et le hachis de champignons. Laissez cuire 1 min. Ajoutez alors chapelure et persil. Mouillez avec le vin blanc et l'eau. Salez, poivrez, ajoutez la pincée de poivre de Cayenne, mélangez bien et laissez réduire 10 min. en remuant.

Beurrez un plat à gratin avec le beurre restant. Étalez au fond un peu de sauce aux champignons. Déposez les poissons et recouvrez avec le reste de sauce.

Mettez à four très chaud 5 min. (th. 8 - 250°). Retournez délicatement les poissons, arrosez-les du jus de cuisson et faites les cuire encore 5 min. Retirez du four et arrosez avec le jus d'1 citron. Rectifiez l'assaisonnement si nécessaire et servez très chaud.

FILETS DE SOLE À LA CRÈME

Préparation : *20 min.*
Cuisson : *30 min.*

UN MENU

Pamplemousse
Filets de sole à la crème
Tomates au gril
Salade
Flan aux œufs

Ingrédients

Pour 6 personnes.
3 belles soles,
10 beaux champignons de Paris,
1 verre 1/2 de vin blanc sec,
1 citron, 1 bouquet garni
(persil, thym, laurier), 1 oignon,
150 g de crème fraîche,
4 jaunes d'œufs,
80 g de beurre, sel et poivre.

Faites lever les filets de sole par le poissonnier et demandez à garder les têtes et les arêtes. Mettez-les dans une casserole avec le vin blanc, le sel, le poivre et le bouquet garni, la moitié d'1 oignon et 3/4 l d'eau. Laissez chauffer doucement 20 min. puis retirez du feu.

Pendant cette cuisson, nettoyez les champignons, coupez-les en lamelles et cuisez-les dans une noix de beurre, salez et poivrez.

Pliez les filets de sole en deux et placez-les dans une sauteuse avec le beurre, ajoutez 2 verres de bouillon de poisson froid. Chauffez et laissez frémir 5 min. Sortez les filets avec une écumoire et mettez-les sur une assiette reposant sur une casserole d'eau bouillante. Recouvrez d'une feuille de papier alu.

Filtrez le bouillon, portez à ébullition jusqu'à ce qu'il ne reste à peu près que la valeur de 2 tasses. Ajoutez la crème fraîche et battez au fouet. Remettez sur feu doux jusqu'à ébullition, ôtez alors du feu et incorporez un à un les 4 jaunes d'œufs et 1 jus de citron sans cesser de battre.

Disposez les filets de sole sur le plat de service chaud, répartissez dessus les champignons émincés et nappez de sauce.

Salade de sole tiède

Préparation : *20 min.*
Cuisson : *10 min.*

Un Menu
Salade de sole tiède
Omelette aux pommes de terre
Clémentines

Ingrédients

Pour 4 personnes.
8 filets de sole,
1 cœur de salade frisée,
1 salade feuille de chêne,
2 courgettes, 4 tomates,
4 cuil. à soupe d'huile d'olive,
1 cuil. à soupe de vinaigre de xérès, sel, poivre concassé,
pluches de cerfeuil.

Pelez les tomates après les avoir plongées dans l'eau bouillante, hachez-les grossièrement.

Coupez en fins bâtonnets les courgettes. Dans une poêle, faites chauffer 2 cuil. à soupe d'huile d'olive, faites-y frire les courgettes.

Nettoyez les salades.

Faites cuire à la vapeur les filets de sole, détaillés en gougeonnettes.

Dans un bol, préparez la vinaigrette en mélangeant le vinaigre avec le sel, le poivre concassé et l'huile.

Dressez des petits bouquets de salades dans chaque assiette. Placez les gougeonnettes de sole tièdes, les courgettes et les morceaux de tomate.

Arrosez avec la sauce, décorez de quelques pluches de cerfeuil. Servez aussitôt.

THON EN COCOTTE

Préparation : *15 min.*
Cuisson : *45 min.*

UN MENU

Avocat aux crevettes
Thon en cocotte
Pommes vapeur
Flan au caramel

Ingrédients

Pour 4 personnes.
1 tranche épaisse de 800 g de thon,
1/2 l de vin blanc sec,
2 oignons,
800 g de champignons,
2 gousses d'ail, 1 bouquet garni,
1 cuil. à soupe de farine,
1 cuil. à soupe de crème fraîche,
3 cuil. à soupe d'huile,
sel et poivre.

Mettez le morceau de thon, salé et poivré, à revenir dans une cocotte avec la moitié de l'huile. Laissez bien dorer sur chaque face, à moyen feu, 10 min. environ.

Émincez les oignons et mettez-les à revenir dans la cocotte avec le thon. Nettoyez les champignons, émincez-les et faites-les cuire à part dans une poêle, à feu vif, avec le reste de l'huile.

Lorsque le thon est bien doré, retirez-le de la cocotte et versez la farine. Faites roussir légèrement, mouillez avec le vin blanc, mélangez avec une spatule en bois en grattant bien le fond de la cocotte. Ajoutez le bouquet garni, l'ail écrasé. Remettez la tranche de thon et laissez cuire à découvert pendant 25 min. à feu moyen.

Ajoutez les champignons 10 min. avant la fin de cuisson. Au moment de servir, placez la darne de thon sur un plat chaud, avec la garniture. Hors du feu, ajoutez la crème fraîche dans la sauce, mélangez et nappez-en le poisson. Servez chaud.

Filet de thon froid braisé à la sauce acidulée

Préparation : *10 min.*
(+ 1 h au froid)
Cuisson : *45 min.*

Un Menu

1/2 pamplemousse
Filet de thon froid braisé à la sauce acidulée
Pommes de terre vapeur
Salade
Abricots

Ingrédients

Pour 4 personnes.

1 filet de thon de 700 g environ, débarrassé de sa peau, 2 carottes, 2 oignons, 2 gousses d'ail, 3 tomates, 1 cuil. à soupe de concentré de tomates, 2 cuil. à soupe d'huile d'olive, sel, poivre, 1 bouquet garni.
Pour la sauce : 2 tomates, 1 cuil. à café de ketchup, le jus d'1/2 citron, 3 cuil. à soupe de crème fraîche, sel, poivre et herbes finement ciselées (cerfeuil, estragon).

Versez l'huile dans une sauteuse et faites revenir les carottes et les oignons émincés. Ajoutez les 3 tomates coupées en dés, l'ail et le concentré de tomates. Laissez mijoter 5 min.

Sur ce lit de légumes, déposez le filet de thon entier, ajoutez un petit peu d'eau, sel, poivre et bouquet garni. Couvrez et laissez cuire doucement 40 min. environ en vérifiant que le thon et les légumes n'attachent pas (sinon, ajoutez un peu d'eau). Laissez refroidir.

Préparez la sauce : pelez les tomates en les plongeant 30 s dans l'eau bouillante et coupez-les en petits dés. Dans un bol, mélangez les dés de tomate, le ketchup, le jus de citron, la crème fraîche, les herbes, sel et poivre. Gardez au froid au moins 1 h.

Au moment de servir, escalopez le thon en quatre portions. Déposez-les sur le plat de service avec les petits légumes. Servez la sauce acidulée à part.

Darnes de thon à la tomate

Préparation : *20 min.*
Cuisson : *35 min.*

Un Menu
Taboulé
Darnes de thon à la tomate
Fromage
Sorbet

Ingrédients

Pour 4 personnes.
800 g de thon,
6 à 8 tomates, 2 poivrons,
250 g de champignons de Paris,
2 oignons, 1 gousse d'ail,
10 cl de coulis de tomate
(valeur d'1 tasse à café),
2 cuil. à soupe d'huile d'olive,
thym, sel et poivre.

Plutôt qu'un morceau de thon entier, prévoyez quatre darnes. Nettoyez les poivrons, ôtez pédoncule, graines, filaments et coupez la chair en petits dés. Ébouillantez les tomates, pelez-les et coupez la pulpe en quartiers. Nettoyez soigneusement les champignons et émincez-les.

Dans une sauteuse, faites chauffer l'huile et mettez-y à revenir les oignons finement émincés, mélangez avec les dés de poivron, puis les champignons. Laissez revenir 2 à 3 min. à feu vif, puis ajoutez les tomates, l'ail émincé, le coulis de tomates. Salez, poivrez, parfumez avec le thym effeuillé. Laissez mijoter à feu doux pendant 10 min. environ.

Ajoutez alors dans la sauce les morceaux de thon salés et poivrés. Laissez cuire 20 min. à découvert pour que la sauce réduise. Servez chaud.

Truites à l'orange

Préparation : *45 min.*
Cuisson : *35 à 40 min.*

Un Menu

1/2 pamplemousse
Truites à l'orange
Riz aux épices
Ananas frais

Ingrédients

Pour 6 personnes.
6 truites, 4 oranges,
3 morceaux de sucre,
15 cl de vin blanc sec,
2 échalotes, 75 g de beurre,
sel et poivre.

Préparez la sauce à l'orange : hachez les échalotes très finement. Mettez-les dans le vin blanc avec le sucre. Faites bouillir lentement afin de réduire de moitié. Ajoutez le sel, le poivre, le jus d'une orange et 1 pincée de zeste râpé. Rectifiez l'assaisonnement s'il y a lieu et laissez en attente.

Pelez à vif les 3 oranges restantes. Coupez-les en huit quartiers puis faites-les sauter vivement dans 25 g de beurre. Tenez-les au chaud.

Videz les truites, séchez-les et farinez-les. Faites-les cuire à la poêle, 15 min. Salez et poivrez. Dressez les truites sur un plat chaud. Entourez de quartiers d'orange.

Faites bouillir la sauce déjà préparée. Incorporez 25 g de beurre en fouettant. Nappez-en les truites et servez le reste en saucière.

Pour obtenir une préparation plus légère, on peut faire cuire les truites au bleu, c'est-à-dire dans un court-bouillon vinaigré, salé, aromatisé.

Truites en papillotes

Préparation : *5 min.*
Cuisson : *10 min.*

Un Menu

Truites en papillotes
Riz nature
Tartelettes
aux fraises

Ingrédients

Pour 4 personnes.
4 truites portion à chair rose
de 250 g, 4 à 5 branches d'aneth
ou de fenouil frais,
2 échalotes hachées,
4 cuil. à soupe de court-bouillon,
2 cuil. à café d'huile d'olive,
1 citron coupé en fines rondelles,
sel et poivre,
sauce au beurre blanc
(surgelée ou prête à l'emploi).

Assaisonnez de sel et de poivre l'intérieur des truites parées et farcissez-les de branches d'aneth ou de fenouil.

Préparez 4 feuilles de papier aluminium assez larges pour former des barquettes et relever les bords. Déposez-y les truites assaisonnées et l'échalote hachée, du court-bouillon, de l'huile d'olive et recouvrez de rondelles de citron.

Rabattez complètement le papier alu sur lui-même, pincez soigneusement les bords. Rangez ces papillotes sur un plat allant au four et cuisez, à four préchauffé (th. 8 - 240°) pendant 10 min. Servez tel quel sur l'assiette.

Dans une petite casserole, préparez la sauce beurre blanc, nappez-en les truites après ouverture de la papillote.

Coquilles Saint-Jacques au gratin

Préparation : *20 min.*
Cuisson : *20 min.*

Un Menu

Huîtres
Coquilles Saint-Jacques au gratin
Riz
Pain d'épices à l'abricot

Ingrédients

Pour 4 personnes.
8 coquilles Saint-Jacques, 125 g de champignons de Paris, 150 g de beurre, 1 œuf, 1 verre de vin blanc sec, 1 cuil. à soupe de farine, 1 bouquet garni, 1 oignon, 1 petit pot de crème fraîche (20 cl), sel, poivre, gros sel, chapelure.

Préparez un court-bouillon avec 2 verres d'eau, le bouquet garni, l'oignon émincé, gros sel et poivre. Lorsque commence l'ébullition, mettez le vin. Faites pocher les noix et le corail des coquilles pendant 3 min.

Égouttez et réservez-les, puis laissez réduire le court-bouillon 5 min.

Pendant ce temps, nettoyez et émincez les champignons. Faites-les sauter dans 30 g de beurre. Ajoutez corail et noix coupées en deux dans le sens de l'épaisseur. Laissez dorer quelques instants, salez, poivrez, couvrez en gardant au chaud.

Faites chauffer 50 g de beurre dans une casserole, jetez-y la farine en pluie. Mélangez bien à la cuiller de bois avant de mouiller avec le court-bouillon filtré. Laissez mijoter tout en tournant pour obtenir une sauce onctueuse. Battez le jaune d'œuf avec la crème fraîche. Hors du feu, incorporez cette liaison à la sauce.

Garnissez les coquilles bien lavées avec les noix, corail et champignons. Nappez avec la sauce et saupoudrez de chapelure. Arrosez du reste de beurre fondu.

Mettez à gratiner 10 min. à four chaud (th. 7 - 220°).

Salade tiède de Saint-Jacques sur lit de choucroute

Préparation : *20 min.*
Cuisson : *25 min.*

Ingrédients

Pour 4 personnes.
600 g de choucroute crue,
12 noix de Saint-Jacques,
4 branches de cerfeuil, sel et poivre.
Pour la sauce : 250 g de tomates,
2 échalotes, 2 gousses d'ail,
1 branche de basilic, 1 branche de thym,
3 cuil. à soupe d'huile d'olive.

Un Menu
Salade tiède
de Saint-Jacques
sur lit de choucroute
Fromage
Fruits

Préparez la sauce, une concassée de tomates : plongez les tomates 20 s dans l'eau bouillante pour les peler plus facilement, ouvrez-les pour les épépiner et coupez-les en petits dés. Pelez l'ail et les échalotes, hachez-les très finement. Dans une grande casserole, faites chauffer 1 cuil. à soupe d'huile d'olive et faites revenir le hachis d'ail et d'échalotes jusqu'à ce qu'il soit translucide, ajoutez les dés de tomate, les feuilles de basilic, le thym effeuillé. Ne couvrez pas la casserole pour que le jus s'évapore. Au bout de 15 à 20 min., cette concassée de tomates est cuite. Laissez-la refroidir dans un grand saladier.

Étalez la choucroute dans le panier d'un cuit-vapeur ou d'un autocuiseur et faites réchauffer 4 min. à couvert.

Nettoyez les coquilles Saint-Jacques, ne gardez que les noix que vous ouvrez en deux dans le sens de l'épaisseur et posez-les sur la choucroute. Laissez encore cuire 1 min. Les noix doivent être moelleuses et tièdes. Salez et poivrez.

Dans un grand plat, étalez la choucroute et mélangez bien avec l'huile d'olive restante. Déposez un peu de sauce tomate au centre de la choucroute et placez les noix de Saint-Jacques au-dessus. Saupoudrez de pluches de cerfeuil et servez le reste de sauce en saucière.

Mouclade

Préparation : *30 min.*
Cuisson : *20 min.*

Un Menu
Rillettes de sardines au citron
Mouclade
Salade
Fruits

Ingrédients

Pour 6 personnes.
4 l de moules, 3 oignons, 1 verre de vin blanc, 50 g de beurre, 2 jaunes d'œufs, 4 cuil. à soupe de crème fraîche, 1 cuil. à soupe de farine, sel et poivre.

Grattez bien les moules, nettoyez-les et lavez-les. Pelez et hachez les oignons. Dans une large casserole, mettez les moules avec les oignons, le vin. Poivrez largement. Faites chauffer à feu vif jusqu'à ce que les coquillages s'ouvrent. Ôtez du feu.

Enlevez sur chaque moule une coquille et rangez les coquillages dans un plat tenu au chaud dans le four tiède.

Filtrez le jus de cuisson à travers une fine passoire et mettez de côté.

Faites chauffer le beurre dans une casserole, saupoudrez avec la farine et tournez à la cuiller en bois jusqu'à ce que le mélange blondisse. Mouillez alors avec le jus de cuisson des moules et laissez cuire cette sauce, à très petit feu, 8 min. environ, en tournant toujours. Mettez les jaunes d'œufs dans un bol, battez-les avec un peu de sauce refroidie, puis versez ce mélange dans le reste de la sauce. Ajoutez la crème fraîche et chauffez 2 min. sur feu très doux, sans laisser bouillir. Versez la sauce sur les moules et servez aussitôt.

Maïs aux moules

Préparation : *20 min.*
Cuisson : *30 min.*

Un Menu

Toasts chauds au fromage
Maïs aux moules
Salade
Gâteau aux pommes

Ingrédients

Pour 4 personnes.
1,5 l de moules, 1 grande boîte de grains de maïs ou 4 épis,
40 cl de vin blanc sec,
1 échalote, 1 jaune d'œuf,
1 cuil. à café de fécule,
poivre, thym, laurier,
salade (mâche, cresson).

Nettoyez les moules, épluchez l'échalote, préparez le thym et le laurier. Dans une cocotte versez le vin blanc, ajoutez poivre, thym, laurier et échalote hachée et portez à feu vif. Dès le commencement de l'ébullition, plongez les moules, laissez-les ouvrir en remuant 2 ou 3 fois. Retirez du feu, filtrez le jus de cuisson et décortiquez les moules.

Dans un bol, battez le jaune d'œuf avec la cuillerée de fécule. Versez un peu de jus de cuisson des moules. Remettez le reste du jus de cuisson sur feu doux, incorporez-y le mélange jaune d'œuf - fécule et faites doucement épaissir en remuant constamment. Rectifiez l'assaisonnement si besoin est.

Dans un plat allant au four, mélangez les grains de maïs égouttés et les moules. Versez la sauce et mettez à four chaud (th. 7 - 220°) pendant 10 min. environ.

Au moment de servir, décorez le plat avec de petits bouquets de cresson ou de mâche préalablement nettoyés.

A noter : vous pouvez utiliser des épis de maïs frais ou surgelés. Plongez les épis dans l'eau bouillante salée (10 à 12 min. s'ils sont frais ; pour les surgelés, suivre les indications du sachet) et égrenez-les une fois tièdes.

Moules sauce moutarde

Préparation et cuisson : *20 min.*

Pour changer des traditionnelles moules marinières, servez-les comme en Hollande, avec une petite sauce moutarde.

Un Menu

Moules
sauce moutarde
Frites
Salade panachée
Pêches

Ingrédients

Pour 4 personnes.

2 kg de moules, 1 oignon,
1 carotte, 1 poireau,
1 brin de céleri,
1/2 cuil. à café de grains de poivre,
1 brin de thym, 1 feuille de laurier,
10 cl de vin blanc.
Pour la sauce :
5 cuil. à soupe de mayonnaise,
1 ou 2 cuil. à soupe de moutarde,
5 cl de jus de cuisson des moules,
sel et poivre.

Épluchez et coupez l'oignon, la carotte, le poireau et le céleri en morceaux. Mettez ces légumes dans une marmite, ajoutez le thym, le laurier, le vin blanc et les moules après les avoir bien nettoyées et lavées. Faites cuire à feu vif et, à l'ébullition, secouez bien les moules 2 ou 3 fois.

Pour la sauce, prélevez 5 cl de jus de cuisson des moules. Mélangez dans un bol, la mayonnaise et la moutarde (plus ou moins selon votre goût) et le jus des moules. Salez modérément et poivrez. Ajustez l'assaisonnement avec moutarde et jus de moules.

Présentez les moules bien chaudes dans la marmite de cuisson ou dans des assiettes creuses chaudes et la sauce à part. Accompagnez ce plat de pain complet et, éventuellement, de frites.

Moules aux poireaux

Préparation : *20 min.*
Cuisson : *25 min.*

Un Menu
Avocat aux crevettes
Moules aux poireaux
Fromage
Salade de fruits

Ingrédients

Pour 4 personnes.
2 l de moules, 1 kg de poireaux, 50 g de beurre, le jus d'1/2 citron, 50 g de gruyère râpé, noix de muscade, sel et poivre.
Pour la sauce : 25 g de farine, 25 g de beurre, 1/2 l de lait, persil, cerfeuil, estragon.

Nettoyez et lavez les poireaux. Utilisez les blancs et gardez le vert pour un potage. Faites fondre le beurre dans une sauteuse et versez-y les blancs coupés en rondelles. Remuez, assaisonnez de sel, poivre et de muscade râpée. Laissez étuver pendant 15 min., à feu doux, en remuant de temps à autre.

Pendant ce temps, grattez et lavez les moules. Faites-les ouvrir à feu vif. Retirez les moules des coquilles. Filtrez le jus de cuisson et réservez-le.

Pour la sauce, lavez, épongez et hachez finement 5 branches de persil, 5 de cerfeuil et 1 d'estragon. Faites fondre le beurre dans une casserole, ajoutez la farine en remuant sans arrêt, puis le lait petit à petit, toujours en remuant, et laissez cuire 6 à 7 min. pour obtenir une sauce bien lisse. Incorporez ensuite le jus des moules, le hachis d'herbes et rectifiez l'assaisonnement si besoin est.

Dans cette sauce, ajoutez les moules, le jus de citron, les poireaux, le fromage râpé. Mélangez le tout délicatement et faites réchauffer 1 ou 2 min. pour servir bien chaud.

Risotto aux moules

Préparation : *20 min.*
Cuisson : *40 min.*

Un Menu
Chou-fleur vinaigrette
Risotto aux moules
Fromage
Clémentines

Ingrédients

Pour 4 personnes.
1 kg de moules,
200 g de riz rond,
300 g de tomates, 2 échalotes,
1 gousse d'ail, 1 bouquet garni,
4 cuil. à soupe d'huile d'olive,
1 dosette de safran,
15 cl de vin blanc sec,
sel et poivre,
des feuilles de basilic (facultatif).

Plongez les tomates dans l'eau bouillante pour les peler facilement. Enlevez les graines et hachez-les grossièrement.

Faites chauffer 2 cuil. d'huile dans une cocotte. Ajoutez l'ail, les échalotes pelées et émincées. Laissez revenir 1 min. Ajoutez les tomates, sel, poivre. Laissez mijoter 15 min.

Pendant ce temps, nettoyez les moules. Puis mettez-les sur feu vif, dans un faitout, avec bouquet garni et vin blanc. Secouez-les pendant 2 à 3 min. pour qu'elles s'ouvrent bien.

Retirez les moules du faitout. Récupérez et filtrez le jus dans un chinois. Ajoutez un peu d'eau chaude pour obtenir 60 cl de bouillon.

Dans une sauteuse, faites chauffer le reste de l'huile, jetez-y le riz sec. Laissez prendre une teinte transparente (2 min. environ) avant d'ajouter la purée de tomates, le bouillon, le safran. Mélangez bien et couvrez en laissant cuire 20 à 25 min. à feu très doux jusqu'à ce que le riz ait absorbé le bouillon.

Quelques minutes avant la fin de cuisson, incorporez au riz la moitié des moules décortiquées. Utilisez le reste en décoration du plat.

Ajoutez (pour la couleur), quelques feuilles de basilic et des rondelles d'olives vertes et noires.

Langoustines grillées à l'huile de basilic

Préparation : *5 min.*
(+ 30 min. au frais)
Cuisson : *5 min.*

Ingrédients

Pour 4 personnes.
16 grosses langoustines,
1 bouquet de basilic,
8 cuil. à soupe d'huile d'olive vierge,
sel et poivre du moulin.

Un Menu

Melon
Langoustines grillées à l'huile de basilic
Pommes de terre en papillotes
Fromage
Fraisier

Ciselez les feuilles de basilic et mettez-les dans un bol avec l'huile d'olive. Prélevez la moitié de cette huile au basilic que vous mettrez dans un plat.

Nettoyez les langoustines, fendez-les en deux dans la longueur, sans ôter les carapaces et roulez-les dans l'huile au basilic du plat. Laissez 30 min. au frais.

Égouttez les langoustines, salez, poivrez et faites griller sous le gril du four 5 min. environ.

Servez aussitôt avec des pommes de terre que vous aurez cuites en papillotes au four. Arrosez de l'huile au basilic restante.

Quiche aux fruits de mer

Préparation : *20 min.*
Cuisson : *45 min.*

Un Menu

Artichaut vinaigrette
Quiche aux fruits de mer
Salade
Fruits

Ingrédients

Pour 4 à 5 personnes.
12 langoustines, 1 l de moules, 250 g de pâte brisée, 4 œufs, 250 g de crème fraîche, 1 oignon, sel et poivre.

Nettoyez les moules, lavez-les et faites-les ouvrir dans une casserole avec 1 oignon émincé. Dès qu'elles sont ouvertes, enlevez les moules de leurs coquilles. Filtrez le jus de cuisson, remettez-le à chauffer et plongez-y les langoustines. Laissez frémir 4 à 6 min. selon la grosseur. Décortiquez les langoustines. Conservez le jus de cuisson.

Préchauffez le four (th. 5 - 150°).

Étalez la pâte et garnissez un moule à tarte. Piquez le fond avec une fourchette et faites cuire 15 min. au four.

Dans un saladier, cassez les œufs, ajoutez la crème fraîche, sel, poivre et mélangez bien le tout. Versez alors les moules, et ajoutez 2 cuil. à soupe de jus de cuisson.

Versez cette préparation sur le fond de tarte. Disposez les langoustines harmonieusement sur le dessus. Mettez la quiche à cuire 20 min. (th. 6 - 180°). Pour vérifier la cuisson, piquez la pâte avec la pointe d'un couteau, la lame doit rester sèche. Servez la quiche chaude.

A noter : à la place des langoustines, vous pouvez mettre des crevettes (il en faudra davantage) ou des gambas.

VOLAILLES ET LAPIN

Canapé de pommes

Préparation : *35 min.*
Cuisson : *25 min.*

Un Menu

Fonds d'artichauts
en gratin
Cailles farcies sur canapé
de pommes
Compote
Biscuit roulé

Ingrédients

Pour 4 personnes.
4 cailles, 3 pommes (Granny par exemple), 2 échalotes hachées, le jus d'1 citron vert, 1 bouquet de cerfeuil, 20 g de beurre, sel et poivre.

Lavez et épluchez deux pommes. Coupez-les en quartiers. Retirez les pépins. Faites un hachis avec les échalotes et le cerfeuil.

Salez, poivrez et farcissez les cailles de cette préparation. Placez-les dans un plat, arrosez-les d'un filet d'huile, et glissez-les au four pour 20 à 25 min. (th. 6-7 - 180-200°) en n'oubliant pas d'arroser de temps en temps.

D'autre part, épépinez la pomme restante par le centre, avec un vide-pomme. Découpez-la en rondelles que vous faites macérer 15 min. environ dans le jus de citron vert. Puis, dorez-les à la poêle 1 min. de chaque côté.

Placez une rondelle sous chaque caille et servez très chaud.

En accompagnement vous pouvez servir une compote de pommes cuites à l'étuvée, légèrement salée et poivrée.

Cailles à l'orange

Préparation : *10 min.*
Cuisson : *35 min.*

Ingrédients

Pour 6 personnes.
6 grosses cailles, 4 oranges,
2 échalotes,
2 cuil. à soupe de cognac
et 2 de Grand Marnier,
1 petit pot de crème fraîche,
75 g de beurre, sel et poivre.

Un Menu

Salade mexicaine
Cailles à l'orange
Fromage
Cake aux fruits

Assaisonnez bien l'intérieur des cailles avec une pincée de sel et une de poivre concassé. Pelez et hachez finement les échalotes, pressez la moitié d'une orange. Pelez les oranges restantes à vif, coupez-les en tranches épaisses (en retirant les pépins, s'il y en a).

Dans une sauteuse, faites chauffer le beurre, mettez-y les échalotes et les cailles, sur feu doux, pendant 25 min. A mi-cuisson, ajoutez le jus d'orange et retournez les cailles.

Quand les cailles sont cuites, flambez-les avec le mélange cognac - Grand Marnier et gardez-les au chaud.

Mettez les tranches d'orange dans la sauteuse, à feu vif, pendant 5 min., en les retournant 1 fois. Retirez-les et gardez-les également au chaud.

Déglacez la sauteuse avec la crème fraîche, vérifiez l'assaisonnement, faites chauffer à gros bouillons la sauce pendant 2 à 3 min. en fouettant. Remettez cailles et tranches d'orange dans cette sauce, 2 min.

Présentez les cailles sur un plat chaud, entourées des tranches d'orange, et la sauce en saucière chaude.

Cailles aux raisins

Préparation : *1 h.*
Cuisson : *10 min.*

Un Menu
Quiche
aux petits légumes
Cailles aux raisins
Fromage
Glace à la vanille

Ingrédients

Pour 6 personnes.
6 cailles vidées de 150 à 180 g chacune, 400 g de raisins blancs, à gros grains, sans pépins, 50 g de mousse de foie gras, 6 feuilles de vigne (ou à défaut 6 morceaux de crépine de porc), 6 bardes de lard très fines, 50 g de beurre, 1 verre à liqueur de cognac et 1 cuil. à soupe de sucre en poudre, sel et poivre.

Préparez les cailles, mettez 1 pincée de sel et 1 de poivre dans chacune d'elles. Divisez le contenu de la boîte de mousse de foie gras en six et farcissez-en les cailles. Ajoutez un grain de raisin pelé.

Enveloppez chaque caille dans une feuille de vigne (ou dans un morceau de crépine de porc), incisez sur 3 cm le milieu de chaque barde, posez la fente sur le bréchet et enveloppez la caille. Ficelez pour maintenir.

Choisissez un récipient allant au four et sur la table, faites-y fondre le beurre. Lorsqu'il est noisette, mettez-y les cailles, faites-les tourner dans le beurre et mettez à four chaud (th. 6-7 - 200°) pendant 10 min.

Pendant ce temps, pelez les grains de raisin. Lorsque les cailles sont tendres et presque cuites, retirez la cocotte du four, arrosez de cognac, flambez. Ajoutez le sucre et les raisins. Remettez à cuire 5 min. à four plus doux.

Servez immédiatement dans le plat de cuisson.

Canard à la compote de pommes de terre

Préparation : *30 min.*
Cuisson : *35 min.*

Un Menu
Carottes râpées au jus de citron
Canard à la compote de pommes de terre
Crème brûlée

Ingrédients

Pour 4 personnes.
4 filets de canard ou 2 magrets,
500 g de pommes de terre,
1 gros oignon, 2 gousses d'ail,
quelques brins de thym frais,
2 cuil. à soupe de crème fraîche,
2 cuil. à soupe d'huile d'olive,
quelques feuilles de salade,
sel et poivre et 20 g de beurre.

Pelez les pommes de terre et coupez-les en rondelles avant de les faire cuire dans un peu d'eau salée (15 min. ou 5 min. à l'autocuiseur). Pelez et hachez l'ail et l'oignon. Faites-les revenir dans un peu d'huile d'olive et de beurre, puis passez-les au mixer. Écrasez les pommes de terre à la fourchette, incorporez ail, oignon, thym effeuillé, crème fraîche, sel et poivre. Gardez au chaud.

Dans une poêle à revêtement antiadhésif, cuisez les filets de canard à feu vif (6 à 8 min. en tout). S'ils sont plus épais et plus gras, placez-les sous le gril du four, côté peau vers le haut et laissez-les 15 à 20 min. Assaisonnez en fin de cuisson.

Sur le plat, disposez quelques feuilles de salade, les filets de canard et la compote de pommes de terre. Parsemez de thym frais.

(Si vous aimez les magrets de canard rosés, réduisez le temps de cuisson, puis enveloppez la viande dans du papier alu et laissez reposer dans le four, porte ouverte).

Vin conseillé : un cahors jeune.

Magrets de canard aux girolles

Préparation : *30 min.*
Cuisson : *30 min.*

Un Menu
Salade de mâche aux betteraves
Magrets de canard aux girolles
Raisin

Ingrédients

Pour 4 personnes.
4 magrets de canard, 800 g de haricots verts, 300 g de girolles, 3 cuil. à soupe de vinaigre de framboise, 10 cl de vin blanc, 40 g de beurre, sel et poivre, 1/2 gousse d'ail.

Epluchez les haricots verts. Coupez le bout terreux des champignons, jetez-les dans une grande marmite d'eau bouillante salée pendant 2 min, égouttez et passez sous l'eau froide. Faites cuire les haricots verts 10 min. à la vapeur.

Dans une poêle, sur feu vif, faites rissoler les magrets côté peau pendant 15 min, 5 à 6 min. de l'autre côté. Une fois cuits, gardez les magrets au chaud.

Dégraissez la poêle avec le vinaigre, faites réduire de moitié et ajoutez le vin blanc et 10 cl d'eau. Laissez évaporer la moitié du liquide.

Hors du feu, ajoutez le beurre coupé en morceaux, salez et poivrez et versez en saucière.

Quand les haricots sont cuits, faites-les sauter avec les girolles dans un peu de beurre relevé d'ail.

Servez les magrets avec les légumes et la sauce à part.

Magrets de canard au vinaigre de framboise

Préparation : *25 min.*
Cuisson : *12 min.*

Un Menu
Cocktail de crevettes
Magrets de canard au vinaigre de framboise
Purée
Crème brûlée

Ingrédients

Pour 4 personnes :
2 magrets de 400 g chacun,
20 cl de bouillon de volaille,
10 cl de crème fraîche,
50 g de beurre,
300 g de framboises (surgelées),
1/4 l de vinaigre de vin,
50 g de sucre en poudre,
sel et poivre.

Préparez le vinaigre framboisé : dans une casserole, faites réduire à feu doux, 1/4 l de vinaigre de vin avec 250 g de framboises surgelées et 50 g de sucre en poudre. Filtrez.

Dans une poêle antiadhésive, faites cuire les magrets sans utiliser de matière grasse. Pour évitez qu'ils ne se rétractent, entaillez en 3 ou 4 endroits la peau grasse. Posez d'abord cette face sur la poêle chaude, faites cuire 7 à 8 min., puis retournez. Terminez la cuisson de l'autre côté.

Tenez les magrets au chaud.

Videz l'excès de graisse et déglacez la poêle avec le vinaigre framboisé. Ajoutez le bouillon de volaille, laissez réduire, puis ajoutez la crème fraîche. Assaisonnez de sel et de poivre.

Dans un bol, faites réduire le beurre en crème et incorporez-y progressivement la sauce chaude tout en remuant.

Émincez les magrets et présentez-les sur le plat, en éventail, nappés de sauce. Décorez avec quelques framboises.

Margret de canard à la choucroute confite

Préparation : *10 min.*
Cuisson : *15 min.*

Un Menu
Huîtres
Magret de canard
à la choucroute confite
Charlotte aux poires

Ingrédients

Pour 2 personnes.
400 g de choucroute cuite,
1 magret de canard, 1/2 oignon,
2 cuil. à soupe de sauce soja,
1 cuil. à soupe de sucre en poudre,
25 g de beurre,
sel et poivre.

Dans une poêle antiadhésive, sur feu assez vif, faites dorer le magret, d'abord côté peau, puis côté chair.

Versez la moitié de la sauce soja dans la poêle ainsi qu'1/4 de verre d'eau. Laissez cuire à couvert et réduisez le feu pendant 10 min.

Dans une sauteuse, sur feu vif, mettez le beurre. Ajoutez l'oignon finement émincé, la choucroute, le reste de soja et le sucre. Faites cuire jusqu'à évaporation du liquide et caramélisation, soit environ 15 min., en réduisant le feu au bout de 5 min.

Découpez le magret en fines tranches. Salez et poivrez.

Dressez sur assiettes chaudes et servez aussitôt accompagné d'un bordeaux rouge léger.

La saveur aigre-douce inattendue et subtile de la choucroute se marie très bien avec le magret de canard.

Magrets de canard aux pêches

Préparation : *10 min.*
Cuisson : *20 min.*

Un Menu
Salade de crudités
Magrets de canard aux pêches
Crème glacée

Ingrédients

Pour 4 personnes.
2 magrets de canard,
8 grosses pêches,
4 cuil. à soupe de rhum,
40 g de beurre, 1/2 citron.

Préchauffez une poêle antiadhésive, sans matière grasse. Incisez la peau des magrets, en les quadrillant avec un petit couteau pointu.

Placez les magrets dans la poêle, côté peau en premier. Faites-les cuire 10 min. à feu doux, puis retournez-les. Laissez cuire encore 8 min., salez et poivrez.

Ébouillantez les pêches, épluchez-les, dénoyautez-les et coupez-les en lamelles épaisses.

Lorsque les magrets sont cuits, retirez-les de la poêle. Jetez le gras de cuisson. A la place, mettez 40 g de beurre, faites-y revenir les pêches.

Remettez les magrets dans la poêle avec les pêches. Ajoutez le rhum. Laissez réchauffer quelques instants puis flambez.

Découpez le magret en tranches fines et servez aussitôt.

Caneton aux navets

Préparation : *20 min.*
Cuisson : *45 à 50 min.*

Un Menu

Betterave rouge
en salade
Caneton aux navets
Fromage
Sorbet aux fruits

Ingrédients

Pour 4 personnes.
1 jeune canard d'1,5 kg environ,
400 g de navets,
150 g de petits oignons,
1 bouquet garni,
20 cl de vin blanc sec,
30 cl de bouillon de volaille en cube,
beurre, 1 cuil. à café de sucre.

Dans 30 g de beurre, faites doucement rissoler le canard, salé et poivré à l'intérieur. Lorsqu'il est bien doré, retirez-le de la cocotte.

A la place, versez le vin blanc et grattez bien le fond pour réunir tous les sucs. Ajoutez le bouillon et faites-le réduire légèrement.

Remettez le caneton avec le bouquet garni, salez, poivrez, couvrez et faites cuire 45 à 50 min. à chaleur douce. Pelez oignons et navets.

Faites dorer au beurre (avec 1 cuil. à café de sucre pour la coloration) les oignons entiers et les navets. Ajoutez-les, dans la cocotte, à mi-cuisson du canard.

Dressez le canard sur le plat de service, entouré de la garniture de légumes. Servez la sauce bien chaude en saucière.

Cuisses de canettes aux nectarines

Préparation : *15 min.*
Cuisson : *30 min. environ.*

Un Menu
Radis
Cuisses de canettes aux nectarines
Riz
Crème glacée

Ingrédients

Pour 6 personnes.
6 belles cuisses de canettes,
4 cuil. à soupe de vinaigre,
1/2 cuil. à soupe de sucre en poudre,
2 cuil. à soupe de cognac,
1 cuil. à soupe de crème fraîche,
2 cuil. à soupe de moutarde blanche,
sel et poivre.
Compote de nectarines :
6 nectarines, 30 g de beurre,
30 g de sucre en poudre
et 1 cuil. à soupe de cognac.

Préparez la compote de nectarines : pelez les fruits après les avoir plongés quelques secondes dans l'eau bouillante. Dénoyautez-les et coupez-les en tranches. Faites-les cuire au beurre dans une poêle pendant 5 min., puis saupoudrez-les de sucre et faites-les caraméliser doucement. Ajoutez le cognac. Réservez et tenez au chaud.

Dans une sauteuse, faites dorer doucement les cuisses de canettes. Assaisonnez-les et laissez-les cuire en surveillant pendant 15 à 20 min.

Disposez la viande sur un plat chaud et gardez au chaud.

Jetez la graisse contenue dans la sauteuse, déglacez le fond avec le vinaigre et le sucre, sur feu doux, en laissant légèrement caraméliser.

Ajoutez la crème fraîche, la moutarde et le cognac. Goûtez et rectifiez l'assaisonnement.

Nappez les cuisses de canettes et entourez avec la compote de nectarines caramélisée.

Chapon rôti et endives braisées

Préparation : *30 min.*
Cuisson : *1 h 30, 2 h.*

Un Menu

Huîtres chaudes
au champagne
Coquilles Saint-Jacques
poêlées aux champignons
Chapon rôti
avec endives braisées
Salade de mâche
et roquefort
Bavaroise
aux fruits exotiques
Petits macarons
et fruits déguisés

Ingrédients

Pour 8 personnes.
1 chapon, 12 belles endives, 1 bouquet garni (thym, laurier, persil, estragon), 60 g de beurre, sel et poivre, cubes de bouillon de volaille, 1 petit pot de crème fraîche.

Salez et poivrez le chapon à l'intérieur. Farcissez-le d'herbes, bridez-le et faites-le pocher 30 min. dans un bouillon de volaille frémissant. Égouttez-le bien.

Préchauffez le four (th. 8 - 240°). Beurrez un grand plat à four avec 60 g de beurre et déposez-y le chapon. Au bout de 30 min. de cuisson, baissez le thermostat à 6-7 (180-200°) et laissez cuire environ 1 h 30 à 2 h selon le poids du chapon. Arrosez régulièrement avec le jus rendu, additionné d'un peu d'eau. Si le chapon dore trop vite, recouvrez-le d'une feuille d'aluminium ménager. Lorsque la volaille est cuite, laissez-la reposer 20 min. dans le four éteint.

Préparez les endives, épluchez-les, lavez-les et coupez-les en deux. Déglacez le plat de cuisson du chapon et versez la sauce dans une cocotte. Faites braiser les endives dans cette cocotte en ajoutant un bouquet garni. Laissez cuire doucement 40 min. En fin de cuisson, faites un peu réduire la sauce et incorporez la crème fraîche. Vérifiez l'assaisonnement.

Découpez le chapon et présentez-le sur un grand plat de service chaud, entouré de la garniture d'endives. Présentez la sauce en saucière.

Coquelets à l'indienne

Préparation : *15 min.*
Marinade : *3 h.*
Cuisson : *30 min.*

Ingrédients

Pour 4 personnes.
2 coquelets, 1 yaourt 1/2 au lait entier, 1 gousse d'ail, 2 cuil. à café de cardamome en poudre, 1 cuil. à café de citronnelle, 2 cuil. à café de jus de citron, sel et poivre.

Un Menu

Salade de tomates
Coquelets à l'indienne
Fonds d'artichauts sautés
Clafoutis

Fendez les coquelets par le dos, aplatissez-les sur le bréchet, maintenez dans cette position avec deux brochettes en bois entrecroisées.

Préparez la marinade. Dans un bol, fouettez le yaourt avec la gousse d'ail écrasée au presse-ail, les épices, le jus de citron, sel et poivre.

Enrobez les 2 coquelets de marinade. Mettez-les dans un grand récipient et laissez-les mariner au réfrigérateur, pendant 3 h.

Préchauffez le four (th. 10 - 300°) 15 min. avant la cuisson. Posez les coquelets bien enrobés de la marinade dans un plat allant au four, faites cuire 30 min. en retournant les coquelets 4 fois en cours de cuisson.

Croquettes de dinde aux petits légumes

Préparation : *15 min.*
Cuisson : *45 min.*

Un Menu
1/2 pamplemousse
Croquettes de dinde aux petits légumes
Gâteau de riz au caramel

Ingrédients

Pour 4 personnes.
500 g d'escalopes de dinde,
100 g de poitrine salée,
2 échalotes,
2 cuil. à soupe de chapelure, 1 œuf,
1 cuil. à soupe de persil haché,
6 blancs de poireaux,
500 g de carottes, 1 gousse d'ail,
1 oignon, 1 bouquet garni,
1 pincée de noix de muscade,
30 g de beurre,
1 cuil. à soupe d'huile d'olive,
sel et poivre, 1 citron.

Hachez escalopes de dinde et poitrine salée. Dans 10 g de beurre, faites étuver les échalotes pelées et hachées.

Dans un saladier, mélangez à la fourchette, viandes hachées, échalotes, chapelure, œuf battu et persil haché. Poivrez et façonnez avec cette pâte, du bout des doigts farinés, de petites boulettes. Laissez en attente.

Epluchez, lavez et émincez les blancs de poireaux. Pelez et découpez les carottes en rondelles. Pelez et émincez l'oignon, pressez l'ail.

Dans une cocotte, faites chauffer l'huile d'olive et le reste de beurre, puis faites rissoler les boulettes à feu vif pendant 5 min. Retirez-les.

Faites étuver à leur tour oignon et poireaux, 10 min. environ, ajoutez les carottes, le bouquet garni, 10 cl d'eau chaude, couvrez et laissez cuire 20 min.

Posez les boulettes sur le lit de légumes, laissez mijoter encore 10 min. Servez très chaud arrosé d'un jus de citron.

Cuisse de dinde au gingembre

Préparation : *25 min.*
Cuisson : *45 min.*

Ingrédients

Pour 4 personnes.
1 belle cuisse de dinde ou 2 petites,
1 cuil. à soupe de gingembre
frais râpé, 2 échalotes,
1 pincée de poudre de girofle,
2 cuil. à soupe de sauce de soja,
1 cuil. à soupe de vinaigre,
1 cuil. à soupe de sucre en poudre,
10 cl de bouillon de volaille instantané,
200 g de champignonsde Paris,
2 cuil. à soupe d'huile,
sel et poivre.

Un Menu
Salade de haricots verts
Cuisse de dinde
au gingembre
Riz créole
Tartelettes aux fruits

Désossez la cuisse de dinde et coupez la chair en petits morceaux réguliers. Faites fondre les échalotes hachées dans une poêle contenant de l'huile chaude. Saupoudrez-les avec la poudre de girofle et le gingembre frais râpé puis ajoutez la sauce de soja, le vinaigre et le sucre. Mélangez bien. Mettez-y alors la viande et faites-la dorer, tout en remuant. Salez et poivrez.

Lorsque la viande est dorée, versez le bouillon chaud et portez à ébullition. Couvrez et laissez cuire à petit feu pendant 45 min.

Préparez les champignons, nettoyez-les, émincez-les et ajoutez-les à la viande 5 à 8 min. avant la fin de la cuisson.

Dressez la viande sur le plat de service et servez avec un riz créole.

Cuisse de dinde à la moutarde

Préparation : *20 min.*
Cuisson : *1 h 15.*

Un Menu
Tarama
Cuisse de dinde
à la moutarde
Salade
Fruits

Ingrédients

Pour 4 personnes.
1 cuisse de dinde, 750 g de pommes de terre à chair ferme, 1 cuil. à soupe de moutarde de Dijon, 250 g de tomates mûres, 1 cuil. à soupe de crème fraîche épaisse, 2 gousses d'ail, 1 cuil. à soupe d'huile, sel et poivre.

Faites bouillir de l'eau dans une casserole, plongez-y les tomates 10 s, passez-les alors sous l'eau courante, pelez-les, coupez-les en deux, pressez-les pour en éliminer les graines et coupez la pulpe de tomate en petits morceaux.

Pelez les pommes de terre, lavez-les et essuyez-les. Coupez-les en rondelles de 0,5 cm d'épaisseur. Mettez la crème et la moutarde dans un bol et mélangez. Salez et poivrez.

Allumez le four (th. 8 - 250°). Ôtez la peau du morceau de dinde. Pelez les gousses d'ail, coupez la première en 6 éclats, hachez la seconde. Faites 6 entailles dans le morceau de viande et glissez-y les éclats d'ail.

Mettez les pommes de terre et les tomates dans un grand plat. Salez, poivrez, versez l'huile et un verre d'eau. Posez le morceau de dinde sur les légumes et laissez cuire 45 min. en retournant la viande à mi-cuisson.

Au bout de 45 min., tartinez la dinde de la moitié du mélange crème-moutarde. Laissez cuire 15 min. puis retournez le morceau et tartinez l'autre face avec le reste. Laissez cuire encore 15 min. et servez très chaud.

Escalopes de dinde gratinées

Préparation : *25 min.*
Cuisson : *30 min.*

Un Menu

Salade chinoise
Escalopes de dinde gratinées
Salade verte
Génoise à la confiture

Ingrédients

Pour 6 personnes.
6 escalopes de dinde assez fines,
1 cuil. à soupe de crème fraîche,
125 g de beurre,
1/2 l de lait, 50 g de farine,
60 g de fromage,
sel, poivre, muscade,
un peu de Grand Marnier.

Choisissez des escalopes de dinde assez fines et régulières. Dans une assiette, mettez 15 g de farine environ et un peu de sel et poivre, farinez la viande sur les deux faces. Faites cuire à la poêle, à feu doux, dans la moitié du beurre, pendant 10 min. environ (retournez-les à mi-cuisson). Mettez-les dans un plat allant au four et déglacez la poêle avec un peu de Grand Marnier.

Préparez une béchamel avec le beurre et la farine restant, le lait, le sel, le poivre et la muscade (une pointe). Râpez le fromage, ajoutez-en la moitié à la béchamel ainsi que le jus de cuisson de la viande et la crème fraîche.

Nappez les escalopes de cette sauce, saupoudrez du reste de fromage râpé et faites gratiner 10 min. au four.

Paupiettes de dinde surprises

Préparation : *30 min.*
Cuisson : *40 min.*

Un Menu

Tomate et maïs
Paupiettes de dinde surprises
Salade
Fruits

Ingrédients

Pour 4 personnes.
4 escalopes de dinde (bien aplaties),
4 fines tranches de poitrine fumée,
3 œufs,
5 cuil. à soupe de petits pois,
100 g de gouda râpé (grosse grille), sel, poivre, paprika,
1 cube de bouillon,
1 petit verre d'armagnac,
1 cuil. à café de Maïzena,
1 cuil. à soupe d'huile,
25 g de margarine.

Salez et poivrez les escalopes. Posez dessus une tranche de lard. Préparez 1/4 l de bouillon avec le cube. Battez les œufs dans un saladier, ajoutez le gouda râpé, les petits pois égouttés, salez, poivrez et assaisonnez d'une pointe de paprika.

Faites chauffer l'huile dans une poêle et préparez l'omelette. Coupez-la en quatre et posez sur les escalopes. Roulez et ficelez soigneusement en paupiettes.

Faites chauffer la margarine dans la poêle et mettez les paupiettes qui doivent être dorées de tous côtés. Mouillez avec le bouillon et laissez mijoter à feu doux 30 min. Enlevez les paupiettes et disposez-les dans le plat de service que vous tenez au chaud.

Mélangez la Maïzena à un peu d'eau froide et ajoutez-la dans la poêle ainsi que l'armagnac. Laissez bouillir quelques instants en tournant, et nappez les paupiettes. Servez très chaud.

Risotto de dinde et champignons

Préparation et cuisson : *30 min.*

Un Menu
Radis beurre
Risotto de dinde
et champignons
Salade
Coupe de fruits

Ingrédients

Pour 4 personnes.
400 g de blanc de dinde
ou d'escalopes de dinde,
50 g de lard fumé,
250 g de champignons de Paris,
250 g de riz, 1 verre de vin blanc,
80 g de beurre,
1 cuil. à soupe d'huile,
persil, sel et poivre.

Coupez le lard et le blanc de dinde en petits dés. Faites chauffer le mélange huile et 30 g de beurre dans une cocotte pour faire revenir rapidement les dés de viande.

Ajoutez le riz, remuez à la cuiller en bois jusqu'à ce qu'il devienne transparent. Arrosez avec le vin blanc, salez et poivrez. Ajoutez 30 cl d'eau chaude. Baissez le feu, couvrez et laissez cuire 18 min. jusqu'à ce que le liquide soit absorbé.

Pendant ce temps, nettoyez les champignons, coupez-les en lamelles. Faites-les sauter dans 20 g de beurre sur feu vif.

Dès qu'ils commencent à dorer, ajoutez-les dans la sauteuse, remuez bien et laissez s'achever la cuisson à couvert. Hachez le persil.

Quand le riz est cuit, incorporez-lui, hors du feu, le reste de beurre en petits morceaux. Versez le risotto dans le plat de service, saupoudrez-le de persil haché et servez chaud.

Escalopes de dindonneau aux raisins

Préparation : *10 min.*
Cuisson : *15 min.*

Un Menu
Salade de crudités
Escalopes de dindonneau aux raisins
Pommes noisettes
Œufs à la neige

Ingrédients

Pour 4 personnes.
4 escalopes de dindonneau, 100 g de raisins secs, 1 boîte de champignons de Paris, 1 verre de vin blanc sec, 2 cuil. à soupe de crème fraîche, sel, poivre, 1/2 verre à liqueur de rhum ou de cognac (facultatif).

Lavez les raisins, égouttez-les et faites-les tremper dans un peu de vin blanc. Préparez les escalopes, faites fondre la matière grasse dans la poêle, faites dorer les escalopes de chaque côté puis laissez cuire 5 min. environ sur chaque face, suivant l'épaisseur.

Salez, poivrez. Chauffez le rhum ou le cognac, puis flambez. Réservez la viande au chaud.

Déglacez la poêle avec le vin blanc. Ajoutez-y les raisins et les champignons émincés, puis la crème. Laissez chauffer et versez le tout sur la viande chaude.

Vous pouvez accompagner le plat de pommes noisettes.

Rôti de dindonneau aux légumes

Préparation : *15 min.*
Cuisson : *1 h 20.*

Un Menu
Chèvre chaud
sur canapé
Rôti de dindonneau
aux légumes
Tarte aux fruits

Ingrédients

Pour 4 personnes.
1 rôti de dindonneau d'1 kg environ,
40 g de beurre, thym,
2 oignons, 2 carottes,
1 bouquet garni, sel et poivre.
Pour la garniture :
1 boîte de fonds d'artichauts,
1 boîte de cœurs de céleri,
des épinards (en boîte ou surgelés)
et 1 petite boîte de petits pois.

Hachez les carottes et disposez-les au fond du plat enduit de beurre. Dessus déposez le rôti de dindonneau débarrassé de la barde mais toujours ficelé. Parsemez-le de feuilles de thym, de poivre et d'un peu de beurre. Autour disposez les oignons coupés en quatre. Mettez à four chaud (th. 6-7 - 200°) et laissez dorer.

Au bout de 15 min., ajoutez le bouquet garni et 2 cuil. d'eau chaude au fond du plat. Arrosez le rôti avec le jus ainsi formé. Ajoutez encore 2 autres cuil. d'eau chaude 15 min. plus tard et continuez d'arroser pendant la cuisson (1 petite heure environ).

Faites braiser les épinards, les cœurs de céleri. Réchauffez les fonds d'artichauts dans le jus du rôti. Faites cuire les petits pois et présentez-les dans les fonds d'artichauts.

Servez le rôti entouré des légumes et la sauce en saucière.

Faisan aux endives

Préparation : *30 min.*
Cuisson : *1 h 30.*

Un Menu
Terrine de pâté
Faisan aux endives
Pommes de terre
à l'anglaise
Fruits

Ingrédients

Pour 4 personnes.
1 coq faisan, 1 carotte,
2 oignons,
2 cuil. à soupe de sucre en poudre,
100 g de poitrine demi-sel,
100 g de beurre,
1,5 kg d'endives, 1 citron,
1 tablette de bouillon de volaille,
200 g de cervelas
ou de saucisse de Morteau,
sel, poivre, muscade,
baies de genièvre.

Salez et poivrez l'intérieur du faisan préparé par le volailler, bridez-le et faites-le dorer à four chaud (th. 8 - 240°) avec 50 g de beurre en l'arrosant souvent. Retirez-le du four lorsqu'il est doré.

Émincez la carotte et les oignons. Coupez le lard en petits morceaux, faites-les dorer doucement dans une cocotte avec 30 g de beurre. Lorsqu'ils sont bien caramélisés, mouillez avec 1/4 l de bouillon de volaille.

Dans une autre cocotte, faites fondre les endives, préalablement effeuillées, dans le beurre restant, saupoudrez de sucre et du jus d'un citron.

Déposez le faisan sur les endives. Ajoutez le contenu de la première cocotte ainsi que 6 à 8 baies de genièvre et 1 pincée de muscade. Faites cuire doucement 1 h 30 environ en surveillant.

Vérifiez l'assaisonnement et faites réduire le jus de cuisson si nécessaire.

Papillotes de lapin au barbecue

Préparation : *30 min.*
Cuisson : *25 min.*

Un Menu
Melon
Papillotes de lapin au barbecue
Pommes de terre à la braise
Salade
Fruits

Ingrédients

Pour 6 personnes.
1 gros lapin de 2 kg environ, coupé en morceaux (mettre le foie à part), 250 g d'échalotes, 3 cuil. à soupe d'huile d'olive, 12 cuil. à soupe de vin blanc, 1 ou 2 branchettes de thym, 1 kg de tomates fermes mais mûres, sel et poivre.

Dans une casserole, sur feu doux, mettez les échalotes hachées et l'huile, le vin, le thym. Couvrez et laissez cuire 20 min. en secouant plusieurs fois le récipient sans retirer le couvercle.

Laissez refroidir. Pelez les tomates, égrenez-les, coupez la chair en dés.

Préparez 7 grands morceaux d'aluminium (1 supplémentaire pour le foie), suffisamment grands pour envelopper les morceaux de lapin. Sur chaque morceau d'aluminium relevé en barquette, déposez un peu de sauce aux échalotes, un morceau de lapin, des dés de tomate, salez et poivrez et fermez bien hermétiquement.

Sur le gril du barbecue, à braise moyenne, posez toutes les papillotes (sauf le foie) et laissez cuire 10 min. Puis, approchez les paquets du centre de la braise, ajoutez le foie et laissez encore 15 min.

Au moment de servir, fendez toutes les papillotes sur le dessus, extrayez le foie, escalopez-le en 6 tranches que vous placerez dans les autres papillotes avec un peu de son propre jus.

Lapin en papillotes

Préparation : *15 min.*
Cuisson : *45 min.*

Un Menu

Cassolette
de champignons
Lapin en papillotes
Carottes braisées
Gâteau au yaourt

Ingrédients

Pour 4 personnes.
1 lapin d'1,5 kg environ, coupé en 8 morceaux, 4 tomates, 2 gros oignons, une vingtaine d'olives, 8 cuil. à soupe de vin blanc sec, 30 g de beurre, 2 cuil. à soupe de persil haché, thym, laurier, sel et poivre.

Faites revenir vivement les oignons hachés dans 30 g de beurre. Quand ils sont blonds, retirez-les et répartissez-les sur quatre grandes feuilles d'aluminium ménager. Dans le même beurre, faites revenir 2 min. les tomates pelées et coupées en quartiers. Ajoutez-les aux oignons.

Sur chaque carré d'aluminium, disposez 2 morceaux de lapin, salez et poivrez. Ajoutez sur chaque morceau, thym, laurier, olives. Arrosez d'un peu de vin blanc. Fermez bien hermétiquement chaque papillote sans trop serrer le contenu.

Cuisez à four chaud (th. 7 - 220°) pendant 40 min.

Au moment de servir, ouvrez les papillotes, saupoudrez de persil haché. Servez bien chaud accompagné de carottes braisées.

Lapin aux champignons

Préparation : *20 min.*
Cuisson : *1 h.*

Un Menu
Radis
Lapin aux champignons
Salade
Pommes au four

Ingrédients

Pour 4 personnes.
1 lapin, 400 g de champignons,
60 g de beurre, 3 cuil. d'huile,
1 bouquet garni,
1/2 verre de vin blanc,
concentré de tomates, sel,
poivre, paprika, 1 gousse d'ail.

Faites découper le lapin en morceaux par le volailler. Dans une cocotte, faites revenir les morceaux au beurre. Lorsque les morceaux sont bien dorés, assaisonnez, sel, poivre, paprika. Ajoutez un bouquet garni (persil, thym, laurier), mouillez avec le vin blanc. Couvrez la cocotte et laissez cuire doucement 30 min. environ.

Nettoyez les champignons (cèpes, mousserons…), selon leur grosseur, détaillez-les en morceaux et faites-les sauter quelques minutes à l'huile.

Ajoutez-les au lapin et cuisez-les ensemble 15 min. environ.

Au moment de servir, enlevez le bouquet garni, dressez les morceaux de lapin sur un plat chaud, entourez-les de champignons.

Liez la sauce avec le concentré de tomates et 1 gousse d'ail pilée. Nappez-en le lapin et les champignons.

Lapin au fenouil

Préparation : *15 min.*
Cuisson : *30 à 40 min.*

Un Menu

Avocat
Lapin au fenouil
Pâtes fraîches
Gâteau roulé
à la confiture

Ingrédients

Pour 5 personnes.

1 lapin, découpé en morceaux par le volailler,
1 bulbe de fenouil,
2 cuil. à soupe d'huile d'olive,
10 cl de vin blanc,
1 cuil. à soupe de curry,
50 g de farine, 1 gros oignon,
100 g de crème fraîche,
sel, poivre et piments secs.

Dans une cocotte, faites chauffer 2 cuil. à soupe d'huile d'olive et mettez à dorer les morceaux de lapin.

Lavez le bulbe de fenouil et coupez-le en petits morceaux. Pelez l'oignon et hachez-le finement.

Quand le lapin est bien coloré, égouttez les morceaux, jetez l'huile de cuisson, puis remettez le lapin dans la cocotte avec l'oignon, le fenouil. Saupoudrez de farine et remuez bien pour enrober les morceaux, le tout sur feu doux.

Déglacez au vin blanc, mélangez bien, portez à ébullition. Recouvrez les morceaux de viande d'eau (ou de bouillon de volaille), ajoutez sel, poivre, curry, piments et faites cuire 30 à 40 min. selon la grosseur des morceaux.

Juste avant de servir, ajoutez la crème fraîche et présentez les morceaux de lapin, nappés de sauce.

Un tavel rosé bien frais accompagnera bien ce plat.

Lapin aux herbes et au citron

Préparation : *15 min.*
Cuisson : *1 h 15.*

Ingrédients

Pour 4 personnes.
1 lapin d'1,2 kg environ coupé en morceaux, 2 gousses d'ail, 2 oignons, 1 branchette de romarin et des brindilles de thym, 30 g de beurre, 1 cuil. à soupe d'huile, 2 citrons, 1 cuil. à soupe de farine, sel et poivre.

Un Menu
Salade de maïs
Lapin aux herbes et au citron
Riz nature
Raisin

Frottez les morceaux de lapin avec 1/2 citron. Salez, poivrez et saupoudrez de farine.

Pelez et hachez finement les oignons. Épluchez l'ail et écrasez les gousses avec le plat d'un couteau. Pressez 1 citron. Coupez l'autre en rondelles (après avoir brossé et lavé l'écorce).

Chauffez le mélange beurre-huile dans une cocotte, sur feu doux. Faites-y blondir l'ail et l'oignon. Lorsqu'ils sont bien dorés, enlevez-les avec une écumoire et réservez-les dans une assiette. Faites dorer alors les morceaux de lapin sur toutes leurs faces. Environ après 10 min., remettez les oignons et l'ail, versez le jus du citron et 1/2 verre d'eau. Ajoutez le thym, le romarin. Recouvrez le lapin avec les rondelles de citron.

Couvrez la cocotte et laissez cuire pendant 1 h, à feu très doux. Surveillez de temps à autre et ajoutez un peu d'eau si besoin est.

Servez très chaud.

Lapin à la moutarde

Préparation : *10 min.*
Cuisson : *30 min.*

Un Menu
Asperges
Lapin à la moutarde
Pommes de terre soufflées
Salade
Fruits

Ingrédients

Pour 6 personnes.
1 beau lapin, 30 g de beurre, 2 cuil. à soupe d'huile, sel, poivre, 1 bonne cuil. à soupe de moutarde, 20 cl de vin blanc, 10 cornichons, 50 g de crème fraîche, 1 cuil. à café de fécule.

Faites découper le lapin en morceaux par le volailler et faites-le revenir dans une sauteuse où vous aurez fait fondre le mélange beurre-huile.

Quand les morceaux sont bien dorés, salez et poivrez et ajoutez la moutarde délayée dans le vin blanc. Couvrez et laissez cuire 15 à 20 min., à feu-assez vif. Ajoutez alors les cornichons coupés en rondelles et laissez cuire encore 10 min. Liez la sauce avec la fécule et la crème fraîche.

Disposez les morceaux de lapin sur le plat de service, nappez de sauce.

Servez avec des petites pommes de terre soufflées.

Lapin aux pruneaux

Préparation : *20 min.*
Cuisson : *1 h 15.*

Un Menu

Radis
Lapin aux pruneaux
Pommes de terre à l'anglaise
Tartelettes aux fruits

Ingrédients

Pour 6 personnes.
1 lapin d'1,5 kg coupé en morceaux, 400 g de pruneaux, 75 cl de vin rouge de Cahors, 1 cuil. à soupe d'huile, 25 g de beurre, 200 g de poitrine fumée, 2 échalotes, 2 carottes, thym, feuille de laurier, sel et poivre.

Coupez la poitrine fumée en dés et mettez-les à dorer dans le beurre et l'huile, à feu vif, dans une cocotte.

Au bout de 3 min., ajoutez les morceaux de lapin et laissez dorer sur toutes les faces, 10 min. à feu moyen.

Pendant ce temps, épluchez les carottes et coupez-les en rondelles, puis hachez finement les échalotes.

Ajoutez l'ensemble à la viande et laissez prendre couleur à feu vif. Mouillez alors avec le vin, salez, poivrez et ajoutez le thym et le laurier. Laissez mijoter à couvert pendant 45 min.

Mettez enfin les pruneaux et laissez cuire encore 15 min. Servez avec des pommes de terre à l'anglaise.

Râbles de lapin aux aromates

Préparation : *15 min.*
Cuisson : *30 min.*

Un Menu
Petites quiches aux légumes
Râbles de lapin aux aromates
Pâtes fraîches
Fruits au sirop

Ingrédients

Pour 4 personnes.
2 râbles de lapin (environ 400 g chacun), 2 échalotes, 1 carotte, 1 oignon, 1/2 l de de crémant d'Alsace, 1/2 l de fond de veau (ou de bouillon), 80 g de beurre, sauge, thym, sarriette, basilic, ciboulette, persil, estragon.

Faites rôtir les râbles de lapin à four chaud (th. 7 - 220°) pendant 12 à 15 min. A mi-cuisson, ajoutez les légumes détaillés en morceaux dans le plat. Enlevez les râbles qui doivent rester roses et maintenez-les au chaud. Déglacez le plat de cuisson avec le crémant, ajoutez le fond de veau et laissez réduire au four pendant 15 min.

Passez le jus au tamis. A ce jus, ajoutez les herbes hachées, puis incorporez progressivement le beurre en petits morceaux tout en fouettant la sauce.

Désossez les râbles de lapin et détaillez la viande en fines tranches, que vous passez 2 min. à four chaud.

Dressez sur le plat de service chaud, nappez de sauce et servez aussitôt accompagné de pâtes fraîches ou de petits légumes.

Pigeons aux petits pois

Préparation : *20 à 25 min.*
Cuisson : *50 min.*

Un Menu

Crudités en salade
Pigeons aux petits pois
Tarte aux poires

Ingrédients

Pour 4 personnes.
2 gros pigeons vidés,
120 g de lard de poitrine,
1 kg de petits pois,
12 petits oignons,
70 g de beurre,
1/2 l de vin blanc sec,
sel, poivre.

Écossez les petits pois, pelez les oignons. Coupez le lard en dés. Plongez-les 2 min. dans de l'eau en ébullition, égouttez, épongez. Chauffez 40 g de beurre dans une cocotte à feu moyen. Faites dorer les pigeons sur toutes leurs faces. Ajoutez les lardons, laissez-les blondir, puis mouillez avec le vin et une quantité égale d'eau. Salez et poivrez puis couvrez et laissez cuire 15 min. à feu doux.

Ajoutez alors les oignons et les petits pois. Couvrez de nouveau et poursuivez la cuisson 30 min. Coupez les pigeons en deux. Mettez les légumes dans un plat. Posez les pigeons dessus et tenez au chaud. Faites réduire un peu la sauce de cuisson. Terminez en ajoutant le reste de beurre coupé en morceaux. Mélangez bien et versez sur les pigeons.

La nouvelle cuisine a mis à la mode la cuisson « rosée » ou même « à point » des pigeons. Pour obtenir ce résultat, il faut retirer les pigeons de la cocotte au bout de 15 min. de cuisson et ne les y remettre que 5 à 10 min. avant que la garniture ait fini de cuire.

Pigeons au chou

Préparation : *15 min.*
Cuisson : *1 h.*

Un Menu
Salade de maïs
Pigeons au chou
Fromage
Fruits

Ingrédients

Pour 4 personnes.
2 gros pigeons (ou 4 petits), 1 chou pommé, 2 gousses d'ail, 1 cuil. à soupe de grains de genièvre, beurre, sel et poivre.

Dans une grande cocotte, faites dorer les pigeons de tous côtés, avec un peu de matière grasse.

Préparez une grande casserole d'eau bouillante salée. Nettoyez le chou en le débarrassant des feuilles les plus dures, du trognon. Coupez-le en quatre et lavez les morceaux. Faites-les blanchir 3 min. dans l'eau bouillante. Égouttez les morceaux et émincez le chou en fines lanières.

Dans la cocotte, ajoutez aux pigeons le chou émincé, l'ail, les baies de genièvre, sel et poivre. Versez 1/2 verre d'eau. Couvrez et laissez mijoter à feu moyen 1 h environ en surveillant la cuisson pour que rien n'attache et en remuant de temps en temps.

Pintades au citron

Préparation : *15 min.*
Cuisson : *15 min. + 40 min.*

Ingrédients

Pour 8 personnes.
2 pintades d'1,5 kg chacune,
sel et poivre, 1 gousse d'ail,
1 bouquet garni,
2 cuil. à soupe d'huile,1 verre d'eau.
Pour la sauce : 1 citron non traité,
40 g de sucre en poudre,
20 cl de porto, 125 g de beurre,
sel et poivre.

Un Menu

Salade de crudités
Pintades au citron
Pommes de terre sautées
Fruits

Mettez les pintades dans un plat assez grand et faites-les dorer, de tous côtés, à feu assez vif dans l'huile. Salez et poivrez et ajoutez l'eau, la gousse d'ail, le bouquet garni. Laissez reprendre l'ébullition, puis mettez les pintades à four chaud et arrosez-les fréquemment pendant la cuisson en les retournant.

Préparez la sauce : brossez le citron, prélevez le zeste, détaillez-le en fins bâtonnets. Mettez-les dans une casserole avec 1/2 verre d'eau, 1 pincée de sel, 10 g de sucre en poudre, faites cuire doucement jusqu'à évaporation du liquide.

Pressez le citron. Mettez le sucre restant dans la casserole, ajoutez 2 cuil. à soupe d'eau. Faites chauffer sur feu doux jusqu'à obtention d'un caramel doré. Éteignez ce caramel avec le jus du citron. Remuez doucement. Lorsque l'ébullition a repris, ajoutez le porto. Laissez chauffer doucement jusqu'à ce que le liquide réduise de moitié. Retirez du feu et ajoutez les bâtonnets de citron.

Au moment de servir, découpez les pintades. Tenez-les au chaud sur le plat de service. Terminez la sauce en ajoutant, dans la sauce chaude, le beurre, très froid, par petites noisettes, et en fouettant avec un fouet à main.

Vérifiez l'assaisonnement et servez en saucière.

Pintade aux raisins

Préparation : *30 min.*
Cuisson : *1 h.*

Un Menu
Pamplemousse
Pintade aux raisins
Pâtes fraîches
Salade
Fromage blanc
aux fruits confits

Ingrédients

Pour 6 personnes.
1 pintade fermière d'1,2 kg,
1,5 kg de gros raisins blancs,
100 g de beurre,
1 cuil. à café de sucre,
3 brins d'estragon,
75 cl de vin rouge,
1 bouquet garni, sel et poivre.

Demandez au volailler de découper la pintade en morceaux.

Faites chauffer le vin dans une casserole avec le sucre, du sel et le bouquet garni jusqu'à ce qu'il réduise de moitié (environ 40 min.).

Dans le compartiment inférieur du cuit-vapeur, faites chauffer 2 l d'eau.

Salez et poivrez les morceaux de volaille, mettez-les dans le compartiment perforé et cuisez-les à feu moyen, pendant 20 min., couvercle fermé, puis 5 min. couvercle entrouvert.

Épluchez les grains de raisin, enlevez les pépins s'il y en a. 10 min. avant la fin de la cuisson de la pintade, ajoutez les raisins sur la volaille.

Enlevez le bouquet garni du vin, faites réduire encore pendant 15 min. Ajoutez le beurre en morceaux tout en fouettant pour obtenir une belle sauce brillante. Poivrez.

Versez la sauce au vin dans un plat chaud, posez les morceaux de volaille et les raisins dessus, parsemez d'estragon frais, effeuillé.

Cette pintade est délicieuse avec des pâtes fraîches.

Pintade aux pommes

Préparation : *20 min.*
Cuisson : *45 min.*

Ingrédients

Pour 4 personnes.
1 pintade d'1,5 kg environ,
1 oignon, 4 pommes, 1 citron,
4 foies de volaille,
1 gros petit-suisse,
60 g de beurre,
2 cuil. à soupe d'huile,
1 verre de vermouth blanc,
persil, sel et poivre.

Un Menu
Cocktail de crevettes
Pintade aux pommes
Salade
Nougat glacé

Mettez le petit-suisse à l'intérieur de la pintade. Salez, poivrez et ficelez la volaille. Mettez-la dans un plat allant au four avec 30 g de beurre et l'huile. Faites cuire à four chaud (th. 7 - 210°) pendant 45 min.

Au bout de 15 min., arrosez avec le vermouth.

Évidez les pommes et pelez-les. Mettez-les dans une casserole d'eau froide avec 1/2 citron coupé en rondelles. Faites cuire à feu doux 15 min. et égouttez.

Pelez et hachez l'oignon, hachez les foies de volaille. Faites fondre 30 g de beurre dans une poêle, mettez-y l'oignon haché 3 min., ajoutez les foies, faites-les cuire 3 min. à feu vif en tournant. Salez et poivrez.

Au bout de 30 min., arrosez à nouveau la pintade de son jus de cuisson. Mettez les pommes dans un plat allant au four légèrement beurré, remplissez les pommes du mélange foies-oignon, salez un peu.

Sortez la pintade du four, couvrez-la d'un papier alu et laissez-la reposer 10 min. avant de la découper. Pendant ce temps, glissez le plat de pommes 10 min. dans le four.

Au moment de servir, découpez la volaille, entourez-la de pommes, décorez avec le 1/2 citron restant et un peu de persil. Servez le jus de cuisson en saucière.

Pintade sur lit de choucroute

Préparation : *30 min.*
Cuisson : *1 h.*

Un Menu
Radis
Pintade sur lit de choucroute
Charlotte aux pêches

Ingrédients

Pour 4 personnes.
2 petites pintades, 1/2 l de cidre brut, 4 pommes, 1,2 kg de choucroute crue, 1 cuil. à soupe de baies de genièvre, 2 cuil. à soupe de calvados (facultatif), 100 g de beurre allégé, 1 cuil. à soupe d'huile, 1 tablette de bouillon de volaille, 1 feuille de laurier, sel et poivre.

Préchauffez le four (th. 6 - 180°). Rincez la choucroute plusieurs fois à l'eau courante et pressez bien pour l'essorer.

Faites revenir les pintades sur toutes leurs faces et réservez-les.

Dans une cocotte, mettez la choucroute, le laurier, le genièvre, sel et poivre et mélangez. Posez les pintades sur le chou, mouillez avec 1/4 l de bouillon, couvrez et mettez 1 h au four.

Lavez et essuyez les pommes, coupez-les en morceaux sans les peler (éliminez cœur et pépins) et gardez quelques tranches fines que vous poêlerez.

Dans une casserole, mettez les morceaux de pomme avec le cidre, laissez frémir 20 min. Passez le tout au moulin à légumes pour obtenir une purée. Remettez dans une casserole, ajoutez le calvados (facultatif), sel et poivre et en remuant sans cesse, à feu très doux, incorporez le beurre par petits morceaux jusqu'à ce que la sauce soit onctueuse.

Découpez les pintades pour ne garder que les filets (vous utiliserez le reste dans une salade). Dressez la choucroute sur un plat chaud, disposez les blancs de volaille dessus, les tranches de pomme et servez la sauce à part.

Pintadeau aux champignons

Préparation : *20 min.*
Cuisson : *20 min. par livre.*

Ingrédients

Pour 4 personnes.
1 pintadeau,
200 g de champignons,
60 g de beurre,
1 cuil. de farine, 1 verre d'eau,
25 cl de crème fraîche,
sel et poivre.

Un Menu
Melon
Pintadeau
aux champignons
Riz
Gratin de fruits

Dans une cocotte à fond épais, mettez la moitié du beurre et faites dorer de tous côtés le pintadeau. Salez, poivrez et laissez cuire aux trois quarts.

Pendant ce temps, nettoyez les champignons, épluchez-les si besoin est et coupez-les en lamelles. Poursuivez la cuisson de la volaille et ajoutez les champignons. S'il n'y a pas suffisamment de sauce, ajouter 1 ou 2 cuil. de bouillon ou d'eau chaude.

Dans une petite casserole, faites fondre le reste de beurre, ajoutez la farine et l'eau et préparez un roux blanc. Ajoutez la crème fraîche, salez et poivrez. Ajoutez le jus de cuisson du pintadeau et laissez la sauce chauffer tout doucement, le temps de découper la volaille.

Rangez les morceaux de pintadeau dans un plat chaud, entourez avec les champignons et nappez le tout de sauce. Servez bien chaud.

Poule au riz

Préparation : *5 min.*
Cuisson : *1 h 40.*

Un Menu
Salade aux pousses de bambou
Poule au riz
Salade de fruits

Ingrédients

Pour 6 personnes.
1 poule d'1,5 kg,
2 bouquets garnis,
1,5 l de bouillon de volaille,
400 g de riz, 40 g de beurre,
130 g de gruyère râpé,
sel et poivre.

Mettez la poule dans une marmite. Ajoutez les bouquets garnis, sel et poivre. Versez le bouillon et couvrez. Faites mijoter 1 h 30.

Faites cuire le riz 10 min. à l'eau salée. Égouttez-le et rafraîchissez-le. Mettez-le à nouveau dans une casserole, couvrez avec deux fois et demie son volume de bouillon de cuisson de la volaille.

Faites cuire jusqu'à ce que le riz ait absorbé le liquide (aux alentours de 10 min.). Lorsqu'il est bien moelleux, incorporerz le beurre en parcelles et le fromage râpé.

Égouttez la poule et coupez-la en morceaux. Versez le riz dans un plat creux. Mettez les morceaux par-dessus et servez aussitôt.

Vous pouvez ajouter des champignons émincés avec le riz.

Poulet au romarin

Préparation : *10 min.*
Cuisson : *30 min.*

Un Menu

Cocktail
de pamplemousse
Poulet au romarin
Ratatouille
Tarte aux poires

Ingrédients

Pour 6 personnes.
1 poulet d'1,8 kg environ,
1 oignon, 2 gousses d'ail,
30 g de beurre, 3 cuil. à soupe d'huile,
6 branchettes de romarin
et 2 à 3 pincées de romarin en poudre,
1/2 verre de vin blanc,
sel et poivre.

Coupez le poulet en morceaux. Épluchez l'oignon et découpez-le en lamelles, écrasez les gousses d'ail, mettez le tout dans une sauteuse avec l'huile et le beurre et faites dorer à feu doux, pendant 3 à 4 min. Ajoutez alors les morceaux de poulet et faites-les dorer de tous côtés.

Saupoudrez de romarin en poudre. Quand les morceaux seront bien colorés, ajoutez le vin blanc, sel et poivre, couvrez et faites cuire à feu doux 25 min. environ.

Surveillez de temps à autre la sauce de cuisson et si elle a tendance à trop réduire, ajoutez un peu de vin blanc et d'eau. Vérifiez l'assaisonnement.

Lorsque le poulet est cuit, disposez les morceaux dans le plat de service chaud et décorez avec des branchettes de romarin frais.

Servez avec ce poulet, un vin rouge pas trop corsé.

Poulet à l'ananas

Préparation : *15 min.*
Cuisson : *45 min. à1 h.*

Un Menu
1/2 pamplemousse
Poulet à l'ananas
Riz
Mousse de fruits

Ingrédients

Pour 5 ou 6 personnes.
1 beau poulet, 1 gros ananas ou 1 boîte 4/4 d'ananas en tranches, 60 g de beurre, sel, poivre, matière grasse.

Salez et poivrez l'intérieur du poulet, préparé et vidé par le volailler. Badigeonnez la surface de la volaille d'un peu d'huile et glissez le plat au four. Vous salerez la peau du poulet en fin de cuisson.

Epluchez l'ananas, coupez-le en tranches d'épaisseur égale (1 cm) et enlevez la partie fibreuse du centre. Si vous utilisez des tranches d'ananas en boîte, égouttez-les soigneusement. Un peu avant la fin de la cuisson du poulet, passez les tranches d'ananas quelques minutes au beurre, dans la poêle, en les retournant une ou deux fois.

Dressez le poulet découpé sur un plat chaud, entouré de tranches d'ananas, servez la sauce en saucière.

Vous pourrez préparer un peu de riz pour accompagner ce plat.

Poulet au riz en gratin

Préparation : *20 min.*
Cuisson : *35 min.*

Un Menu

Salade de cœurs de palmier
Poulet au riz en gratin
Salade
Crumble aux pommes

Ingrédients

Pour 4 personnes.
4 escalopes de poulet (environ 500 g), 200 g de fromage râpé, 250 g de riz, 2 tablettes de bouillon de volaille, 1 cuil. à café de thym, 40 g de beurre, 30 g de farine, 3 cuil. à soupe de crème, 1 pincée de noix de muscade râpée, sel et poivre, 1 bouquet garni.

Faites chauffer 1 litre 1/2 d'eau dans une cocotte, avec les tablettes de bouillon de volaille et le bouquet garni. Plongez les escalopes dans le bouillon frémissant et laissez cuire 10 min. à partir de la reprise du frémissement. Laissez en attente dans le bouillon.

Dans le même temps, faites cuire le riz 15 min. dans l'eau bouillante salée. Égouttez et versez-le dans un plat à four beurré. Faites fondre 30 g de beurre dans une cocotte, versez la farine, remuez à la cuiller en bois pour faire un roux et mouillez petit à petit avec environ 1/2 l du bouillon de cuisson des escalopes.

Remuez sans cesse sur feu doux pour obtenir une sauce onctueuse. Ajoutez la crème, la muscade, le sel et le poivre. Fouettez pour que la sauce soit homogène.

Égouttez les escalopes et enfouissez-les dans le riz.

Nappez de sauce, parsemez de fromage et faites gratiner 15 min. dans le four préchauffé (th. 7 - 220°).

Servez très chaud.

Blanquette de poulet et salsifis

Préparation : *10 min.*
Cuisson : *20 min.*

Un Menu
Carottes râpées
Blanquette de poulet et salsifis
Fromage
Tartelettes aux fruits

Ingrédients

Pour 4 personnes.
1 boîte de salsifis coupés (4/4), 50 g de beurre, 400 g de filets de poulet, 2 échalotes, 1 cuil. à soupe rase de farine (20 g), 20 cl d'eau, 1 cuil. à soupe de bouillon de volaille concentré liquide, 10 cl de crème épaisse, sel et poivre, estragon frais.

Ouvrez la boîte de salsifis, égouttez-les. Coupez le poulet en cubes de 3 cm. Épluchez les échalotes.

Faites fondre la moitié du beurre dans une cocotte, mettez les morceaux de poulet à dorer 3 min. Retirez-les.

Dans la cocotte, ajoutez le reste du beurre et les échalotes finement hachées. Faites blondir 2 min.

Saupoudrez alors avec la farine, ajoutez l'eau, le bouillon concentré, la crème, sel et poivre. Mélangez bien et laissez cuire à découvert jusqu'à ce que cette sauce ait réduit de moitié, soit environ pendant 10 min.

Remettez alors les morceaux de poulet ainsi que les salsifis.

Laissez cuire à feu doux et à couvert pendant 10 min. Servez aussitôt en parsemant le plat de quelques feuilles d'estragon.

A noter : le temps de cuisson des légumes n'est valable que pour des salsifis en boîte.

BROCHETTES DE POULET AUX TROIS SALADES

Préparation : *35 min.*
+ 1 h de marinade
Cuisson : *35 min.*

UN MENU
Toast chaud au fromage
Brochettes de poulet aux trois salades
Tartelettes aux pommes

Ingrédients

Pour 4 personnes.
600 g de blanc de poulet coupé en cubes, 500 g de pommes de terre nouvelles, 1 salade (scarole ou frisée), 1/2 céleri-rave, le jus d'1 citron,2 cuil. à soupe d'huile d'olive, sel, poivre.
Pour la sauce : 1 banane bien mûre, 100 g de crème fraîche, 1 jus d'orange et de citron, quelques feuilles d'estragon, sel et poivre.

Dans un plat creux, mettez les dés de poulet, arrosez de jus de citron, salez, poivrez, ajoutez l'huile et remuez bien. Laissez mariner 1 h en remuant de temps à autre.

Faites cuire les pommes de terre à l'eau bouillante salée, pelez-les et coupez-les en rondelles. Épluchez, lavez et râpez le céleri-rave (arrosez-le de jus de citron pour éviter qu'il ne noircisse). Lavez la salade et essorez-la bien.

Pour la sauce : mixez la chair de la banane avec les jus d'orange et de citron, crème fraîche, sel et poivre. Rectifiez l'assaisonnement, versez dans une saucière et décorez de feuilles d'estragon.

Enfilez les cubes de poulet sur les brochettes et faites griller 10 min. en retournant 1 fois.

Servez avec les pommes de terre en salade, le céleri râpé, la salade verte et la sauce.

Vins conseillés : un vin d'Arbois rosé ou un tavel, bien frais.

Salade de poulet à l'ananas

Préparation : *1 h.*
Pas de cuisson.

Un Menu
Salade de poulet
à l'ananas
Fromage
Tartelettes aux fruits

Ingrédients

Pour 6 à 8 personnes.
1 gros poulet cuit et refroidi,
1 ananas moyen bien mûr,
1 grosse pomme acidulée,
250 g de céleri-rave, 1 citron,
1 cuil. à soupe de sucre roux,
10 cl de crème fouettée,
1 bol de mayonnaise au citron,
1 petite salade.

Pelez l'ananas et coupez la chair en petits cubes.

Coupez la pomme en très petits morceaux, râpez le céleri-rave en julienne et arrosez immédiatement de jus de citron pour empêcher que les aliments ne noircissent.

Mélangez les cubes d'ananas, les petits morceaux de pomme et le céleri-rave avec la cuil. de sucre roux et laissez macérer 15 min.

Désossez le poulet, coupez la chair en lanières ou en petits morceaux.

Mélangez la mayonnaise et la crème fouettée pour obtenir une sauce très onctueuse et mousseuse. Relevez bien l'assaisonnement (sel et 1 pointe de poivre de Cayenne).

Mélangez le poulet, les fruits et la sauce.

Nettoyez la salade, tapissez un saladier avec les feuilles. Disposez le mélange poulet et fruits.

Servez frais.

Foies de volaille au raisin noir et au madère

Préparation : *20 min.*
Cuisson : *10 min.*

Un Menu
Foies de volaille au raisin noir et au madère
Gratin dauphinois
Salade
Fruits

Ingrédients

Pour 6 personnes.
800 g de foies de volaille,
500 g de raisin noir, 2 échalotes,
20 g de beurre
et 1 cuil. à soupe d'huile,
4 cuil. à soupe de madère,
sel, poivre et fines herbes.

Avec un petit couteau pointu, pelez les grains de raisin. Pelez et émincez les échalotes.

Épongez les foies de volaille sur du papier absorbant. Dans une poêle, faites chauffer le mélange beurre et huile. Faites-y sauter à feu moyennement vif les foies de volaille. Il faut qu'ils soient dorés à l'extérieur, mais roses à l'intérieur. Retirez-les de la poêle et gardez-les au chaud.

Mettez les échalotes dans la poêle et laissez étuver pendant 5 min. Versez le madère et faites bouillir quelques minutes, puis ajoutez les grains de raisin. Ils doivent réchauffer doucement. Salez, poivrez et ajoutez cette préparation aux foies de volaille. Saupoudrez de fines herbes hachées et servez aussitôt.

Spaghetti aux foies de volaille

Préparation : *15 min.*
Cuisson : *40 min.*

Un Menu

Salade de champignons
Spaghetti aux foies de volaille
Salade
Poires

Ingrédients

Pour 4 personnes.
250 g de spaghetti,
1 céleri en branches,
400 g de foies de volaille,
100 g de lard maigre, 1 œuf,
1 verre de lait,
1 cuil. à soupe d'huile,
sel et poivre.

Faites cuire les spaghetti dans une grande quantité d'eau bouillante salée et additionnée d'huile pendant 10 à 12 min. Égouttez-les soigneusement.

Nettoyez les foies de volaille en les débarrassant de toutes traces de fiel et de graisse.

Lavez le céleri, ôtez les fils et coupez-le en petits morceaux.

Préchauffez le four (th. 6 - 180°). Battez l'œuf entier avec le lait. Beurrez un moule à savarin.

Mélangez les spaghetti avec l'œuf et le lait et les trois quarts des dés de céleri. Salez, poivrez, disposez dans le moule en tassant bien et faites cuire au four 30 min.

Pendant ce temps, coupez le lard en petits morceaux que vous faites dorer à la poêle. Ajoutez les foies de volaille que vous faites sauter 3 à 4 min. dans la graisse des lardons.

Démoulez la couronne de spaghetti sur un plat chaud. Disposez les foies et les lardons au centre et autour des pâtes. Parsemez le plat du reste de céleri cru coupé en petits dés. Servez aussitôt.

VIANDES

Agneau boulangère

Préparation : *20 min.*
Cuisson : *1 h 30.*

UN MENU
Céleri rémoulade
Agneau boulangère
Fruits

Ingrédients

Pour 5 personnes.
800 g d'agneau dans l'épaule, 1 bon kilo de pommes de terre, 3 oignons, 2 gousses d'ail, 1 petite boîte de concentré de tomates, 10 cl de vin blanc, 100 g de crème fraîche, 1 cuil. à café de paprika, 2 cuil. à soupe d'huile, laurier, ciboulette, sel et poivre.

Coupez la viande d'agneau en morceaux, assaisonnez de sel, poivre et paprika. Préchauffez le four (th. 6 - 180°). Faites chauffer l'huile dans une sauteuse et mettez les morceaux de viande à dorer. Épluchez les pommes de terre, lavez-les et coupez-les en rondelles, salez et poivrez. Épluchez les oignons, émincez-les. Pelez l'ail et hachez les gousses.

Quand les morceaux de viande sont dorés, retirez-les et, à la place, mettez les oignons, l'ail. Laissez cuire jusqu'à transparence, puis réservez-les.

Jetez alors la graisse de la sauteuse et déglacez avec le vin blanc en grattant bien les sucs de cuisson. Mélangez avec crème fraîche et concentré de tomates.

Dans un plat à gratin, rangez les morceaux de viande, de pomme de terre, l'ail et l'oignon, placez une ou deux feuilles de laurier, et terminez par une couche de pommes de terre. Versez la sauce au vin blanc dans le plat et enfournez pour 1 h 15. Pour éviter que les pommes de terre ne brûlent, recouvrez le plat d'une feuille d'aluminium que vous retirez 20 min. avant la fin de cuisson pour que le plat soit doré. Au moment de servir, saupoudrez de ciboulette.

BOULETTES D'AGNEAU AUX AUBERGINES

Préparation : *20 min.*
Cuisson : *30 min.*

UN MENU
Radis
Boulettes d'agneau aux aubergines
Salade
Ananas meringué

Ingrédients

Pour 4 personnes.
500 g de viande d'agneau hachée,
2 grosses aubergines,
6 cuil. à soupe d'huile d'olive,
1 cuil. à café de cumin en poudre,
2 jaunes d'œufs, persil,
sel, poivre.

Lavez les deux aubergines, essuyez-les, enveloppez-les dans de l'aluminium ménager et glissez-les au four (th. 6 - 180°), 30 min. Au bout de ce temps, ouvrez les aubergines et retirez délicatement la chair à la petite cuiller.

Dans un saladier, mélangez la viande hachée, la chair d'aubergine, le cumin, les jaunes d'œufs, le persil haché, sel et poivre. Formez des boulettes que vous faites frire à l'huile d'olive jusqu'à ce qu'elles aient une belle couleur.

Vous accompagnerez ces boulettes de tranches d'aubergine poêlées.

Brochettes d'agneau à la mode d'Agen

Préparation : *20 min.*
Cuisson : *10 min. environ.*

Un Menu
Carottes râpées
Brochettes d'agneau à la mode d'Agen
Riz nature
Salade de mâche
Soufflé à la vanille

Ingrédients

Pour 6 personnes.
800 g d'épaule d'agneau désossée, 6 petites tomates bien fermes, 2 oignons, 24 pruneaux, lard de poitrine, sel, poivre, thym, huile d'olive.

Coupez la viande d'agneau en 36 cubes égaux. Préparez également 24 lardons dans le lard de poitrine. Lavez, essuyez et coupez chaque tomate en quatre parties. Pelez les oignons, coupez-les en morceaux, en détachant les différentes épaisseurs. Dénoyautez les pruneaux.

Enfilez sur chaque brochette : morceau de viande, oignon, pruneau dénoyauté, lardon, tomate, viande, oignon, etc.

Salez les brochettes, badigeonnez-les d'huile et roulez-les dans le thym effeuillé.

Faites cuire les brochettes sous le gril du four bien chaud pendant 10 min. environ. Retournez-les à mi-cuisson. Poivrez les brochettes une fois cuites et présentez-les dans des assiettes chaudes.

Carré d'agneau à l'ail et aux artichauts

Préparation : *15 min.*
Cuisson : *30 min.*

Un Menu
Salade de betteraves
Carré d'agneau à l'ail et aux artichauts
Coupe de fruits frais

Ingrédients

Pour 4 personnes.
1 carré d'agneau avec 8 côtes, 4 fonds d'artichauts, 2 têtes d'ail, 1/2 citron, 1 bouillon cube, sel et poivre.

Préchauffez le four (th. 7 - 220°). Faites rôtir le carré d'agneau, salé et poivré, pendant 25 min., en le retournant plusieurs fois en cours de cuisson. Une fois cuit, laissez-le reposer 10 min. au chaud.

Déglacez la plaque de cuisson avec 3 verres d'eau, mettez dans une casserole, ajoutez le bouillon cube délayé dans un peu d'eau, l'ail écrasé. Laissez cuire 10 min. et passez la sauce.

Préparez les fonds d'artichauts en enlevant feuilles et foin. Faites-les cuire à l'eau citronnée et salée pendant 20 min. environ. Une fois cuits, égouttez-les.

Dressez le carré d'agneau sur le plat de service chaud, entouré des fonds d'artichauts découpés en lamelles. Servez la sauce en saucière.

Carré d'agneau à la provençale

Préparation et cuisson : *45 min.*

Un Menu
Chèvres chauds
sur canapés
Carré d'agneau
à la provençale
Flageolets
Fruits

Ingrédients

Pour 4 personnes.
1 carré d'agneau d'1 kg environ, 30 g de beurre, 3 gousses d'ail, persil, herbes de Provence, 10 cl d'huile d'olive, chapelure, sel et poivre.

Préchauffez le four (th. 7 - 210°) et préparez le carré de viande pour le rôtir, assaisonnez le morceau de quelques tours de moulin à poivre, tartinez-le de beurre et posez-le dans un plat à rôtir. Enfournez et laissez cuire 20 min. en retournant plusieurs fois le morceau en cours de cuisson. Une fois cuit, laissez reposer 10 min. au chaud.

Épluchez l'ail, ôtez le germe et pilez les gousses. Équeutez, lavez et hachez le persil. Râpez très finement de la mie de pain sec pour faire de la chapelure.

Dans une poêle, faites chauffer l'huile, ajoutez l'ail, la mie de pain, les herbes de Provence (1 bonne pincée), le persil haché. Mélangez bien et retirez du feu dès que la mie de pain commence à dorer.

Allumez le gril du four. Disposez la préparation à l'ail sur la viande, en appuyant bien pour la faire adhérer. Faites dorer sous le gril.

Mettez la viande dans un plat décoré d'un peu de cresson et servez le jus du rôti, à part, en saucière.

Chartreuse d'agneau au cidre

Préparation et cuisson : *1 h 15.*

Un Menu
Tartelettes au fromage
Chartreuse d'agneau au cidre
Salade de fruits

Ingrédients

Pour 4 personnes.
600 g d'épaule d'agneau désossée,
125 g de petits lardons, 1 chou,
500 g de carottes, 50 g de beurre,
2 gousses d'ail,
1 cuil. à soupe de farine,
12 cl de cidre brut,
sel et poivre.

Épluchez et lavez le chou. Faites blanchir les feuilles quelques minutes dans l'eau bouillante salée, égouttez. Réservez quelques feuilles entières et coupez le reste en lanières.

Pendant ce temps, émincez la viande. Faites-la sauter dans un peu de beurre avec les lardons, l'ail pelé et écrasé. Poudrez de farine, retournez, salez, poivrez, mouillez avec le cidre et laissez mijoter 15 min.

Pelez et coupez les carottes en bâtonnets. Faites-les revenir dans le reste de beurre, ajoutez juste assez d'eau pour qu'elles ne colorent pas et faites cuire 15 min. Lorsque la viande est cuite, retirez-la avec l'écumoire et mélangez avec les lanières de chou.

Tapissez un moule à charlotte avec les feuilles de chou réservées, garnissez l'intérieur du mélange viande-chou. Repliez les feuilles sur la garniture, tassez bien et faites cuire au four, dans un bain-marie, pendant 30 min.

Faites réduire le jus de cuisson de la viande, nappez-en le fond du plat de service. Démoulez la chartreuse et décorez avec les bâtonnets de carotte.

Côtelettes d'agneau aux agrumes

Préparation : *20 min.*
Cuisson : *10 min. pour la viande.*

Un Menu

Carottes râpées aux raisins secs
Côtelettes d'agneau aux agrumes
Salade
Far breton

Ingrédients

Pour 4 personnes.
8 côtes d'agneau premières,
100 g de beurre,
1 cuil. à soupe de crème fraîche,
1 citron, 1 orange,
1 pamplemousse,
50 g d'échalotes,
10 cl de vin blanc sec,
sel et poivre.

Lavez soigneusement les agrumes, récupérez les zestes sans pellicule blanche, détaillez-les en filaments réguliers. Faites bouillir de l'eau, plongez-y les zestes, laissez reprendre l'ébullition. Retirez et égouttez les zestes.

Pressez le citron, pelez l'orange et le pamplemousse à vif, récupérez le jus et ajoutez-les au jus de citron. Détaillez orange et pamplemousse en quartiers.

Épluchez les échalotes, hachez-les, faites-les cuire dans une petite casserole avec le vin blanc, un peu de sel et le jus de citron. Lorsque tout le liquide est quasiment évaporé, ajoutez la crème. Dès l'ébullition, incorporez le beurre en morceaux et reportez à ébullition, en fouettant sans arrêt.

Au premier bouillon, ajoutez les zestes, mettez la sauce en saucière et tenez-la au chaud (bain-marie).

Dans une poêle antiadhésive, faites cuire les côtelettes en n'assaisonnant qu'en fin de cuisson. Réchauffez les quartiers d'agrumes sans les faire bouillir.

Dans chaque assiette, mettez deux côtelettes d'agneau, disposez les quartiers d'agrumes en étoile. Servez chaud avec la sauce.

Côtelettes d'agneau au fenouil

Préparation : *10 min.*
Cuisson : *20 min.*

Un Menu

Salade exotique
Côtelettes d'agneau au fenouil
Fromage
Fruits

Ingrédients

Pour 4 personnes.
8 côtelettes d'agneau, 3 oignons,
150 g de lard maigre,
30 g de beurre,
20 cl de vin blanc (jurançon sec),
1 cuil. à café de paprika,
50 g de crème fraîche épaisse,
quelques tiges de fenouil (les bulbes en légumes d'accompagnement),
sel et poivre.

Pelez et hachez les oignons, détaillez le lard en dés et mettez-les à revenir avec les oignons dans une casserole avec 30 g de beurre. Lorsque oignons et lardons sont bien dorés, mouillez avec le vin, ajoutez le paprika, salez légèrement. Faites cuire cette sauce à feu doux, jusqu'à réduction de moitié.

Grillez les côtelettes 3 min. par face environ, salez et poivrez.

Lorsque la sauce est réduite, liez avec la crème fraîche en remuant jusqu'à épaississement.

Disposez les côtelettes sur le plat de service chaud, décoré avec les tiges de fenouil émincées, présentez la sauce à part.

Pour accompagner la viande, faites braiser des bulbes de fenouil.

Et comme vin, le jurançon sec.

Côtelettes d'agneau aux framboises

Préparation : *20 min.*
Marinade : *2 h.*
Cuisson au barbecue : *10 à 15 min.*

Ingrédients

Pour 4 personnes.
4 côtelettes d'agneau,
400 g de framboises,
6 feuilles de menthe,
1 cuil. à café de vinaigre,
2 cuil. à soupe de sucre
en poudre, sel et poivre.

Un Menu

Crudités en salade
Côtelettes d'agneau aux framboises
Sorbet à l'abricot

Hachez finement la menthe. Mettez ce hachis dans un bol, puis ajoutez 3 cuil. à soupe d'eau chaude, le vinaigre, le sucre, 1 pincée de sel et de poivre. Couvrez et laissez macérer.

Triez et équeutez les framboises, ajoutez-les à la sauce à la menthe qui marine. Mettez dans une petite casserole et posez-la à la périphérie du barbecue, pendant 10 à 15 min.

Faites griller les côtelettes en les retournant à mi-cuisson. Salez et poivrez.

Disposez les côtelettes sur un plat et entourez des framboises chaudes.

Curry à l'indienne

Préparation et cuisson : *1 h 15*
(en autocuiseur : 20 min.)

Un Menu
Curry à l'indienne
Salade
Crème à la noix de coco

Ingrédients

Pour 6 personnes.
Environ 1,5 kg de viande de mouton
(épaule, collier et quelques os),
2 cuil. à soupe d'huile, 3 tomates,
2 oignons, 3 gousses d'ail,
4 clous de girofle,
1 cuil. à soupe de curry,
1/4 de cuil. à café de cannelle,
1/3 de cuil. à café de poivre de Cayenne,
2 cuil. à café de coriandre en poudre,
200 g de riz, 2 pincées de safran.

Coupez la viande en gros cubes ou en morceaux, hachez grossièrement les tomates pelées, l'ail et les oignons.

Faites chauffer l'huile dans une cocotte. Mettez-y à revenir la viande, les os et 2 clous de girofle. Lorsque tout est bien doré, arrosez d'1/2 verre d'eau chaude. Couvrez. Portez à ébullition 5 min. sur feu vif.

Ajoutez alors curry, cannelle, poivre, coriandre. Mélangez, toujours sur feu vif, pendant 5 min. Ajoutez enfin tomates, oignons, ail, 2 clous de girofle, du sel, 2 verres d'eau chaude. Couvrez et laissez cuire.

Faites cuire le riz dans une grande casserole d'eau bouillante salée. Égouttez-le dès la fin de cuisson, saupoudrez de 2 pincées de safran et mélangez de façon à colorer le riz.

Versez le riz dans un plat creux, la viande et la sauce dessus. Servez avec des quartiers de tomate crue, des rondelles de banane et des pommes crues citronnées pour atténuer le feu du curry.

Épaule d'agneau à l'italienne

Préparation : *20 min.*
Cuisson : *1 h 15.*

Un Menu

Crudités en salade
Épaule d'agneau à l'italienne
Spaghetti
Cake aux fruits

Ingrédients

Pour 4 à 5 personnes.

1 épaule d'agneau,
4 tranches épaisses de lard frais,
2 tomates, 4 gousses d'ail,
1/2 verre de vin blanc sec,
1 cuil. à soupe de persil haché,
1 pincée d'origan,
1/2 cuil. à café de romarin,
2 cuil. à soupe d'huile,
sel et poivre.

Pelez une gousse d'ail, fendez-la pour en faire 5 ou 6 éclats que vous piquez dans la viande. Faites de même avec quelques brindilles de romarin. Pelez les tomates et coupez-les en quatre. Salez et poivrez. Dans une cocotte, faites chauffer l'huile et dorer l'épaule ainsi que les tranches de lard.

Versez le vin blanc dans la cocotte, grattez les sucs et faites réduire de moitié. Ajoutez les 3 gousses d'ail non épluchées et les tomates. Saupoudrez de persil haché et d'origan. Couvrez. Laissez cuire à peu près 1 h.

Sur un plat chaud, posez l'épaule d'agneau. Disposez autour les tranches de lard. Servez avec cette viande, des spaghetti au beurre.

Vin conseillé : un côtes-du-rhône-village, un côtes-de-bourg.

NOISETTES D'AGNEAU AUX FIGUES

Préparation : *10 min.*
Marinade : *1 h.*
Cuisson au barbecue : *15 min.*

Ingrédients

Pour 4 personnes.
8 noisettes d'agneau, 16 figues.
Pour la marinade :
1 cuil. à soupe de moutarde,
1 cuil. à café de thym émietté,
4 cuil. à soupe de menthe séchée,
4 cuil. à soupe de cassonade,
le jus d'1 citron,
1/2 verre d'huile d'olive,
sel et poivre.

UN MENU
Salade de tomates
Noisettes d'agneau aux figues
Pâtes vertes
Melon aux fruits

Mélangez tous les éléments de la marinade et faites-y macérer les morceaux d'agneau, 1 h environ, au frais.

Préparez quatre papillotes avec des feuilles d'aluminium ménager, placez quatre figues dans chacune et fermez hermétiquement.

Faites cuire en même temps les figues et les noisettes d'agneau. Placez les papillotes sur le gril, à 12 cm environ des braises, et retournez-les à mi-cuisson. Égouttez les morceaux de viande et posez-les également sur le gril. Badigeonnez de marinade, plusieurs fois pendant la cuisson et retournez la viande à mi-cuisson.

Servez les noisettes d'agneau bien chaudes avec les papillotes de figues, accompagnées de pâtes vertes.

Rognons d'agneau aux endives

Préparation : *20 min.*
Cuisson : *30 min.*

Un Menu
Petites quiches aux légumes
Rognons d'agneau aux endives
Ananas

Ingrédients

Pour 4 personnes.
700 g de rognons d'agneau, 8 endives, 2 citrons, 80 g de beurre, 150 g de foies de volaille, 1 gousse d'ail, 1 échalote, 2 cuil. à soupe de persil haché, 1 œuf dur, sel, poivre et 4 tranches grillées de pain de campagne.

Mettez les endives lavées et préparées (enlevez le cône d'amertume à la base) dans une cocotte avec 30 g de beurre, le jus d'1 citron, sel et poivre. Couvrez d'eau. Laissez cuire à feu doux, 30 min. environ, jusqu'à ce que le jus soit absorbé.

Pendant ce temps, faites sauter les rognons à la poêle dans 20 g de beurre (10 min. environ).

Dans une autre poêle, faites sauter les foies de volaille entiers, l'ail et l'échalote hachés. Gardez les foies rosés.

Au mixer, passez le contenu de la poêlée de foies de volaille, salez et poivrez. Ajoutez le jaune d'1 œuf dur, persil haché et 30 g de beurre en pommade, pour faire une crème.

Servez les rognons sur lit d'endives et accompagnez de tranches de pain de campagne grillées, tartinées de la crème de foies de volaille. Décorez le plat de rondelles de citron.

Selle d'agneau à l'ail

Préparation : *10 min.*
Cuisson : *45 min.*

Ingrédients

Pour 4 personnes.
900 g environ de selle d'agneau,
20 gousses d'ail,
1 kg de petites pommes de terre nouvelles,
sel, poivre et huile.

Un Menu

Œufs mimosa
Selle d'agneau à l'ail et pommes de terre
Salade
Gâteau roulé à la confiture de fraises

Préchauffez le four (th. 8 - 240°). Disposez le morceau d'agneau légèrement huilé et poivré dans un plat assez grand allant au four. Lorsque le four est bien chaud, enfournez la viande et laissez cuire 20 min.

Lavez et grattez les pommes de terre sans les éplucher et coupez-les en deux. Séparez les gousses d'ail les unes des autres sans les éplucher.

Lorsque le morceau de viande a cuit 20 min., retournez-le et entourez-le de pommes de terre coupées en morceaux ou en deux. Arrosez les pommes de terre d'un léger filet d'huile, salez et poivrez. Ajoutez les gousses d'ail, 1 verre d'eau chaude. Laissez cuire 25 min.

Servez la selle d'agneau découpée en tranches, entourée de pommes de terre et d'ail en chemise.

Comme autre accompagnement : haricots verts, gratin de courgettes et tomates grillées.

Bœuf miroton

Préparation : *10 min.*
Cuisson : *15 min.*

Un Menu

1/2 pamplemousse
Bœuf miroton
Pâtes
Fromages
avec noix et raisin

Ingrédients

Pour 4 personnes.
1 reste de pot-au-feu de 400 g environ (la recette s'applique aussi à un reste de rôti de porc ou de veau), 4 oignons, 50 g de beurre, 1 cuil. à soupe d'huile, 1 cuil. à soupe de farine, 5 cl de vinaigre de vin, 30 cl de bouillon, 1 cuil. à soupe de concentré de tomates, 1 cuil. à soupe de persil haché, 1 cuil. à soupe de chapelure, 20 g de beurre.

Coupez le morceau de pot-au-feu en tranches minces. Épluchez les oignons, émincez-les finement et faites-les blondir doucement dans le mélange beurre-huile, en évitant qu'ils ne roussissent. Saupoudrez de farine, laissez cuire 3 min. sans cesser de tourner. Versez le vinaigre en maintenant à petits frémissements. Ajoutez le bouillon, le concentré de tomates, mélangez et laissez épaissir sur feu très doux, pendant 5 min environ. Salez et poivrez.

Nappez un plat à gratin de la moitié de la sauce, mettez les tranches de viande dessus, recouvrez du restant de sauce, saupoudrez d'un peu de persil haché et de la cuillerée de chapelure. Répartissez le beurre en petites parcelles et faites gratiner au four. Servez bien chaud.

Bifteck à la portugaise

Préparation : *10 min.*
Cuisson : *9 à 13 min.*

Un Menu
Salade de tomates
Bifteck à la portugaise
Pommes de terre sautées
Tartelettes aux fraises

Ingrédients

Pour 4 personnes.
1 tranche de rumsteck épaisse de 2 cm (600 g environ), 8 fines tranches de jambon cru de pays, 4 gousses d'ail, 1 cuil. à soupe de vinaigre de vin rouge, 2 cuil. à soupe d'huile d'olive, 20 g de beurre, 1 feuille de laurier, 10 cl de vin rouge corsé, 2 citrons, 3 à 4 branches de persil plat, sel et poivre.

Pressez 2 gousses d'ail, ou pilez-les, en incorporant vinaigre, sel et poivre. Frottez-en la tranche de viande sur ses deux faces, en insistant pour faire pénétrer au maximum.

Dans une poêle, faites chauffer 1 cuil. d'huile avec le beurre. Lorsque la matière grasse est bien chaude, mettez le laurier émietté, ajoutez le reste des gousses d'ail coupées en quatre, remuez 1 min. et retirez avec l'écumoire. Augmentez le feu, posez la tranche de viande dans la poêle, faites-la cuire 3 à 5 min. par face, selon le degré de cuisson désiré, réservez-la au chaud sous une feuille d'aluminium.

Jetez la matière grasse de la poêle, versez-y la seconde cuil. d'huile, sur feu moyen, saisissez les tranches de jambon pour les faire grésiller légèrement. Enlevez-les et gardez-les au chaud. Versez alors dans la poêle le vin, 1 cuil. à soupe de jus de citron et donnez 5 à 6 bouillons.

Au moment de servir, coupez la tranche de viande en quartiers, posez chaque morceau sur une assiette chaude, arrosez avec la sauce de la poêle, parsemez de persil haché et entourez des deux tranches de jambon.

Décorez avec un quartier de citron.

Brochettes de bœuf au fenouil

Préparation : *15 min.*
Marinade : *30 min.*
Cuisson : *10 min. sur les braises.*

Un Menu

Quiches
aux petits légumes
Brochettes de bœuf
au fenouil
Riz
Croûtes aux pêches

Ingrédients

Pour 6 personnes.
1 kg de rumsteck, 2 fenouils,
12 tomates cerises ou 2 belles tomates coupées en morceaux,
2 gousses d'ail,
250 g de purée de tomates,
10 cl de gin, 4 piments oiseaux,
1 cuil. à café d'origan émietté,
6 cuil. à soupe d'huile d'olive,
sel et poivre.

Épluchez, lavez et effeuillez les fenouils, puis coupez les feuilles en morceaux.

Lavez les tomates. Épluchez et hachez l'ail. Écrasez les piments.

Mélangez la purée de tomates avec le gin, le sucre, les piments, l'ail, l'origan, l'huile, le sel et le poivre.

Coupez la viande en cubes de 3 cm de côté, faites-la mariner dans la sauce 30 min.

Enfilez la viande sur les brochettes en alternant avec des morceaux de fenouil et de tomate.

Réactivez un peu les braises avant de mettre les brochettes à cuire.

Faites cuire à 10 cm des braises, en retournant les brochettes plusieurs fois.

Servez avec la sauce tenue au chaud.

Brochettes à la hongroise

Préparation : *30 min.*
(2 h à l'avance)
Cuisson : *15 min. pour la viande et 25 min. pour la crème de poivrons*

Ingrédients

Pour 4 personnes.
800 g de rumsteck,
2 cuil. à soupe d'huile,
1 cuil. à soupe de paprika,
1 oignon, sel et poivre.
Pour la sauce :
500 g de poivrons rouges,
2 morceaux de sucre,
10 cl de crème liquide
et quelques gouttes de tabasco.

Un Menu

Assiette de crudités
Brochettes
à la hongroise
Pommes vapeur
Clafoutis aux cerises

Coupez la viande en cubes d'environ 3 cm de côté. Pelez l'oignon et râpez-le finement.

Dans un plat creux, versez l'huile, l'oignon et le paprika. Salez et poivrez, ajoutez les cubes de viande, remuez bien et laissez mariner 2 h à température ambiante en ayant soin de couvrir le plat. Si possible, remuez plusieurs fois pendant le temps de la marinade.

Faites griller les poivrons sous le gril du four en les retournant pour qu'ils soient uniformément bruns. Enfermez-les dans un sachet plastique et laissez refroidir. Pelez-les (l'opération est très facile).

Ôtez les graines et les pédoncules. Mixez la chair pour obtenir une purée. Faites-la réchauffer sur feu doux en incorporant la crème, le sucre, 1 pincée de sel et le tabasco.

Composez quatre brochettes en répartissant les morceaux de viande et faites-les griller sous le gril du four ou au barbecue. Retournez-les plusieurs fois et arrosez avec la marinade.

Servez les brochettes et la crème de poivrons en même temps.

Carpaccio

Préparation : *20 min.*
(+ 1 h ou 2 en congélateur).
Pas de cuisson.

Un Menu

Radis
Carpaccio
Salade de petits légumes nouveaux cuits à la vapeur
Fromage
Tarte aux fruits

Ingrédients

Pour 6 personnes.
1 belle tranche de viande de bœuf (faux-filet ou rumsteck) de 600 g environ, 1 jaune d'œuf, 15 cl d'huile, 2 cuil. à cafède moutarde blanche, sel et poivre.

Enlevez la graisse sur le pourtour du morceau de viande, s'il y en a. Pour que la viande soit plus facile à trancher, glissez-la au congélateur 1 h ou 2. Si vous avez une trancheuse électrique, le travail sera simplifié, sinon posez la viande sur une planche de bois et découpez de très fines tranches de viande, d'environ 2 mm d'épaisseur.

Disposez ces lamelles de viande, en les faisant se chevaucher, dans chaque assiette (100 g de viande par personne suffisent). Poivrez-les et mettez au réfrigérateur le temps de préparer la sauce.

Mélangez le jaune d'œuf avec la moutarde, le sel et versez l'huile en filet, tout en fouettant pour obtenir une mayonnaise, bien relevée.

Accompagnez de légumes en salade.

Côte de bœuf aux herbes

Préparation : *15 min.*
Cuisson : *45 min.*

Un Menu

Assiettes de crudités
Côte de bœufs aux herbes
Tomates provençales
Salade de fruits

Ingrédients

Pour 4 personnes.
1,5 kg de côte de bœuf,
5 gousses d'ail, 100 g de beurre,
6 échalotes,
1 cuil. à café de thym émietté,
1 pincée de poudre de laurier,
2 branches d'estragon frais,
1 bouquet de cerfeuil,
100 g de beurre, 1 tasse de bouillon,
poivre mignonnette, sel.

Si vous ne possédez pas de tournebroche indépendant, faites chauffer le four à température élevée (th. 8 - 240°). Épluchez l'ail et coupez 2 des gousses en petits éclats dont vous piquerez la côte de bœuf. Saupoudrez-la de poivre mignonnette. Enduisez-la légèrement de beurre et faites-la cuire soit à la broche, soit dans le four, très chaud, posée sur la grille de la lèchefrite 10 à 15 min. par face. Baissez le four à mi-cuisson (th. 6-7 - 200°). Retournez la côte plusieurs fois en cours de cuisson.

Travaillez le reste de beurre avec un peu de sel, 1/2 cuil. à café de poivre mignonnette, le thym, le reste d'ail et les échalotes hachés, le laurier en poudre, l'estragon frais et le cerfeuil hachés, de manière à obtenir un beurre d'aromates bien lisse.

7 à 8 min. avant la fin de la cuisson de la côte, faites fondre ce beurre au bain-marie. Disposez la côte de bœuf sur un plat de service chaud. Nappez-la de quelques cuillerées de beurre d'aromates fondu. Déglacez la lèchefrite avec le bouillon. Faites bouillir 2 à 3 min., ajoutez le reste de beurre d'aromates à cette sauce. Servez chaud.

Entrecôte marinée

Préparation : *25 min.*
Marinade : *2 h.*
Cuisson de la viande : *6 à 7 min. au gril.*

Un Menu

Nems
(rouleaux chinois)
Entrecôte marinée
Riz
Litchis au sirop

Ingrédients

Pour 4 personnes.
600 à 700 g d'entrecôte,
en tranches de 2 cm d'épaisseur.
Marinade : 2 échalotes, 2 gousses d'ail,
2 cuil. à soupe de xérès,
2 cuil. à soupe de sucre en poudre,
2 cuil. à soupe d'huile, 5 cuil. à soupe
de sauce soja, 3 tours de moulin à poivre.
Pour la sauce : 5 cuil. à soupe d'eau,
2 cuil. à soupe de vinaigre, 30 g de beurre.
Accompagnement : 200 g de riz,
1 ou 2 poivrons, sel et poivre.

Placez la viande au congélateur pendant 30 min. afin de la rendre ferme. Détaillez-la en lamelles de 2 cm d'épaisseur. Dans un plat creux, déposez tous les éléments de la marinade : échalotes et ail hachés mélangés aux autres ingrédients.

Mettez la viande dans la marinade, mélangez, couvrez et laissez macérer 2 h environ.

Au bout de ce temps, égouttez la viande et séchez-la dans du papier absorbant.

Versez la marinade dans une petite casserole, ajoutez l'eau et le vinaigre et faites bouillir 1 min. environ. Incorporez le beurre. Fouettez et répartissez dans quatre petites coupelles individuelles.

Faites griller la viande 3 à 4 min. de chaque côté sur un gril en fonte bien chaud.

Avec la viande, servez un riz dans lequel vous aurez ajouté des dés de poivron, et la sauce, à part.

GÂTEAU À LA VIANDE

Pour utiliser des restes de viande
Préparation : *45 min.*
Cuisson : *30 min.*

UN MENU
1/2 pamplemousse
Gâteau à la viande
Salade
Fruits

Ingrédients

Pour 6 personnes.
400 g de restes de viande,
tranches de pain de mie,
1 oignon,
2 cuil. d'huile, 75 g de beurre,
150 g de champignons de Paris,
50 g de gruyère, la valeur
de 2 bols de sauce Béchamel.

Préparez la valeur de deux bols de sauce Béchamel. Coupez le gruyère en lamelles fines. Nettoyez les champignons. Pelez et hachez l'oignon. Hachez la viande.

Dans le mélange huile plus 25 g de beurre, faites fondre l'oignon, ajoutez la viande et faites revenir 5 min. à feu doux.

Dans 25 g de beurre, faites cuire les champignons coupés en morceaux, dès qu'ils sont tendres, mélangez-les à un bol de sauce Béchamel.

Beurrez un moule à charlotte du beurre restant, tapissez-le de pain de mie. Remplissez en couches successives de viande, de béchamel aux champignons et de lamelles de fromage, puis recommencez jusqu'à épuisement des ingrédients. Recouvrez de pain de mie. Mettez 30 min. au four (th. 6-7 - 200°).

Servez bien chaud accompagné du reste de béchamel.

A noter : pour cette recette, on peut utiliser un reste de pot-au-feu, de volaille, ou encore des petits restes de viande auxquels on ajoute un talon de jambon.

Steaks hachés au fromage

Préparation : *10 min.*
Cuisson : *5 min.*

Un Menu

Salade de mâche
et dés de betterave
Steaks hachés au fromage
Spaghetti
Pommes

Ingrédients

Pour 4 personnes.
400 g de viande de bœuf hachée, 100 g de fromage râpé, 2 œufs, persil, sel, poivre, chapelure et un peu de matière grasse.

Dans une terrine, mélangez la viande, le fromage et le persil hachés. Salez et poivrez.

Ajoutez les œufs battus en omelette. Mélangez rapidement. Divisez la préparation en 4 galettes d'environ 1,5 cm d'épaisseur.

Mettez de la chapelure dans une assiette, passez-y chaque galette des 2 côtés.

Dans une poêle, faites chauffer l'huile ou la matière grasse et mettez les steaks hachés à cuire 2 à 3 min. de chaque côté.

Servez bien chaud.

Brochettes de porc au fromage

Préparation : *20 min.*
Cuisson : *10 min.*

Un Menu

Salade niçoise
Brochettes de porc au fromage
Salade verte
Fraises au sucre

Ingrédients

Pour 4 personnes.
300 g de filet de porc (désossé et dégraissé),
125 g d'édam (fromage de Hollande),
sel, poivre fraîchement moulu,
romarin, 8 petits cornichons,
1 poivron rouge, 1 citron.

Coupez le morceau de porc en 16 petites tranches fines. Placez-les entre 2 feuilles de papier sulfurisé et roulez-les avec un rouleau à pâtisserie pour les rendre bien fines.

Coupez l'édam en 16 tranches, très fines pour rester souples. Épépinez et coupez le poivron en 16 morceaux. Coupez les cornichons en deux. Disposez une tranche de fromage sur chaque morceau de viande, saupoudrez de romarin et assaisonnez. Ajoutez le demi-cornichon.

Piquez sur une brochette en formant une espèce de « demi-cercle » et en veillant bien à ce que la brochette traverse le porc, le fromage, le cornichon, puis à nouveau le fromage et le porc. Intercalez un morceau de poivron entre chaque.

Huilez légèrement une feuille de papier aluminium. Disposez les brochettes dessus. Faites-les griller sous le gril 5 min. Arrosez-les de jus de citron et remettez-les 5 min. sous le gril.

Servez immédiatement en arrosant du jus de cuisson.

Côtes de porc aux petits oignons

Préparation : *15 min.*
Cuisson : *45 min.*

Un Menu
Champignons à la grecque
Côtes de porc aux petits oignons
Purée
Salade de kiwis

Ingrédients

Pour 6 personnes.
6 côtes de porc,
1 kg de petits oignons,
2 noix de beurre,
1 cuil. à soupe d'huile,
1 verre de vin blanc sec,
sel et poivre.

Épluchez les oignons, faites fondre dans une casserole une noix de beurre et une cuillerée d'huile et faites-y dorer les oignons. Remuez souvent pour qu'ils prennent une belle couleur dorée. Lorsqu'ils sont entièrement blonds, recouvrez-les de vin blanc sec complètement évaporé. Surveillez bien pour que les oignons n'accrochent pas, il faut compter environ 40 min.

10 min. avant la fin de la cuisson des oignons, salez-les et poivrez-les. Dans une poêle, faites fondre le reste du beurre, faites-y cuire les côtes de porc, salez et poivrez.

Servez en entourant de petits oignons.

Côtes de porc à l'orange

Préparation : *10 min.*
Cuisson : *10 min. environ.*

Ingrédients

Pour 4 personnes.
4 côtes de porc, 4 oranges,
25 g de beurre,
1 cuil. à soupe d'huile d'olive,
1 cuil. à soupe de vinaigre
de vin, sel et poivre.

Un Menu
1/2 pamplemousse
Côtes de porc à l'orange
Riz nature
Ramequins de prunes
au sirop

Pelez les oranges à vif à l'aide d'un couteau parfaitement affûté, puis détachez les quartiers. Recueillir le jus qui s'écoule pendant cette opération.

Dans une poêle, faites chauffer l'huile d'olive. Mettez-y à cuire, à feu modéré, les côtes de porc. Au bout de 4 à 5 min. de cuisson, lorsque le premier côté est bien doré, retournez les tranches de viande pour faire cuire le second côté. Salez et poivrez en fin de cuisson.

En même temps, dans une autre poêle, faites dorer au beurre, les quartiers d'orange : 3 à 4 min. de chaque côté pour qu'ils commencent à caraméliser.

Déposez sur 4 assiettes les côtes de porc et les oranges. Tenez au chaud.

Éliminez le gras de cuisson des côtes. Déglacez les poêles avec le jus d'orange et le vinaigre. Laissez bouillir quelques instants.

Nappez les côtes avec cette sauce.

ÉCHINE DE PORC AUX ABRICOTS

Préparation : *20 min.*
Cuisson : *1 h 30.*

UN MENU
Salade de crudités
Échine de porc
aux abricots
Semoule au caramel

Ingrédients

Pour 6 personnes.
1 morceau d'échine de porc d'1,2 kg environ,
500 g d'abricots,
1/2 verre de vin blanc sec,
2 cuil. à soupe d'huile d'olive,
2 gousses d'ail, 1 échalote,
1 feuille de laurier, sel, poivre,
3 cuil. à soupe de cassonade,
3 cuil. à soupe de moutarde forte.

Écrasez au mixer ail et échalote pour obtenir une purée, pulvérisez la feuille de laurier. Mélangez avec l'huile, le sel et le poivre. Enduisez la viande sur toutes ses faces avec ce mélange parfumé.

Posez la viande sur un plat allant au four, mettez le vin blanc au fond du plat. Recouvrez la viande d'une feuille d'aluminium en bordant légèrement le plat. Faites cuire au four, 1 h environ (th. 6-7 - 180°-200°) en retournant la viande au bout de 30 min.

Dénoyautez les abricots en les coupant en deux. Mélangez cassonade (sucre roux) et moutarde. Retirez la viande du four au bout d'1 h de cuisson, ôtez le papier d'aluminium. Disposez les abricots autour de la viande. Répartissez le mélange à la moutarde sur la viande et les fruits. Remettez au four pendant 15 min. environ, le plat doit être bien doré.

Dressez sur un plat, la viande entourée des fruits. Déglacez le fond de cuisson avec un peu d'eau chaude et servez cette sauce en saucière.

Filet de porc à la danoise

Préparation : *15 min.*
Cuisson : *1 h 10.*

Ingrédients

Pour 4 personnes.
800 g de pointe de filet,
75 g de beurre,
250 g de pruneaux d'Agen moyens, 1 kg de pommes,
sel et poivre.

Un Menu

Salade de fonds d'artichauts
Filet de porc à la danoise
Fromage
Crème brûlée

Avec la broche de la rôtissoire, transpercez le rôti dans toute sa longueur, fourrez-le avec les pruneaux après les avoir dénoyautés.

Dans une cocotte, faites dorer le rôti de tous côtés, à feu vif, dans un peu de beurre.

Quand il est bien doré, mettez le rôti à four chaud (th. 6-7 - 200°), salez, poivrez et badigeonnez de matière grasse.

Au bout de 10 min., ajoutez un verre d'eau. Arrosez en cours de cuisson.

Épluchez des pommes entières, évidez-les et glissez à l'intérieur de chacune 2 pruneaux et 1 noix de beurre. Entourez-en le rôti à mi-cuisson.

Servez bien chaud.

Filet de porc aux prunes

Préparation : *15 min.*
Cuisson : *1 h 30.*

Un Menu
Champignons à la grecque
Filet de porc aux prunes
Pommes de terre
Glace

Ingrédients

Pour 6 à 8 personnes.
1,5 kg de filet de porc désossé, 4 clous de girofle, 30 g de beurre, 6 échalotes, 1 kg de quetsches pas très mûres, 1 cuil. à soupe de sucre en poudre, sel et poivre.
Pour la sauce : 60 g de beurre, 1 cuil. à soupe de farine, 1/2 verre d'eau-de-vie de prunes, 3 cuil. à soupe de gelée de groseilles, 3 cuil. à soupe de crème fraîche, sel et poivre.

Piquez les clous de girofle dans le rôti. Dans une cocotte, faites dorer la viande sur toutes ses faces. Ajoutez sel, poivre, échalotes finement hachées. Couvrez et laissez mijoter doucement.

Lavez les quetsches, retirez les noyaux. Lorsque la viande a cuit 30 min., ajoutez la moitié des fruits et le sucre. Continuez la cuisson.

Mettez le reste des quetsches dans une sauteuse avec le beurre 30 min. avant la fin de cuisson. Elles doivent cuire sans se défaire. Lorsque la viande est cuite, dressez-la sur un plat chaud, entourée des fruits et tenez le tout au chaud.

Enlevez l'excédent de graisse de porc de la cocotte, remettez sur le feu et flambez avec l'eau-de-vie de prunes. Filtrez cette sauce au tamis, ajoutez-lui le beurre manié avec la farine, la gelée de groseilles et la crème. Donnez quelques bouillons et rectifiez l'assaisonnement. Servez en saucière.

Le filet de porc aux prunes peut être accompagné de pommes de terre.

Filets mignons aux navets

Préparation et cuisson : *25 min.*

Un Menu
Concombre en salade
Filets mignons aux navets
Fromage
Charlotte aux fraises

Ingrédients

Pour 6 personnes.
6 escalopes de 100 g
(3 cm d'épaisseur environ) prises
dans le filet mignon de porc,
1 kg de petits navets nouveaux,
60 g de beurre, 10 cl d'eau,
2 cuil. à soupe de sucre,
1 cuil. à soupe de vinaigre,
sel et poivre.

Pelez ou grattez les navets et émincez-les finement.

Faites chauffer 30 g de beurre dans une cocotte. Mettez-y les navets à dorer en remuant de temps à autre.

Lorsqu'ils commencent à prendre une légère teinte blonde, ajoutez l'eau, le sel, le poivre, le sucre et le vinaigre.

Terminez la cuisson à couvert. Vérifiez que le degré de cuisson soit atteint et faites évaporer l'excédent de liquide.

Dressez les navets sur un plat de service et tenez-les au chaud.

Faites cuire les filets mignons à la poêle, dans 30 g de beurre, 3 min. de chaque côté. Assaisonnez, puis déposez-les sur les navets.

Décorez avec quelques jeunes fanes de navet bien tendres, après les avoir lavées et essorées.

Gratin de jambon aux courgettes

Préparation : *15 min.*
Cuisson : *20 min.*

Un Menu
Salade chinoise
Gratin de jambon aux courgettes
Fromage
Crème glacée

Ingrédients

Pour 4 personnes.
Pour cette recette utilisez des talons ou des entames de jambon blanc (ils sont économiques) ou un jambonneau cuit mais non pané, 1 kg de courgettes, 2 échalotes, 2 gousses d'ail, 1 citron, du persil, beurre et huile, sel et poivre.

Lavez les courgettes, coupez une petite rondelle à chaque extrémité et tranchez-les en deux dans le sens de la longueur. Il n'est pas nécessaire de les éplucher. Faites-les blanchir à peine 10 min. à l'eau bouillante salée.

Coupez les talons de jambon ou le jambonneau en tranches que vous faites revenir à la poêle dans un mélange beurre-huile avec les échalotes émincées, environ 2 à 3 min. de chaque côté. Quand les tranches sont bien dorées, ajoutez un jus de citron, poivrez, portez à ébullition et enlevez du feu.

Préchauffez le four (th. 7 - 220°).

Égouttez les courgettes.

Dans un plat à gratin, placez les tranches de jambon, entourez-les des demi-courgettes, versez le jus de cuisson et mettez au four pour 15 min.

Au moment de servir, saupoudrez le plat d'un mélange de persil et d'ail hachés et servez chaud.

Jambon grillé à l'ananas

Préparation et cuisson : *20 min.*

Un Menu
Salade de maïs
Jambon grillé à l'ananas
Riz
Tarte à l'abricot

Ingrédients

Pour 4 personnes.
4 tranches de jambon épaisses,
8 tranches d'ananas,
20 g de beurre,
1 cuil. à soupe de crème fraîche,
sel et poivre.

Faites griller les tranches de jambon sur un gril très chaud ou au barbecue, environ 1 min. de chaque côté. Réservez sur le plat de service chaud.

Dans une poêle bien chaude, faites fondre 20 g de beurre et mettez-y les tranches d'ananas à revenir quelques instants, retournez-les et quand elles sont bien chaudes et juste dorées, déposez 2 rondelles par tranche de jambon.

Délayez dans la sauce de la poêle 1 cuil. à soupe de crème fraîche, sel et poivre et laissez quelques bouillons, versez sur le jambon.

Servez avec du riz nature.

Une variante : à la place de la crème fraîche, versez 1 verre à liqueur de rhum dans la poêle chaude, faites flamber et versez sur le jambon.

JAMBON PERSILLÉ AUX POMMES DE TERRE

Préparation : *20 min.*
Cuisson : *25 min.*

UN MENU
Jambon persillé
aux pommes de terre
Fromage
Fruits

Ingrédients

Pour 4 personnes.
2 belles tranches épaisses de jambon persillé, 500 g de pommes de terre nouvelles, 100 g d'amandes effilées, 50 g de beurre, 250 g de salade composée ou de mesclun, quelques brins de cerfeuil et ciboulette, paprika, 3 cuil. à soupe d'huile, 1 cuil. à soupe de vinaigre, sel et poivre.

Pelez les pommes de terre et faites-les cuire entières à la vapeur ou à l'eau bouillante salée. Selon leur grosseur, comptez 15 à 20 min. de cuisson. Coupez-les ensuite en grosses rondelles, dans le sens de la longueur et rangez-les dans un plat à gratin.

Saupoudrez la moitié elles d'amandes effilées, l'autre moitié d'une pointe de paprika et parsemez le tout de quelques noisettes de beurre.

Lavez et essorez les feuilles de salade. Préparez la vinaigrette en diluant le sel dans le vinaigre, puis en ajoutant l'huile, le poivre et la ciboulette finement ciselée.

Découpez les tranches de jambon persillé en carrés de 2 cm. Sous le gril de four, préalablement chauffé (th. 7 - 220°), faites dorer les pommes de terre quelques minutes.

Servez chaque assiette en répartissant la salade assaisonnée, le jambon persillé et les pommes de terre bien chaudes. Décorez de pluches de cerfeuil.

Pour boire, un beaujolais ou un côtes-de-provence bien frais.

Papillotes de porc aux olives

Préparation : *10 min.*
Cuisson : *45 min.*

Ingrédients

Pour 4 personnes.
600 g d'échine de porc,
20 olives noires,
1 poivron, du thym,
du laurier, sel et poivre.

Un Menu
Croûtes au fromage
Papillotes de porc aux olives
Carottes à la vapeur
Œufs à la neige

Faites détailler la viande en gros cubes par le boucher. Répartissez-la sur quatre feuilles de papier aluminium avec les olives, le poivron coupé en fines lamelles. Parsemez de thym, mettez dans chaque papillote 1 feuille de laurier, assaisonnez. Fermez hermétiquement les feuilles d'aluminium et mettez-les au four pendant 45 min.

Servez tel quel dans les papillotes.

En légumes d'accompagnement, vous pourrez présenter des haricots verts, des épinards, des carottes cuites à la vapeur, ou encore des pommes de terre en robe des champs…

A noter : la cuisson en papillote permet de ne pas utiliser de matière grasse.

Paupiettes de porc aux pruneaux

Préparation : *20 min.*
Cuisson : *45 min.*

Un Menu

Salade d'endives aux pommes
Paupiettes de porc aux pruneaux
Riz
Flan au caramel

Ingrédients

Pour 6 personnes.
6 très fines tranches de porc,
500 g de pruneaux d'Agen dénoyautés,
3/4 l de bière blonde,
3 tranches de jambon,
50 g de beurre,
2 cuil. à soupe d'huile,
sel et poivre, thym,
laurier, persil, crème fraîche,
1 cuil. à soupe de gelée de groseilles.

Faites aplatir les tranches de porc pour qu'elles soient faciles à rouler. Faites gonfler les pruneaux dénoyautés dans un peu de bière.

Sur chaque tranche de porc, disposez 1/2 tranche de jambon et 2 pruneaux dénoyautés. Roulez et ficelez en paupiettes.

Dans une sauteuse, faites dorer les paupiettes sur toutes leurs faces dans le mélange beurre-huile. Assaisonnez. Ajoutez le bouquet garni.

Quand les paupiettes sont dorées, mouillez avec la bière, couvrez et laissez mijoter 45 min. Un quart d'heure avant la fin de la cuisson, mettez le reste de pruneaux.

Au moment de servir, dressez les paupiettes sur un plat, retirez les pruneaux de la sauce et liez celle-ci avec la crème et la gelée de groseilles. Servez la sauce en saucière.

Rôti de porc au gratin de chou

Préparation : *30 min.*
Cuisson : *45 min.*

Un Menu
Potage
Rôti de porc
au gratin de chou
Biscuit aux pommes

Ingrédients

Pour 4 personnes.
1 chou vert, 4 tranches de rôti
de porc (600 g environ), 2 échalotes,
20 g de beurre,
10 cl de vin blanc sec,
2 cuil. à soupe de crème,
200 g de fromage râpé,
sel et poivre.

Coupez la base du chou, séparez les feuilles en éliminant celles qui sont abîmées. Lavez-les à l'eau légèrement vinaigrée.

Faites blanchir les feuilles de chou 5 min. dans un faitout d'eau bouillante salée. Égouttez, pressez entre les mains pour bien éliminer l'eau et hachez grossièrement au couteau.

Pelez et hachez les échalotes.

Dans une poêle, faites fondre le beurre. Mettez les tranches de porc à revenir 5 min. de chaque côté à feu vif. Égouttez, salez et poivrez.

Préchauffez le four (th. 7 - 220°).

Mettez les échalotes dans la poêle, faites revenir quelques minutes, mouillez avec le vin blanc, et faites réduire pendant 1 min. à feu vif. Éteignez le feu, versez la crème dans la poêle, grattez le fond avec une spatule pour détacher les sucs de cuisson.

Mettez le chou dans un plat allant au four, enfouissez les tranches de porc dans le chou, nappez avec la sauce à la crème, saupoudrez de fromage râpé et faites cuire 30 min. au four. Servez chaud.

Rôti de porc sur ratatouille

Préparation : *30 min.*
Cuisson : *1 h 45.*

Un Menu
Avocat à la vinaigrette
Rôti de porc
sur ratatouille
Œufs à la neige

Ingrédients

Pour 4 à 5 personnes.
1 kg d'échine de porc désossée,
ficelée et piquée d'ail,
1 cuil. à soupe de graines de cumin,
300 g d'oignons,
2 cuil. à soupe de vinaigre de vin,
2 cuil. à soupe d'huile, sel et poivre.
Pour la ratatouille : 2 aubergines,
4 tomates, 2 poivrons verts,
1 tête d'ail, 4 courgettes, 8 oignons,
1 poivron rouge, sel, poivre,
huile d'olive, herbes de Provence.

Arrosez le rôti de porc avec 1 cuil. à soupe d'huile mêlée à du cumin, du sel et du poivre. Dans une cocotte, faites chauffer le reste d'huile et faites-y colorer le rôti de porc. Ajoutez les oignons émincés et 2 verres d'eau, cuisez à couvert pendant 1 h. Au terme de la cuisson, retirez le rôti, le jus et les oignons et réservez-les.

Préparez la ratatouille. Pelez les aubergines et les courgettes (facultatif), coupez-les en rondelles. Lavez et épépinez les poivrons, coupez-les en lanières. Lavez et pelez les tomates, coupez-les en quartiers. Émincez les oignons et faites-les revenir dans une cocotte avec un peu d'huile d'olive. Ajoutez courgettes et aubergines. Une fois revenues, retirez-les et mettez à la place poivrons et tomates. Puis remettez courgettes et aubergines. Assaisonnez avec l'ail écrasé, les herbes de Provence, le poivre et le sel. Faites cuire 30 min. et couvrez en laissant mijoter 15 min. Avant la fin de la cuisson, on peut ajouter un peu d'herbes fraîches dans la préparation.

Présentez le rôti de porc sur la ratatouille.

A noter : le plat peut se consommer chaud ou froid.

Rôti de porc froid au citron vert

Préparation : *25 min.*
Cuisson : *1 h 10*
2 h de prise pour le sorbet.

Ingrédients

Pour 6 personnes.
1 kg de rôti de porc dans le filet,
le zeste d'1 citron, 1 laitue,
1 cuil. à soupe de jus de citron,
3 cuil. à soupe d'huile d'olive,
sel et poivre,
10 feuilles de menthe fraîche.
Sorbet : 10 cl d'eau,
250 g de sucre en poudre,
30 cl de jus de citron vert
(1 kg de fruits environ).

Un Menu

Tomates surprises
Rôti de porc froid
au citron vert
Salade
Gâteau au yaourt

Roulez le rôti de porc dans le zeste de citron râpé (n'oubliez pas de laver le fruit auparavant), puis faites-le cuire 1 h 10 (th. 7 - 220°). Laissez-le complètement refroidir.

Préparez le sorbet : faites dissoudre le sucre dans l'eau chaude. Ajoutez le jus de citron. Faites prendre en sorbetière.

Préparez la salade, assaisonnez-la avec l'huile d'olive, le sel, le poivre et le jus de citron. Décorez-la avec les feuilles de menthe ciselées.

Servez le rôti de porc froid, coupé en tranches, accompagné de laitue à la menthe et, par convive, deux boules de sorbet présentées à part dans une coupelle.

Travers de porc sauce exotique

Préparation : *20 min.*
Cuisson : *40 min.*

Un Menu

Chèvre chaud sur salade
Travers de porc sauce exotique
Riz créole
Salade de fruits frais

Ingrédients

Pour 4 personnes.

1,2 kg de travers de porc frais.
Pour la sauce : 2 gousses d'ail, 250 g d'oignons, 1 poivron, 500 g de tomates, 1 piment oiseau, 1 cuil. à soupe de cassonade, 1 cuil. à café de moutarde blanche, le jus d'1/2 orange, 2 cuil. à soupe d'huile, sel et poivre.

Préparez la sauce : épluchez les oignons et l'ail, émincez-les finement. Passez le poivron quelques minutes au gril pour le peler facilement. Éliminez les graines et coupez finement la pulpe. Pelez les tomates, éliminez les graines et concassez la chair. Émiettez très finement le piment.

Dans une casserole à fond épais, faites chauffer l'huile. Pendant 5 min. faites cuire doucement les oignons, l'ail, le poivron. Ajoutez les tomates, le piment et la cassonade. Salez, poivrez et faites cuire 15 min. à feu moyen, en remuant de temps à autre.

Lorsque la sauce a épaissi, ajoutez la moutarde et le jus d'orange. Badigeonnez la viande avec un peu de sauce et mettez à cuire à four chaud, 40 min. (th. 7 - 220°). Régulièrement, pendant la cuisson, arrosez la viande avec la sauce.

Servez brûlant avec le reste de sauce en saucière.

Blanquette de veau

Préparation : *30 min.*
Cuisson : *1 h 40.*

Ingrédients

Pour 4 personnes.
1 kg de veau (entre collier, poitrine, tendron), 1 œuf, 50 g de beurre, 30 g de farine, 1 carotte, 1 navet, 1 gros oignon, 1 citron, 1 bouquet garni, 2 cuil. à soupe de crème fraîche, sel et poivre.

Un Menu

Carottes râpées aux raisins secs
Blanquette de veau
Riz
Crumble aux pêches

Faites couper la viande en morceaux par le boucher. Frottez les morceaux de viande avec le citron. Épluchez la carotte, le navet et l'oignon, coupez-les en morceaux. Mettez la viande dans l'eau froide avec les légumes, 1 bouquet garni, sel et poivre. Portez rapidement à ébullition, écumez, puis couvrez et laissez cuire doucement pendant 1 h 30 environ.

Faites un roux blanc avec la farine, le beurre juste fondu et en mouillant avec le bouillon de cuisson de la viande jusqu'à obtenir une sauce pas trop épaisse. Salez, poivrez et laissez cuire doucement 10 min. Hors du feu, ajoutez un jaune d'œuf, la crème fraîche et 1 filet de jus de citron. Vérifiez l'assaisonnement.

Mettez la viande et les légumes égouttés dans un plat creux, nappez de sauce et saupoudrez de persil haché.

Côtes de veau au fromage

Préparation : *10 min.*
Cuisson : *25 min.*

Un Menu
Macédoine de légumes
à la mayonnaise
Côtes de veau
au fromage
Salade
Fruits

Ingrédients

Pour 4 personnes.
4 côtes de veau,
200 g de fromage râpé, 1 œuf,
50 g de beurre,
2 cuil. à soupe de crème fraîche,
1 verre de vin blanc sec,
sel et poivre, noix de muscade.

Faites fondre le beurre dans une sauteuse pour faire dorer à feu vif les côtes de veau, sur les 2 faces. Salez et poivrez, ajoutez le vin blanc, couvrez la sauteuse et laissez cuire doucement pendant 15 min.

Pendant ce temps, mélangez dans une terrine et travaillez à la fourchette le fromage râpé, l'œuf, la crème fraîche. Ajoutez un tour de moulin à poivre, la muscade râpée.

Dans un plat beurré, allant au four, disposez les côtes de veau, recouvrez-les de la préparation au fromage. Avec un peu d'eau chaude dans la sauteuse, et en grattant le fond, délayez les sucs de cuisson de la viande, versez cette sauce dans le plat allant au four.

Faites gratiner au four, 10 min., les côtes de veau au fromage et servez bien chaud.

Côtes de veau à la normande

Préparation : *15 min.*
Cuisson : *25 min.*

Ingrédients

Pour 4 personnes.
4 belles côtes de veau,
250 g de champignons de Paris,
80 g de beurre,
40 cl de crème fraîche,
sel, poivre, persil haché.

Un Menu
Salade niçoise
Côtes de veau à la normande
Tarte aux pommes

Nettoyez les champignons, coupez la partie sableuse du pied et passez-les rapidement sous l'eau. Épongez-les, émincez-les et faites-les sauter dans 30 g de beurre. Mettez de côté.

Faites alors revenir dans la poêle les côtes de veau assaisonnées, avec le reste de beurre, à feu pas trop vif, en laissant bien dorer des deux côtés.

Quand elles sont cuites, égouttez-les et mettez-les sur le plat de service et gardez au chaud. Versez la crème dans la poêle, remettez sur le feu et grattez bien en amenant à ébullition.

La crème doit épaissir et devenir onctueuse. Ajoutez les champignons. Vérifiez l'assaisonnement. Nappez les côtelettes avec cette sauce. Saupoudrez de persil haché et servez bien chaud.

Escalopes de veau panées

Préparation et cuisson : *15 min.*
Passage au réfrigérateur *: 30 min.*

Un Menu
Salade de crudités
Escalopes de veau panées
Riz
Melon aux framboises

Ingrédients

Pour 4 personnes.
4 escalopes de veau, 75 g de chapelure, 25 g de farine, 1 œuf, 50 g de beurre, 1 cuil. à soupe d'huile, sel et poivre.
Pour la garniture : 4 filets d'anchois, 4 olives vertes, 1 citron, brins de persil.

Si vous n'avez pas demandé au boucher d'aplatir les escalopes le plus possible, faites-le (placer la viande entre deux feuilles de papier sulfurisé et aplatir avec le rouleau à pâtisserie). Disposez la chapelure et la farine dans deux assiettes plates, cassez l'œuf dans une assiette creuse et battez-le à la fourchette.

Passez les escalopes dans la farine, secouez-les pour faire tomber l'excédent, passez-les dans l'œuf, égouttez-les et finissez par la chapelure, en appuyant bien pour qu'elle adhère. Mettez les tranches de viande dans un grand plat et laissez 30 min. au réfrigérateur.

Au bout de ce temps, faites chauffer l'huile dans une grande poêle, ajoutez le beurre. Lorsqu'il est fondu, saupoudrez de sel et de poivre et faites cuire les escalopes 3 à 5 min. par face, à feu moyen.

Égouttez les filets d'anchois, enroulez-les autour des olives. Lavez le citron, coupez-le en quartiers. Lavez et égouttez le persil. Lorsque la viande est cuite, mettez-la sur un grand plat chaud. Décorez avec les anchois, le citron et le persil.

Foie de veau aux courgettes

Préparation : *5 min.*
Cuisson : *15 min.*

Un Menu
Salade de tomates
Foie de veau
aux courgettes
Cresson
Charlotte aux fruits

Ingrédients

Pour 4 personnes.
4 tranches de foie de veau,
500 g de courgettes,
1/2 cube de bouillon de bœuf,
1 cuil. à soupe de vinaigre,
persil ou cerfeuil,
2 pincées de paprika,
6 g de Maïzena, sel et poivre.

Faites revenir les courgettes non épluchées mais lavées et coupées en rondelles dans une poêle légèrement huilée, salez, poivrez, et laissez cuire environ 10 min. Saupoudrez de persil haché.

Pendant ce temps, faites cuire dans une seconde poêle, légèrement beurrée les tranches de foie de veau, environ 2 à 3 min. de chaque côté, selon le degré de cuisson désiré.

Retirez-les et maintenez-les au chaud. Déglacez la poêle avec le vinaigre, ajoutez le 1/2 cube de bouillon, 1 bonne cuillerée d'eau, paprika et Maïzena. Délayez bien et laissez chauffer quelques minutes. Salez, poivrez et nappez les tranches de foie de cette sauce.

Servez la viande entourée des courgettes et saupoudrez le tout de persil ou de cerfeuil.

Foie à l'italienne

Préparation : *20 min.*
Cuisson : *20 min.*

Un Menu
Taboulé
Foie à l'italienne
Coquillettes
Crémet aux framboises

Ingrédients

Pour 4 personnes.
4 tranches de foie (veau, génisse ou porc, selon les possibilités), 4 cuil. à soupe de farine, 3 oignons, 70 g de beurre, 1 verre de vin blanc sec, 250 g de champignons, 1 boîte de sauce à la tomate fraîche, persil, sel et poivre.

Farinez légèrement les tranches de foie, épluchez les oignons, coupez-les en rondelles, défaites celles-ci en anneaux ; coupez la partie sableuse du pied des champignons, lavez-les rapidement, épongez-les et émincez-les.

Faites revenir les champignons émincés dans 25 g de beurre chaud.

Faites chauffer le reste de beurre dans une poêle, jetez-y les oignons, laissez-les doucement fondre. Quand ils sont moelleux, en étant à peine jaunis, repoussez-les sur les bords de la poêle et placez au centre les tranches de foie, laissez-les revenir sur les deux faces, juste le temps nécessaire à ce que le foie, cuit à point, reste tendre et à peine rosé à l'intérieur. Égouttez-le alors, dressez sur le plat de service et tenez au chaud.

Déglacez la poêle avec le vin blanc, donnez un bouillon en grattant bien le fond du récipient, ajoutez la sauce à la tomate, les champignons, assaisonnez, laissez bouillir 2 min.

Nappez le foie avec la sauce, saupoudrez de persil haché.

Foie de veau aux pommes

Préparation et cuisson :
20 à 25 min.

Un Menu
Radis
Foie de veau aux pommes
Salade
Tarte aux prunes

Ingrédients

Pour 4 personnes.
4 tranches de foie de veau de 120 à 150 g chacune,
60 g de beurre,
1 oignon, 4 pommes, 1 citron,
un peu de farine, sel et poivre.

Pelez et émincez l'oignon. Dans une sauteuse, faites fondre dans 10 g de beurre, à feu doux, l'oignon, pendant 10 à 12 min. environ, couvrez le récipient et remuez de temps à autre.

Pendant ce temps, évidez les pommes, pelez-les, coupez-les en rondelles d'1/2 cm d'épaisseur environ, arrosez-les de jus de citron pour éviter qu'elles ne noircissent. Mettez-les dans la sauteuse avec l'oignon, en rajoutant 25 g de beurre. Salez et poivrez, laissez cuire sans couvrir, en retournant délicatement les tranches de pomme pour ne pas les briser.

Farinez légèrement les tranches de foie. Dans une grande poêle, faites fondre le reste du beurre à feu moyen, saisissez 30 s par face les tranches de foie. Salez et poivrez, baissez le feu et laissez cuire 2 min. Retournez la viande, couvrez, laissez cuire encore 1 min. ou un peu plus selon que l'on aime le foie rosé ou plus cuit.

Disposez chaque tranche de foie sur une assiette chaude, avec les tranches de pomme. Servez aussitôt.

Un bourgueil ou un vin rouge fruité accompagne bien ce plat.

Grenadins de veau aux pistaches

Préparation : *10 min.*
Cuisson : *30 min.*

Un Menu
Cocktail de crevettes
Grenadins de veau aux pistaches
Laitues braisées
Tarte aux pommes

Ingrédients

Pour 4 personnes.
8 grenadins de veau coupés dans la longe ou la noix pâtissière, une dizaine de pistaches, 25 g de beurre, 10 cl de marsala, sel et poivre, crème fraîche.

Plongez les pistaches quelques secondes dans l'eau chaude. Égouttez-les, pelez-les soigneusement et concassez-les.

Salez et poivrez les grenadins, faites-les dorer sur les deux faces, doucement dans le beurre. Couvrez et laissez cuire à feu doux.

Égouttez la viande et tenez-la au chaud entre deux assiettes. Jetez la graisse de cuisson et déglacez avec le marsala en grattant les sucs de la viande. Laissez réduire jusqu'à consistance d'un sirop. Ajoutez la crème, portez à petits frémissements pour épaissir et rectifiez l'assaisonnement.

Présentez en recouvrant le fond du plat (ou des assiettes individuelles) d'un peu de sauce. Disposez les grenadins et parsemez de pistaches hachées.

En légumes d'accompagnement, des laitues braisées ou un flan de courgettes.

Pour le vin, choisissez de préférence un mercurey.

Jarret de veau à l'ancienne

Préparation : *10 min.*
Cuisson : *1 h 15 à 1 h 30.*

Un Menu
Salade de cœurs de palmier
Jarret de veau à l'ancienne
Riz
Clafoutis aux prunes

Ingrédients

Pour 4 personnes.
1 jarret de veau d'1,2 kg à 1,5 kg,
150 g d'oignons émincés,
2 gousses d'ail émincées,
3/4 l d'eau, 2 cuil. à soupe de concentré de tomates,
sel, poivre, huile,
1 feuille de laurier, 1 pied de porc (fendu en 4 morceaux).

Faites revenir le jarret de veau dans une cocotte avec de l'huile. Quand il est bien doré de tous les côtés, ajoutez les oignons et l'ail émincés. Laissez dorer ces derniers.

Mouillez avec 3/4 l d'eau bouillante (c'est très important car la viande doit être « saisie » par l'eau. Si l'eau n'est pas assez chaude, la viande perd tout son jus).

Mettez les morceaux de pied de porc. Ajoutez le concentré de tomates, la feuille de laurier, salez et poivrez.

Laissez mijoter à petit feu pendant 1 h 15, 1 h 30 environ. Pendant toute la cuisson, surveillez votre préparation pour qu'elle n'attache pas au fond de la cocotte. Remettez de l'eau si besoin est, mais en fin de cuisson, la sauce doit être assez réduite.

Servez le jarret et la sauce que vous pouvez passer au chinois si nécessaire.

Jarret de veau aux carottes

Préparation : *30 min.*
Cuisson : *1 h 30.*

Un Menu
Salade de fonds d'artichauts
Jarret de veau aux carottes
Tarte aux fraises

Ingrédients

Pour 4 personnes.
1 kg de jarret de veau coupé en tranches, 50 g de beurre, 1 cuil. à soupe de concentré de tomates (facultatif), 1 cuil. à soupe de farine, 2 oignons, 1 gousse d'ail, 1 bouquet garni, 1 verre de vin blanc sec, 1 kg de carottes, persil haché, sel et poivre.

Salez, poivrez et farinez les rondelles de jarret de veau. Faites-les dorer à la cocotte dans le beurre chaud. Épluchez et hachez les oignons, ajoutez-les dans la cocotte et laissez dorer ; ajoutez enfin le concentré de tomates, la gousse d'ail épluchée, le vin blanc, le bouquet garni, sel et poivre. Amenez à ébullition. Ajoutez alors deux verres d'eau, couvrez et laissez mijoter.

Nettoyez les carottes. Coupez-les en bâtonnets, mettez-les dans la cocotte, couvrez et faites cuire à feu doux pendant 1 h 30.

Enlevez le bouquet garni et la gousse d'ail. Versez les légumes dans un plat creux, disposez la viande dessus, saupoudrez de persil haché.

A noter : vous pouvez remplacer le vin blanc par un verre d'eau.

PAUPIETTES DE VEAU AUX ÉPINARDS

Préparation : *30 min.*
Cuisson : *40 min.*

UN MENU
Salade
de champignons
Paupiettes de veau
aux épinards
Fruits

Ingrédients

Pour 4 personnes.
8 petites escalopes de veau très finement coupées,
2 ou 3 carottes selon la grosseur,
8 minces tranches de comté,
400 g d'épinards frais,
2 échalotes, 1 tomate,
250 g de tagliatelles fraîches,
2 cuil. à soupe d'huile d'olive,
40 g de beurre, sel et poivre.

Préparez les épinards : équeutage et lavage et plongez-les 1 min. dans l'eau bouillante salée. Égouttez aussitôt et rafraîchissez à l'eau froide. Égouttez encore. Pelez les carottes, faites-en de longues lanières avec le couteau économe.

Sur chaque escalope, disposez des lamelles de carotte, une fine tranche de comté et quelques feuilles d'épinard. Roulez en paupiettes. Entourez de quelques feuilles d'épinards et ficelez le tout.

Dans une cocotte, faites chauffer le beurre et 1 cuil. d'huile d'olive, faites dorer les paupiettes de tous côtés, ajoutez les échalotes hachées, la tomate pelée et coupée en morceaux, sel et poivre.

Couvrez et laissez cuire 30 min. à feu doux. Ajoutez alors le reste des lamelles de carotte et laissez cuire 5 min. Puis mettez le reste d'épinards et laissez cuire 3 min.

Un peu avant la fin de cuisson de la viande, faites cuire les pâtes à l'eau bouillante salée additionnée d'1 cuil. d'huile d'olive. Sur le plat de service, disposez un lit de pâtes, puis le contenu de la cocotte, nappez de la sauce et servez aussitôt.

Paupiettes de veau aux petits légumes

Préparation : *30 min.*
Cuisson : *30 min.*

Un Menu
Salade de cœurs de palmier
Paupiettes de veau aux petits légumes
Quatre-quarts

Ingrédients

Pour 4 personnes.
4 escalopes de veau assez fines, 150 g de chair à saucisse, 1 carotte, 1 courgette, 1 échalote, 100 g de champignons de Paris, 2 branches de céleri, 1 barde de lard, 2 tomates, 1 oignon, 10 cl de vin blanc, 30 g de beurre, 2 cuil. à soupe d'huile, sel et poivre.

Demandez des escalopes bien fines et plates, coupez-les en deux. Préparez la farce de légumes : coupez en petits dés carotte, courgette, champignons et céleri. Hachez l'échalote. Faites revenir, sans coloration, les légumes à feu doux dans le beurre, 3 à 4 min. à couvert.

Incorporez la moitié des légumes à la chair à saucisse, salez et poivrez. Mettez cette farce sur les escalopes, formez des paupiettes, bardez-les et ficelez-les.

Faites revenir les paupiettes dans l'huile à feu vif. Quand elles sont bien dorées, jetez l'huile de cuisson, ajoutez un oignon émincé, faites-le dorer légèrement avant de déglacer le récipient avec du vin blanc. Ajoutez les tomates pelées en quartiers, rectifiez l'assaisonnement et laissez cuire à couvert, sur feu doux, 25 min., en incorporant le reste des légumes à la sauce. Servez les paupiettes entourées des légumes et de la sauce.

Rognons de veau aux cèpes

Préparation : *15 min.*
Cuisson : *35 à 40 min.*

Un Menu

Salade de cœurs de palmier
Rognons de veau aux cèpes
Scarole
Tranches d'ananas

Ingrédients

Pour 6 personnes.
3 rognons de veau et leur graisse, 600 g de cèpes, 1 kg de pommes de terre, 1 cuil. d'huile, 2 à 3 gousses d'ail, 1 bouquet de persil, sel et poivre.

Portez 3 l d'eau salée à ébullition. Pendant ce temps, parez les rognons, laissez-les entiers et réservez leur graisse. Coupez les pieds terreux des cèpes et nettoyez soigneusement les champignons avec un linge humide.

Plongez les cèpes dans l'eau bouillante. Retirez-les avec l'écumoire dès la reprise de l'ébullition et égouttez-les bien.

Faites fondre la graisse et passez-la au tamis. Faites-en trois parts.

Saisissez à l'huile, sur feu vif, les rognons jusqu'à ce qu'ils soient bien colorés de tous côtés. Salez, poivrez, retirez du feu et laissez égoutter.

Coupez les pommes de terre épluchées en rondelles et faites-les sauter dans une part de graisse de rognons avec l'ail. Salez, poivrez et faites cuire 20 min. à feu moyen, en remuant de temps à autre.

Faites cuire 5 à 6 min. dans leur graisse les rognons de veau. En même temps, faites sauter les cèpes dans le reste de graisse, salez, poivrez et mélangez sans arrêt. Saupoudrez de persil haché en fin de cuisson.

Au moment de servir, dressez les rognons sur un plat, entourez-les des cèpes et des pommes de terre sautées.

Rôti de veau aux carottes

Préparation : *30 min.*
Cuisson : *1 h.*

Un Menu
Salade de betteraves
et champignons
Rôti de veau aux carottes
Fromage
Fruits

Ingrédients

Pour 6 personnes.
1,2 kg de veau (morceau sans os),
10 à 12 oignons,
1 gousse d'ail, 1 kg de carottes,
1 bouquet garni,
1/4 l de vin blanc,
40 g de beurre, sel et poivre
(demandez à votre boucher
quelques os pour le moelleux
de la sauce).

Dans une cocotte, faites dorer le rôti dans une noix de beurre à feu doux pour que le beurre ne noircisse pas. Dès que la viande est dorée de tous côtés, jetez le gras de cuisson, mouillez avec le vin blanc.

Ajoutez les carottes entières si elles sont petites ou sinon coupées en épaisses rondelles, puis l'ail, les oignons, le bouquet garni, les os. Salez et poivrez. Couvrez et faites mijoter à très petit feu en retournant le rôti une fois.

En fin de cuisson, lorsque les carottes sont cuites, il y a un jus assez abondant. S'il y en avait vraiment trop, faites-le réduire à grand feu, après avoir enlevé viande et légumes.

Hors du feu, ajoutez dans ce jus la valeur d'1 cuil. à soupe de beurre en petits morceaux, fouettez pour rendre la sauce bien onctueuse et présentez-la en saucière.

Disposez la viande sur le plat de service entourée des légumes.

Roulades de veau aux petits légumes

Préparation : *20 min.*
Cuisson : *20 min.*
(moitié moins avec un autocuiseur).

Un Menu

Salade de betteraves et mâche
Roulades de veau aux petits légumes
Gâteau aux poires

Ingrédients

Pour 4 personnes.
4 très fines escalopes de veau,
100 g de haricots verts,
1 courgette, 2 carottes,
30 g de beurre,
1 petit bouquet de persil,
20 cl (1 petit pot) de crème fraîche,
2 cuil. à soupe de moutarde à l'ancienne, sel et poivre.

Si vous utilisez des haricots verts frais, effilez-les et lavez-les. Lavez et essuyez la courgette, pelez les carottes. Coupez courgette et carottes en tronçons, puis en bâtonnets.

Faites cuire tous ces légumes à la vapeur, 10 min. à peine à l'autocuiseur. Disposez sur chaque escalope salée et poivrée un petit paquet de ces légumes. Roulez les escalopes et fixez-les à l'aide d'un bâtonnet de bois.

Faites fondre le beurre dans une poêle et mettez les escalopes à cuire, en les retournant de temps en temps pour qu'elles soient bien dorées. Réservez-les au chaud.

Passez à la poêle le reste des légumes, réservez-les également au chaud. Puis ajoutez la crème fraîche, la moutarde, le persil ciselé, sel et poivre et faites cuire 1 min. en remuant sans arrêt.

Versez la sauce sur les escalopes roulées, accompagnées des petits légumes poêlés.

Veau aux endives

Préparation : *15 min.*
Cuisson : *30 min.*

Un Menu
Avocat vinaigrette
Veau aux endives
Far breton

Ingrédients

Pour 4 personnes.
4 escalopes de veau,
6 endives, 1 bulbe de fenouil,
jus de citron,
15 cl de vin blanc sec, beurre,
farine, sel et poivre.

Plongez le bulbe de fenouil 5 min. dans une casserole d'eau bouillante salée. Égouttez et laissez refroidir. Lavez les endives, coupez-les en quatre dans le sens de la longueur. Dans une sauteuse, faites chauffer 30 g de beurre, placez les endives, salez et poivrez, ajoutez le jus de citron et faites revenir à feu doux 5 min. environ. Enlevez les endives avec une écumoire et réservez-les. Sur chaque escalope, posez un quart d'endive, roulez et ficelez comme une paupiette. Farinez la viande.

Dans la sauteuse, ajoutez 20 g de beurre, faites fondre et placez les paupiettes pour les faire dorer rapidement à feu vif. Ajoutez le vin, couvrez et laissez mijoter 5 min. à feu doux. Pendant ce temps, découpez le fenouil en tranches, ajoutez-le dans la sauce autour de la viande et faites cuire 10 min. à couvert. Au bout de ce temps, remettez le reste d'endives sur le fenouil et laissez encore 10 min.

Servez bien chaud.

TENDRON DE VEAU AUX CAROTTES

Préparation : *10 min.*
Cuisson : *1 h 10.*

UN MENU

1/2 pamplemousse
Tendron de veau aux carottes
Gâteau de riz au caramel

Ingrédients

Pour 6 personnes.
1,2 kg de tendron de veau ou tranches de haut de côtes,
1 kg de carottes, 4 oignons,
1 bouquet garni, 50 g de beurre,
un peu d'huile,
sel et poivre.

Lavez les carottes, épluchez-les, enlevez les extrémités et coupez-les en tronçons d'environ 3 cm, puis en petits bâtonnets. Épluchez et émincez finement les oignons.

Mettez 25 g de beurre dans une sauteuse, faites-y revenir oignons et carottes. Dès qu'ils sont bien dorés, réservez-les et essuyez la sauteuse avec du papier absorbant.

Mettez le reste du beurre et l'huile à chauffer, faites dorer la viande de chaque côté, assaisonnez. Dès que les morceaux de viande sont dorés, ajoutez le bouquet garni, les oignons et les carottes.

Couvrez la sauteuse, laissez mijoter à feu doux pendant 1 h. De temps en temps, arrosez avec un peu d'eau chaude et surveillez pour que légumes et viande « n'accrochent » pas.

Disposez les morceaux de viande sur le plat de service chaud.

Entourez des carottes saupoudrées de persil haché.

LÉGUMES

Artichauts à la bolognaise

Préparation : *20 min.*
Cuisson : *50 min.*

Un Menu
Jambon braisé
Artichauts
à la bolognaise
Gâteau aux pommes

Ingrédients

Pour 6 personnes.
6 artichauts (ou une boîte de fonds d'artichauts surgelés), 6 tranches de pain, 2 œufs, 100 g de gruyère, 1 boîte de sauce bolognaise, 60 g de beurre.

Cuisez les artichauts à l'eau, enlevez les feuilles et le foin pour ne laisser que les fonds. Grattez avec une cuiller la partie comestible des feuilles. Faites revenir les tranches de pain dans le beurre, en les taillant légèrement plus grandes que les fonds d'artichauts.

Cassez les œufs et séparez le blanc du jaune. Mélangez avec la pulpe d'artichaut le jaune d'œuf, la boîte de sauce bolognaise et la moitié du gruyère râpé.

Battez les blancs en neige et incorporez-les au mélange précédent.

Dans un plat allant au four, placez les tranches de pain dorées, posez sur chacune un fond d'artichaut garni de farce.

Saupoudrez avec le reste de fromage râpé et faites gratiner au four (th. 7 - 220°) une dizaine de minutes.

Servez aussitôt.

Fonds d'artichauts soufflés

Préparation : *30 min.*
Cuisson : *40 min.*

Un Menu
Carottes râpées
Rôti de veau
Fonds d'artichauts soufflés
Crème au citron

Ingrédients

Pour 4 personnes.
8 fonds d'artichauts,
1 kg de pommes de terre,
1/4 l de lait,
2 œufs, 75 g de beurre,
40 g de gruyère râpé,
sel et poivre.

Après les avoir lavés, faites cuire les artichauts à l'eau bouillante salée (12 min. à l'autocuiseur). Egouttez-les, retirez-en les feuilles et le foin et gardez les fonds. Autre solution, utilisez directement des fonds surgelés, en suivant les indications portées sur l'emballage.

Faites cuire les pommes de terre, préalablement épluchées et lavées, à la vapeur. Egouttez-les et réduisez-les en purée. Faites chauffer le lait et versez-le sur la purée de pommes de terre en la battant. Incorporez un œuf entier et le beurre coupé en morceaux en continuant de battre. Salez et poivrez. Versez cette préparation dans une poche à douille. Si vous n'en avez pas, vous disposerez la purée sur les fonds d'artichauts avec une cuiller.

Allumez le four (th. 7 - 220°). Rangez les fonds d'artichauts dans un plat à gratin beurré. Garnissez les fonds de purée avec la poche à douille, de façon à former des dômes. Badigeonnez la purée délicatement avec un pinceau trempé dans un œuf battu en omelette. Saupoudrez de gruyère râpé et glissez au four pour 15 min.

Aubergines en gratin

Préparation : *20 min.*
Cuisson : *50 min..*

Un Menu
Terrine de pâté
Aubergines en gratin
Salade
Coupe de fruits

Ingrédients

Pour 4 personnes.
1 kg d'aubergines (petites de préférence), 4 tomates, 2 œufs, 1 tranche épaisse de jambon (200 g), 150 g de gruyère râpé, 50 g de beurre, sel et poivre.

Préchauffez le four (th. 6 - 180°). Dès qu'il est chaud, enfournez les aubergines non pelées et laissez cuire 40 min. environ.

Pendant ce temps, pelez les tomates après les avoir plongées dans l'eau bouillante. Enlevez les pépins et réduisez les tomates en purée. Salez et poivrez et faites cuire 15 min., à petit feu. Coupez le jambon en dés.

Quand les aubergines sont cuites, les sortir du four, les fendre en deux et enlever la pulpe avec une cuiller. Mélangez cette purée avec les tomates. Incorporez les œufs entiers, les dés de jambon et la moitié du gruyère râpé.

Beurrez un plat allant au four, versez-y la préparation, saupoudrez avec le reste de gruyère et parsemez de morceaux de beurre.

Laissez gratiner 10 min. sous le gril et servez bien chaud.

Carottes à la menthe

Préparation : *15 min.*
Cuisson : *30 min.*

Un Menu
Brochettes
de langoustines
Carottes à la menthe
Sorbet aux fruits

Ingrédients

Pour 4 personnes.
700 g de carottes,
12 œufs de caille,
50 g de beurre, 1 verre d'eau,
2 cuil. à soupe d'échalote,
5 cuil. à café de menthe,
1 cuil. à café de sucre,
sel, poivre du moulin.

Epluchez, lavez et coupez les carottes en fines rondelles.

Dans une sauteuse, faites fondre le beurre à feu doux. Faites revenir l'échalote 5 min. sans laisser dorer. Ajoutez les carottes avec une cuiller en bois pour bien les enrober de beurre. Mélangez bien.

Versez dessus un verre d'eau chaude. A la reprise de l'ébullition, couvrez. Laissez cuire à feu doux pendant 20 min.

Salez, poivrez. Ajoutez une cuiller à café de sucre. Laissez cuire encore pendant 5 min. mais sans mettre le couvercle.

Ajoutez 3 cuil. de menthe dans la sauteuse. Incorporez-les aux carottes. Versez le tout dans un plat chaud.

Faites cuire 12 œufs de caille sur le plat. Détaillez-les à l'aide d'un petit verre retourné. Disposez les œufs sur les carottes. Décorez avec le reste de menthe et servez.

Soufflé aux carottes

Préparation : *15 min.*
Cuisson : *1h10*

Un Menu
Soufflé aux carottes
Jambon à l'os
Salade
Ananas

Ingrédients

Pour 4 personnes.
1 kg de carottes,
1 cuil. à café de sucre,
2 cuil. à soupe rases de Maïzena,
20 cl de lait, 30 g de beurre,
10 cl de crème fraîche, 4 œufs,
sel et poivre.

Grattez les carottes, puis faites-les cuire 25 min. environ à l'eau bouillante salée et sucrée. Egouttez-les et passez-les au mixer afin d'obtenir une purée. Gardez au chaud.

Dans une casserole, mettez la Maïzena et ajoutez peu à peu le lait froid, en remuant. Faites cuire sur feu doux en tournant constamment jusqu'à ébullition. Hors du feu, salez et poivrez, ajoutez le beurre divisé en petits morceaux, la crème fraîche et les jaunes d'œufs en remuant bien après chaque élément ajouté. Versez alors la purée de carottes et mélangez bien.

Battez les blancs en neige ferme, incorporez-les délicatement à la préparation.

Versez dans un moule à soufflé beurré grassement.

Faites cuire à four chaud (th. 4-5 - 120°-150°).

Servez aussitôt.

VELOUTÉ DE CAROTTES À L'ORANGE

Préparation : *10 min.*
Cuisson : *30 min.*

UN MENU
Velouté de carottes à l'orange
Rôti de veau aux endives
Tarte à la frangipane

Ingrédients

Pour 4 personnes.
500 g de carottes, 1 oignon,
2 cuil. à soupe d'huile,
1,5 l de bouillon de poule (reconstitué avec 3 tablettes),
sel, poivre, 2 œufs,
150 g de fromage râpé (édam)
et 1 orange.

Pelez les carottes et coupez-les en petits dés.

Pelez et émincez l'oignon.

Faites revenir à feu doux, dans l'huile, oignon et carottes.

Mouillez avec le bouillon de poule.

Brossez l'orange, détaillez le zeste en fines lanières et mettez-en les trois quarts dans le bouillon. Laissez mijoter à feu doux 30 min. Mixez.

Dans la soupière, mélangez deux jaunes d'œufs et le fromage râpé. Versez le velouté dessus en mélangeant. Parsemez du reste du zeste d'orange. Servez bien chaud.

Pour ceux qui aiment, vous pouvez présenter en même temps une petite coupelle avec des croûtons bien dorés.

Cèpes à la bordelaise

Préparation : *15 min.*
Cuisson : *25 à 30 min.*

Un Menu
Salade d'automne
Rôti de veau
Cèpes à la bordelaise
Figues fraîches

Ingrédients

Pour 4 personnes.
1 kilo de cèpes, 1 citron,
2 échalotes,
1 cuil. à soupe de persil haché,
2 gousses d'ail (facultatif),
huile d'olive,
sel et poivre.

Nettoyez soigneusement les cèpes. Séparez les chapeaux des pieds. Laissez les chapeaux entiers ; hachez finement les pieds.

Pelez les échalotes, hachez-les.

Mettez l'huile d'olive dans une poêle sur feu assez vif. Quand elle commence à fumer, mettez les chapeaux des cèpes et faites-les rissoler pendant 10 min. environ en les retournant en cours de cuisson. Ajoutez alors dans la poêle, le hachis de cèpes et les échalotes. Salez, poivrez et laissez cuire le tout encore 10 min., sur feu moyen et à couvert.

Juste au moment de servir, aspergez les champignons de jus de citron et parsemez de persil haché.

On peut ajouter 2 gousses d'ail aux cèpes à la bordelaise, soit en les hachant et en les mélangeant aux échalotes, soit en ajoutant simplement les gousses entières en même temps que le hachis de cèpes.

Toasts aux champignons

Préparation : *10 min.*
Cuisson : *20 min.*

Un Menu
Toasts aux champignons
Rôti de veau
Haricots verts
Raisins

Ingrédients

Pour 4 personnes.
250 g de champignons de Paris, 3 oignons, 100 g de beurre, 40 g de farine, 2 jaunes d'œufs, 1/4 l de lait, 1 cuil. à soupe de crème, 1 citron, 8 tranches de pain de mie, sel et poivre, persil.

Nettoyez les champignons, enlevez le bout terreux. Pressez le citron. Coupez en tranches deux ou trois champignons, selon la grosseur ; hachez le reste et l'arroser du jus de citron, épluchez et hachez les oignons.

Dans une casserole, faites fondre 20 g de beurre, mettez-y les champignons et les oignons. Cuisez 5 min. en tournant et réservez le tout dans un petit saladier.

Faites fondre alors 40 g de beurre dans la casserole, ajoutez la farine et tournez. Versez peu à peu le lait, mélangez et cuire 10 min. à feu doux tout en remuant.

Mélangez jaunes d'œufs et crème. Versez dans la casserole et ajoutez les champignons. Salez, poivrez, remuez et retirez du feu. Beurrez les toasts avec le reste du beurre et faites-les revenir à la poêle. Une fois bien dorés, garnissez les toasts du mélange aux champignons et passez 2 min. sous le gril.

Décorez avec les lamelles de champignon en réserve et un peu de persil et servez chaud.

Cette entrée peut être diminuée de moitié pour un repas de midi. En revanche, elle peut très bien constituer le plat principal d'un soir en y ajoutant une salade.

Feuilles de chou farcies

Un Menu

Potage
Feuilles de chou farcies
Gâteau à l'ananas

Préparation : *10 min.*
Cuisson : *50 min.*

Ingrédients

Pour 6 personnes.
1 chou d'1,5 kg, 150 g de riz, 300 g de chair à saucisse, 200 g de fromage de Hollande râpé, 1 oignon, 1 boîte de sauce tomate, 1/4 l de bouillon, 2 cuil. à soupe d'huile d'olive, sel, poivre, paprika, marjolaine.

Nettoyez le chou. Enlevez les grandes feuilles et réservez-les.

Coupez le reste très finement. Faites blanchir les feuilles 2 min. à l'eau bouillante salée. Enlevez la grosse nervure et faites sécher les feuilles sur du papier absorbant.

Faites cuire le riz à la créole 10 min. et égouttez-le.

Epluchez et émincez l'oignon. Faites-le frire à l'huile avec la chair à saucisse et laissez cuire 10 min. environ. Salez et poivrez.

Dans un saladier, mélangez le chou haché, la chair à saucisse, le riz, le fromage râpé (grille à gros trous). Assaisonnez avec marjolaine et paprika. Farcissez chaque feuille avec le mélange et refermez les feuilles. Posez-les dans un plat allant au four, la partie pliée en dessous.

Mouillez avec de la sauce tomate mélangée au bouillon.

Couvrez d'une feuille de papier alu et faites cuire 40 à 50 min. (th. 6 - 180°).

Gratin de chou-fleur, sauce crevette

Préparation : *10 min.*
Cuisson : *20 min. environ.*

Ingrédients

Pour 4 personnes.
1 chou-fleur, 100 g de crevettes,
150 g de gouda, sel et poivre,
30 g de beurre, 30 g de farine,
20 cl de lait,
5 cl de vin blanc.

Un Menu
Salade chinoise
Jambon à l'os
Gratin de chou-fleur,
sauce crevette
Fruits de saison

Otez les feuilles et le trognon du chou-fleur. Séparez-le en bouquets que vous lavez à l'eau vinaigrée. Faites-les cuire dans beaucoup d'eau pendant 20 min.

Décortiquez les crevettes.

Dans une casserole, faites fondre le beurre. Ajoutez, tout en tournant, la farine, puis le lait et mélangez jusqu'à l'obtention d'une sauce épaisse. Salez et poivrez. Ajoutez 10 cl de l'eau de cuisson du chou-fleur et la moitié du gouda râpé.

Égouttez le chou-fleur, disposez les bouquets de chou-fleur au centre d'un plat allant au four, arrosez de 5 à 6 cuil. de sauce.

Ajoutez au reste de sauce, les crevettes, le vin blanc. Versez dans le plat autour du chou-fleur. Saupoudrez du reste de fromage râpé. Faites gratiner sous le gril, 2 ou 3 min.

Chou-fleur et brocolis au basilic

Cette recette se réalise au cuit-vapeur. Si vous n'en avez pas, vous pouvez utiliser la corolle en inox, formée de lamelles perforées, que l'on place dans une casserole.

Un Menu
1/2 pamplemousse
Filet de poisson
en papillote
Chou-fleur et brocolis
au basilic
Gâteau au yaourt

Préparation : *15 min.*
Cuisson : *10 min.*

Ingrédients

Pour 6 personnes.
1 chou-fleur,
2 bouquets de brocoli,
du basilic, 2 gousses d'ail,
2 cuil. à soupe d'huile d'olive,
1 citron, sel et poivre.

Lavez le chou-fleur dans une grande quantité d'eau froide et détaillez-le en petits bouquets. Lavez les brocolis et coupez les tiges.

Mettez le basilic dans l'eau du compartiment inférieur du cuit-vapeur. Faites chauffer.

Coupez les gousses d'ail en lamelles et posez-les dans le compartiment perforé avec les bouquets de chou-fleur, de brocoli et saupoudrez de sel. Faites cuire 10 min. à partir de l'ébullition, couvercle fermé.

Dans un grand saladier, versez le jus de citron, sel, poivre et huile d'olive, saupoudrez de basilic frais. Ajoutez les bouquets de chou-fleur et de brocoli. Mélangez délicatement.

COURGETTES EN « ALLUMETTES »

Préparation : *5 - 10 min.*
Cuisson : *à peine 10 min.*

UN MENU
Radis
Rôti de porc
Courgettes
en « allumettes »
Flan à la vanille

Ingrédients

Pour 3 personnes.
500 g de petites courgettes,
1 cuil. 1/2 à soupe d'huile d'olive,
1 gousse d'ail,
1 petit piment de Cayenne,
sel et poivre.

Coupez les deux extrémités des courgettes, lavez-les, épongez-les et passez-les au robot muni de la grille à couper les « pommes allumettes ». Pelez la gousse d'ail, coupez-la en deux pour retirer le germe.

Faites chauffer l'huile dans une poêle (26 cm de diamètre), à feu moyen. Ajoutez l'ail et le petit piment émietté entre vos doigts.

Faites à peine blondir l'ail, puis jetez-le. Versez les courgettes dans la poêle, salez, tournez-les pendant 1 min. à l'aide de deux spatules ou cuillers en bois. Laissez cuire 6 à 7 min. à feu doux, en tournant souvent. Faites attention, car elles ne doivent pas brunir, mais rester souples et légèrement dorées.

Dégustez-les chaudes, tièdes ou froides, en accompagnement de viande ou de poisson. Au moment de servir, saupoudrez de quelques feuilles de basilic.

COURGETTES CONFITES

UN MENU
Radis
Rôti de porc
Courgettes confites
Soupe de cerises

Préparation : *10 min.*
Cuisson : *15 min.*

Ingrédients

Pour 4 personnes.
700 g de petites courgettes, 4 cuil. à soupe de bouillon de volaille, 25 g de beurre, sel et poivre.
Pour la décoration (facultatif) : 1 petit oignon et des brins de persil.

Faites chauffer de l'eau salée dans une casserole. Lavez les courgettes. Coupez les extrémités. Coupez chaque courgette en quatre dans le sens de la longueur et chaque morceau à nouveau en deux par la moitié. Plongez les morceaux de courgette dans l'eau bouillante et laissez cuire, à petits bouillons, 3 min. Egouttez dans une passoire.

Dans une sauteuse, faites fondre le beurre, ajoutez le bouillon de volaille, mélangez et faites bouillir. Versez alors les courgettes, salez, poivrez et laissez mijoter 10 min. à feu doux, en mélangeant jusqu'à ce que les courgettes soient bien moelleuses. Le bouillon doit être comme un sirop.

Pelez l'oignon, coupez des rondelles et défaites les anneaux. Lavez le persil.

Lorsque les courgettes sont prêtes, disposez-les sur le plat de service chaud. Décorez avec les anneaux d'oignon et le persil.

Feuilletés de courgettes

Préparation : *35 min.*
Cuisson : *12 min.*

Ingrédients

Pour 4 personnes.
300 g de pâte feuilletée,
1 jaune d'œuf,
1 kg de courgettes,
1 talon de jambon (200 g),
120 g de fromage de Hollande,
1 cuil. à soupe bombée de farine,
50 g de beurre, 30 cl de lait,
1/2 tablette de bouillon de poule,
ciboulette, poivre,
sel, noix de muscade.

Un Menu
Feuilletés
de courgettes
Salade
Gâteau aux pommes

Lavez les courgettes, coupez-les en dés dans une passoire (éliminez au besoin les pépins). Saupoudrez de gros sel et laissez dégorger 30 min.

Préparez une béchamel avec 30 g de beurre, la farine, le lait (dans lequel vous avez délayé la tablette de bouillon). Salez, poivrez, parfumez de noix de muscade et laissez cuire doucement 10 min.

Rincez les dés de courgette. Coupez le jambon en petits cubes et faites sauter l'ensemble pendant 8 min. dans une poêle avec 20 g de beurre. Ajoutez le fromage râpé à la béchamel, puis mélangez aux légumes. Tenez au chaud.

Préchauffez le four (th. 7 - 220°). Etalez la pâte feuilletée. Découpez-la en 16 rectangles. Superposez-les deux par deux sur une plaque humide en les soudant au jaune d'œuf. Badigeonnez aussi leur surface. Faites cuire 10 à 12 min. au four.

Ouvrez les feuilletés avec la pointe d'un couteau et garnissez-les de la préparation. Refermez, parsemez de ciboulette hachée et servez chaud.

Courgettes farcies au maigre

Préparation : *20 min.*
Cuisson : *30 min.*

Un Menu

Salade de maïs
Escalopes de dinde
Courgettes farcies au maigre
Salade de fruits

Ingrédients

Pour 4 personnes.
4 courgettes moyennes, 250 g de fromage blanc en faisselle, 2 oignons, 200 g de champignons, 80 g de parmesan râpé, 1 cuil. à soupe d'huile, 2 cuil. à soupe de fines herbes hachées, sel et poivre.

Mettez le fromage blanc à égoutter. Lavez les courgettes et essuyez-les. Enlevez les extrémités et coupez les courgettes en deux dans le sens de la longueur.

Faites-les cuire à la vapeur 10 min. environ. Egouttez-les sur du papier absorbant.

Pendant ce temps, préchauffez le four (th. 7 - 220°).

Pelez et émincez finement les oignons. Lavez les champignons, enlevez le bout terreux, nettoyez-les et hachez-les. Faites chauffer l'huile dans une poêle et faites revenir le hachis d'oignons et de champignons, 5 min. à feu vif, en remuant souvent.

Salez, poivrez. Mélangez le fromage blanc égoutté avec le contenu de la poêle, les fines herbes et rectifiez l'assaisonnement si besoin est.

Avec une petite cuiller, évidez les courgettes. Remplissez les cavités de farce, saupoudrez de parmesan et faites gratiner 10 min. au four.

Courgettes gratinées

Préparation : *25 min.*
Cuisson : *50 min.*

Un Menu
Courgettes gratinées
Pâtes fraîches
Coupe de fruits

Ingrédients

Pour 4 personnes.
4 courgettes,
400 g de talon de jambon,
200 g d'emmental, 2 oignons,
1 gousse d'ail,
1 cuil. à café d'origan,
2 cuil. à soupe d'huile d'olive,
1 tablette de bouillon,
sel et poivre.

Lavez les courgettes, enlevez les extrémités et coupez-les en deux dans le sens de la longueur. Enlevez les graines. Creusez-les légèrement, gardez la pulpe et hachez-la. Salez légèrement l'intérieur des courgettes et retournez-les pour les faire dégorger.

Faites revenir les oignons finement émincés, le hachis de courgettes et d'ail dans 1 cuil. d'huile d'olive. Salez, poivrez et laissez cuire environ 15 min. jusqu'à l'évaporation du jus de cuisson.

Hachez le jambon, coupez le fromage en petits dés. Préchauffez le four (th. 6 - 180°).

Mélangez le hachis de jambon avec les oignons, la pulpe de courgettes, les dés de fromage et l'origan. Farcissez les demi-courgettes de cette préparation.

Rangez les courgettes dans un plat à gratin, arrosez du reste d'huile d'olive et de 15 cl de bouillon préparé avec la tablette.

Mettez au four 35 à 40 min. et servez chaud.

Courgettes à la grecque

Préparation : *20 min.*

Cuisson : *40 min. (1 h à l'avance)*

Un Menu

Courgettes à la grecque
Rôti de dindonneau
Tomates
à la provençale
Fromage blanc aux fruits

Ingrédients

Pour 4 personnes.

250 g d'oignons, 1 kg de petites courgettes, 200 g de gouda jeune, 3 gousses d'ail, 2 cuil. à soupe d'huile d'olive, 1 cuil. à soupe de concentré de tomates, 1 verre de vin blanc sec, le jus d'1 citron, quelques gouttes de tabasco ou 1 pointe de piment de Cayenne, 75 g de raisins secs, 1 bouquet de coriandre, sel.

Pelez et émincez finement les oignons et les gousses d'ail, en prenant soin d'éliminer le cœur vert.

Lavez et essuyez les courgettes. Coupez les extrémités et épluchez les courgettes au couteau économe en enlevant une lanière de peau sur deux (mais on peut très bien ne pas les éplucher du tout). Détaillez-les en tranches fines, au robot de préférence.

Dans une cocotte, faites chauffer l'huile d'olive. Mettez l'ail et les oignons à revenir, jusqu'à ce qu'ils soient transparents mais non colorés. Ajoutez les courgettes et les raisins secs. Salez copieusement, mélangez et couvrez la cocotte en laissant mijoter 15 min.

Prélevez une louche du jus de la cocotte, versez-la dans un bol. Dans ce jus, diluez le concentré de tomates, le piment, le vin et le jus de citron. Remettez tout ce liquide dans la cocotte et mélangez. Poursuivez la cuisson encore 20 min.

Laissez refroidir les courgettes dans une passoire pour qu'elles égouttent. Pendant ce temps, ciselez la coriandre et coupez le fromage en petits dés. Au moment de servir, saupoudrez de coriandre et de dés de fromage. Servir froid mais non glacé.

Endives et pommes braisées

Préparation : *10 min.*
Cuisson : *15 min.*

Ingrédients

Pour 4 personnes.
4 endives, 4 pommes Granny,
2 oranges, sel, poivre,
matière grasse,
feuilles de fenouil.

Un Menu
Salade de tomates
Filet de truite
en papillote
Endives
et pommes braisées
Crème à la vanille

Nettoyez les endives. Enlevez le cône d'amertume à leur base, passez-les sous l'eau. Pressez les oranges. Lavez les pommes, enlevez cœur et pépins, coupez-les en huit, sans les peler. Cuisez les endives à la vapeur (5 min. à l'autocuiseur) et égouttez-les. Dans une poêle, faites dorer les quartiers de pomme dans un peu de matière grasse, arrosez-les d'un jus d'orange. Salez et poivrez.

Faites revenir à leur tour les endives dans un beurre chaud, arrosées du deuxième jus d'orange. Dans une petite casserole, faites blanchir quelques zestes émincés d'orange (après les avoir lavés).

Sur un plat chaud, disposez endives et pommes. Décorez de quelques zestes d'orange et de feuilles de fenouil.

Cette préparation accompagne très bien un filet de truite cuit en papillote.

Fenouil braisé

Un Menu

1/2 pamplemousse
Rôti de porc
Fenouil braisé
Clafoutis aux raisins

Préparation : *20 min.*
Cuisson : *30 min.*
(10 min. à l'autocuiseur).

Ingrédients

Pour 4 personnes.
1 kg de fenouil (3 à 4 bulbes),
100 g d'oignons,
2 belles tomates,
4 gousses d'ail, 1 bouquet garni,
2 cuil. à soupe d'huile d'olive,
1 cuil. à café d'herbes
de Provence, sel et poivre.

Lavez et épluchez les bulbes de fenouil, en enlevant la partie extérieure très fibreuse et la partie dure centrale. Lavez les tomates. Epluchez et émincez l'oignon. Epluchez et pressez l'ail. Dans une sauteuse, à feu doux, mettez l'huile d'olive et faites dorer le fenouil coupé en petits morceaux, ainsi que l'oignon émincé. Remuez avec une cuiller en bois.

Quand les légumes sont bien dorés, ajoutez les tomates en quartiers, l'ail, le bouquet garni, les herbes, salez et poivrez.

Laissez mijoter 30 min. à feu doux en couvrant la sauteuse.

Surveillez la cuisson et ajoutez, si nécessaire, un demi-verre d'eau. Saupoudrez de persil ou de cerfeuil au moment de servir.

Haricots blancs aux tomates

Préparation : *30 min.*
Cuisson : *entre 45 min. à 1 h15*
selon les haricots utilisés (frais ou secs).

Ingrédients

Pour 4 personnes.
1 kg de haricots à écosser,
200 g de lard de poitrine,
3 oignons, 2 tomates,
1 gousse d'ail,
75 g de matière grasse,
sel et poivre, thym.

Un Menu
Salade de champignons
Côtelettes d'agneau
Haricots blancs
aux tomates
Gratin de fruits

Faites cuire à feu doux les haricots frais écossés dans une grande casserole d'eau (salez en fin de cuisson) doucement, pendant 30 à 40 min. selon leur état (demi-sec, frais), avec quelques brindilles de thym..

Pendant ce temps, coupez le lard de poitrine en dés, faites-les blanchir 5 min. environ à l'eau bouillante. Egouttez-les et faites-les rissoler doucement dans une cocotte où l'on aura fait fondre auparavant la matière grasse. Epluchez les oignons, émincez-les et faites-les blondir avec les lardons.

Pelez la gousse d'ail, pelez les tomates, coupez-les en morceaux, mettez le tout dans une cocotte.

Quand les haricots sont cuits, égouttez-les et ajoutez-les dans la cocotte avec tous les autres éléments. Salez, poivrez et remettez à mijoter 15 min. selon l'état des haricots qui doivent être tendres à cœur.

Au moment de servir, versez dans un légumier et saupoudrez de persil haché.

Petits beignets de légumes

Un Menu
Petits beignets de légumes
Jambon à l'os
Salade
Flan aux fruits

Préparation : *15 min.*
Cuisson : *20 min.*

Ingrédients

Pour 6 personnes.
250 g de chou-fleur,
250 g de brocolis,
250 g de carottes.
Pour la pâte à beignets :
125 g de farine, 1 œuf,
1 cuil. à café de levure de boulanger,
10 cl de lait, 1 pincée de sel,
1 cuil. à soupe de beurre fondu.

Préparez d'abord la pâte à beignets. Versez et mélangez dans un saladier la farine et la levure, l'œuf, le sel, le beurre fondu, puis peu à peu le lait jusqu'à obtenir une pâte bien lisse. Cette pâte devra reposer au moins 30 min.

Préparez alors les légumes, faites blanchir pendant 4 min. les petits bouquets de chou-fleur et de brocolis dans l'eau bouillante et salée. Egouttez et passez les légumes sous l'eau froide, puis les éponger.

Pelez les carottes, découpez-les en petits bâtonnets que l'on fera cuire 7 min. à l'eau bouillante salée. Egouttez et épongez. Faites chauffer le bain de friture.

Enrobez les légumes de pâte, plongez-les par 4 ou 5 dans la friture. Dès qu'ils sont dorés, sortez-les et posez-les sur un papier absorbant.

Préparés à l'avance, les beignets pourront être réchauffés au dernier moment sous le gril du four. Les beignets seront plus relevés si l'on ajoute, au dernier moment, une pincée de piment en poudre dans la pâte.

Mélange de légumes

Préparation et cuisson :
Une bonne demi-heure.

Un Menu
Chèvre chaud sur salade
Grillades
Mélange de légumes
Coupe de pêches

Ingrédients

Pour 4 personnes.
250 g de carottes nouvelles,
250 g de petites pommes de terre nouvelles,
250 g de petites courgettes,
40 g de beurre,
sel et poivre, persil.

Grattez les carottes, lavez-les, coupez-les en gros tronçons et taillez-les en forme de bâtonnets. Grattez les pommes de terre et lavez-les.

Dans deux casseroles, faites bouillir de l'eau salée. Dans chacune, plongez séparément carottes et pommes de terre. Laissez cuire à petits bouillons 15 min. (vérifiez la cuisson, certaines pommes de terre demandent davantage de temps).

Lavez les courgettes, coupez-les en fines rondelles, et plongez-les dans une troisième casserole d'eau bouillante, pendant 3 min.

Au fur et à mesure que les légumes sont cuits, retirez-les de l'eau, égouttez-les et tenez-les au chaud.

Dans une grande sauteuse, faites fondre le beurre, ajoutez-y les légumes, saupoudrez de sel et poivre et faites revenir 2 à 3 min. à feu moyen.

Servez aussitôt dans un plat chaud. Saupoudrez de persil haché.

Mijotée de petits légumes

Préparation : *10 min.*
Cuisson : *15 min.*

Un Menu
Radis
Escalopes de veau
Mijotée
de petits légumes
Bavarois aux fraises

Ingrédients

Pour 6 personnes.
750 g d'asperges vertes,
250 g de pois gourmands,
250 g de carottes nouvelles,
4 oignons nouveaux,
15 cl de bouillon de volaille,
2 cuil. à soupe d'huile,
25 g de beurre, sel et poivre.

Epluchez les asperges et coupez-les en morceaux de 3-4 cm. Pelez les carottes (ou grattez-les) et coupez-les en fines rondelles. Effilez les pois gourmands. Pelez les oignons et émincez-les. Lavez tous les légumes.

Faites chauffer l'huile dans une sauteuse. Versez les oignons et les carottes. Mélangez et laisser chauffer 5 min. Ajoutez les pois gourmands et les asperges. Mélangez et laissez encore chauffer 2-3 min. Versez alors le bouillon de volaille, salez et poivrez.

Laissez mijoter 10 min. à feu doux en remuant de temps en temps, jusqu'à ce que les légumes soient tendres et le bouillon évaporé.

Ajoutez alors le beurre, mélangez bien et servez chaud en accompagnement de viande blanche ou de volaille rôtie.

Risotto aux légumes

Préparation: *15 min.*
Cuisson : *50 min.*

Un Menu
Carottes râpées
Rôti de dindonneau
Risotto aux légumes
Flan

Ingrédients

Pour 6 personnes.
1 oignon, 3 cuil. à soupe d'huile,
300 g de petits pois,
100 g de pointes d'asperges,
500 g de courgettes,
500 g de tomates, 400 g de riz,
sel, poivre, bouillon, parmesan
ou fromage râpé.

Épluchez l'oignon, les asperges, écossez les petits pois, lavez les courgettes, les tomates. Faites chauffer l'huile dans une sauteuse et mettez-y à revenir l'oignon haché, les petits pois écossés, les pointes d'asperges (réservez les tiges pour un potage), les courgettes non pelées coupées en petits cubes.

Ajoutez quelques cuillerées d'eau et laissez mijoter pendant 10 min. tout en surveillant. Mettez de l'eau si besoin est. Ajoutez à la préparation les tomates pelées et coupées en gros morceaux. Continuez la cuisson 15 min. environ avant d'ajouter le riz.

Mouillez de bouillon à hauteur de la préparation, salez et poivrez et laissez cuire tout doucement en laissant la sauteuse couverte aux trois quarts, jusqu'à ce que le riz ait absorbé tout le liquide. S'il y a besoin, ajoutez un peu d'eau ou de bouillon jusqu'à ce que la cuisson soit à point.

Servez avec du fromage ou du parmesan râpé.

Oignons et courgettes farcis

Préparation : *15 min.*
Cuisson : *25 min.*

Un Menu
Chèvres chauds sur canapés
Oignons et courgettes farcis
Fruits

Ingrédients

Pour 4 personnes.
4 courgettes et 4 gros oignons.
Pour la farce :
100 g de chair à saucisse,
300 g de viande d'agneau hachée,
1 œuf, 1 oignon,
1 gousse d'ail, persil, sel, poivre,
thym, huile d'olive,
1 petite boîte de sauce tomate.

Lavez les courgettes mais ne les épluchez pas. Sur toute la longueur des courgettes, découpez un chapeau. Epluchez les oignons. Faites-les blanchir, ainsi que les courgettes, 5 min. à l'eau salée.

Préparez la farce en mélangeant la chair à saucisse avec l'agneau haché, 1 cuil. d'huile d'olive, l'oignon, l'ail et le persil hachés, le thym émietté, l'œuf, sel et poivre. Malaxez bien.

Évidez les courgettes mais conservez le chapeau. Préparez les oignons de la même façon : découpez un chapeau et évidez le reste. Farcissez courgettes et oignons. Arrosez d'huile et faites cuire à four chaud (th. 7 - 220°) pendant 25 min.

Au bout de 10 min. de cuisson environ, posez les chapeaux des légumes. Arrosez souvent la préparation.

Servez très chaud avec une sauce tomate.

Et si vous choisissez un vin, pourquoi pas un rouge léger, servi bien frais mais non glacé.

Gratin aux oignons

Préparation : *20 min.*
Cuisson : *35 min.*

Ingrédients

Pour 4 personnes.
1 kg de pommes de terre,
3 oignons, 80 g de beurre,
1 pincée de noix de muscade
râpée, sel et poivre.

Un Menu
Pamplemousse
Chipolatas
Gratin aux oignons
Salade
Fromage blanc aux fruits

Épluchez les pommes de terre, lavez-les et faites-les cuire à l'autocuiseur (15 min.) ou dans une grande casserole d'eau salée (30 min.).

Pendant ce temps, épluchez les oignons et émincez-les finement.

Dans une casserole, sur feu doux, faites fondre 50 g de beurre. Ajoutez les oignons et faites-les dorer 10 min. en remuant avec une cuiller en bois. En fin de cuisson, poivrez. Retirez la casserole du feu et réservez la préparation.

Égouttez les pommes de terre et passez-les à la grille fine du moulin à légumes. A cette purée, ajoutez les oignons, incorporez une noix de beurre, salez, poivrez, muscadez et mélangez bien le tout.

Allumez le four (th. 7 - 220°). Beurrez un plat à gratin, versez la purée, parsemez le dessus de petits morceaux de beurre et mettez le plat au four 10 min.

Tarte aux poireaux

Préparation : *30 min.*
(+ 1 h de repos pour la pâte)
Cuisson : *40 min.*

Un Menu
Huîtres
Tarte aux poireaux
Bleu d'Auvergne
Fruits de saison

Ingrédients

Pour 6 personnes.
Pour la pâte : 200 g de farine, 100 g de beurre, 1 œuf entier, 1 pincée de sel, 1 cuil. à soupe d'huile
Pour la garniture : 6 poireaux, 2 œufs, 1 verre de lait, 2 cuil. à soupe de crème fraîche, sel et poivre (Facultatif : un peu de fromage râpé).

Faites une pâte brisée avec la farine, le beurre, une pincée de sel, l'œuf, l'huile et très peu d'eau. Travaillez rapidement et laissez reposer 1 h.

Chauffez le four.

Épluchez les poireaux, lavez-les, puis faites-les cuire soit à la vapeur soit en les plongeant 5 à 6 min. dans l'eau bouillante salée. Égouttez-les, épongez-les bien pour enlever l'excédent d'eau.

Dans un saladier, mélangez les œufs entiers, le lait, la crème fraîche (éventuellement un peu de fromage râpé), sel et poivre.

Étendez la pâte au rouleau et disposez-la sur un moule à tarte ; piquez le fond à la fourchette et étalez les poireaux. Arrosez le tout avec le mélange œufs et lait.

Mettez à four moyen (th. 6 - 180°) pendant 25 à 30 min. Servez aussitôt.

Pois mange-tout aux oignons et à l'ail

Préparation : *20 min.*
Cuisson : *30 min.*

Un Menu

Carottes râpées
Rôti de porc
Pois mange-tout aux oignons et à l'ail
Mousse au chocolat

Ingrédients

Pour 4 personnes.
1 kg de pois mange-tout,
2 gousses d'ail,
5 petits oignons blancs,
3 cuil. à soupe d'huile d'olive,
sel et poivre.

Faites bouillir une grande casserole d'eau salée.

Épluchez les pois mange-tout, lavez-les et égouttez-les dans la passoire. Lorsque l'eau bout, plongez les pois et laissez cuire 15 min. sans couvrir. Égouttez.

Pendant la cuisson des pois, faites dorer à feu doux, dans l'huile, les petits oignons blancs épluchés et émincés. Gardez au chaud.

Epluchez les gousses d'ail et pressez la pulpe.

Quand les oignons sont dorés, ajoutez les pois et l'ail pressé, salez et poivrez et faites revenir à feu vif quelques minutes.

Pommes de terre à la florentine

Préparation : *15 min.*
Cuisson : *45 min.*

Un Menu
Dés de betteraves en salade
Rôti de porc
Pommes de terre à la florentine
Fruits de saison

Ingrédients

Pour 4 personnes.
12 petites pommes de terre,
200 g d'épinards hachés,
100 g de crème,
50 g de fromage râpé,
25 g de beurre,
noix de muscade,
sel et poivre.

Lavez les pommes de terre et faites-les cuire soit à la vapeur (30 min. environ), soit à l'eau, en robe des champs ou à l'étouffée dans le four, enveloppées dans du papier alu. Lorsqu'elles sont cuites, mais encore fermes, évidez-les sans abîmer la peau.

Préparez la farce avec la chair des pommes de terre, les épinards hachés et la crème.

Assaisonnez la préparation avec la noix de muscade, le sel et le poivre.

Farcissez chaque pomme de terre et placez-les dans un plat à four beurré. Saupoudrez de fromage râpé, ajoutez une coquille de beurre sur chaque pièce et mettez à gratiner sous le gril, 15 min. environ.

Servez sur un lit de salade verte (mâche, cornette…) en ajoutant une petite touche de crème fraîche.

Pommes de terre au jambon

Préparation : *15 min.*
Cuisson : *45 min.*

Ingrédients

Pour 4 personnes.
800 g de pommes de terre, 4 oignons, 300 g de jambon de pays en tranches fines, 1 l de bouillon de volaille, beurre, sel et poivre.

Un Menu

Pommes de terre au jambon
Salade verte
Fromage
Fruits de saison

Epluchez les pommes de terre, lavez-les. Coupez-les en rondelles fines de 2 mm d'épaisseur et essuyez-les dans un linge. Mettez-les dans un plat creux en les saupoudrant modérément de sel, de poivre et mélangez.

Allumez le four (th. 6 - 200°).

Épluchez les oignons et coupez-les en rondelles.

Beurrez un plat à gratin, disposez au fond du plat une couche de rondelles d'oignon, recouvrez d'une couche de pommes de terre, puis d'une couche de jambon, puis à nouveau pommes de terre et jambon en terminant par une couche de pommes de terre. Parsemez de petits morceaux de beurre.

Faites chauffer dans une casserole le bouillon de volaille. Arrosez le plat avec le bouillon. Mettez le gratin au four pour 45 min.

Pommes de terre surprise

Préparation : *10 min.*
Cuisson : *30 min.*

Un Menu

Terrine de champignons
Jambon à l'os
Pommes de terre surprise
Salade
Raisin

Ingrédients

Pour 4 personnes.
4 grosses pommes de terre,
150 g de roquefort,
100 g de crème fraîche,
5 cl de lait, 30 g de beurre,
sel, poivre, persil haché.

Allumez le four pour le préchauffer.

Pelez les pommes de terre, coupez-les en tranches assez minces, lavez-les et essuyez-les bien.

Avec une fourchette, malaxez le roquefort avec la crème fraîche, ajoutez petit à petit le lait. Salez et poivrez.

Découpez quatre papillotes dans du papier alu ménager. Beurrez les feuilles avec la moitié du beurre et déposez sur chaque feuille une couche de pommes de terre, 1 cuil. de crème au roquefort, en alternant jusqu'à ce que tous les ingrédients soient utilisés. Entre chaque couche de pommes de terre, salez et poivrez légèrement et saupoudrez d'un peu de persil haché.

Terminez en parsemant de petites noisettes de beurre restant.

Fermez bien les papillotes et faites cuire à four moyen (th. 6 - 180°) pendant 30 min. environ.

Servez dans la papillote.

Flans aux tomates

Préparation : *25 min.*
Cuisson : *45 min. au four, au bain-marie.*

Un Menu
Salade de champignons
Rôti de veau
Flans aux tomates
Fruits

Ingrédients

Pour 4 personnes.
1 kilo de belles tomates mûres,
40 g de beurre,
1/2 cuil. à café de sel,
1 pincée de poivre,
1 cuil. à soupe de sucre en poudre,
3 œufs.
Pour le coulis :
2 tomates, 1 oignon,
1 cuil. à café de sucre roux,
1 pincée de sel
et 2 gouttes de tabasco.

Pelez les tomates après les avoir ébouillantées, coupez-les en deux pour ôter les graines et coupez la chair en morceaux. Mettez-les dans une petite casserole et faites mijoter doucement, 10 min. environ. Réduisez en purée, ajoutez beurre, sel, sucre, poivre et faites cuire doucement, sans couvercle, 10 min. Rectifiez l'assaisonnement si besoin est.

Battez les œufs en omelette, et incorporez-les à la purée de tomates. Remplissez 4 moules à flan individuels beurrés et faites prendre au four, au bain-marie, 45 min. (th. 6 - 180°).

Pour le coulis, mixez les tomates épluchées et épépinées avec l'oignon épluché et faites cuire quelques minutes à feu doux. Ajoutez le tabasco (facultatif), mélangez et servez aussitôt avec les flans démoulés.Ces flans accompagnent bien les viandes ou les poissons cuits au court-bouillon.

GRATIN DE TOMATES

Préparation : *25 min.*
Cuisson : *30 min.*

UN MENU

Cocktail d'avocat aux crevettes
Steak
Gratin de tomates
Compote de pêches

Ingrédients

Pour 6 personnes.
1 kg de tomates,
3 tranches de bacon, 1 oignon,
1 cuil. à soupe de persil,
6 cuil. à soupe de chapelure,
2 cuil. à soupe de sucre en poudre,
50 g de beurre,
1/2 cuil. à café de sel,
poivre, thym.

Faites fondre le beurre dans une petite poêle. Ajoutez l'oignon finement haché et laissez cuire doucement 5 min. Ajoutez la chapelure et laissez colorer légèrement en remuant sans cesse. Dans ce mélange, ajoutez le bacon coupé en très petits morceaux, le persil haché, le sel et le poivre.

Ébouillantez et pelez les tomates. Coupez-les en tranches régulières. Beurrez un plat à gratin. Disposez en alternant les couches, le mélange à la chapelure, les rondelles de tomate, puis salez, poivrez et sucrez. Terminez par la chapelure. Saupoudrez de thym émietté.

Faites cuire à four chaud (th. 7 - 220°) pendant 30 min. Le plat doit être bien gratiné.

Servez chaud.

GRATIN DE TOMATES ET POMMES DE TERRE

Préparation : *20 min.*
Cuisson : *30 min.*

UN MENU
Salade de maïs
Jambon à l'os
Gratin de tomates et pommes de terre
Salade de fruits

Ingrédients

Pour 6 personnes.
1 kg de pommes de terre nouvelles,
750 g de tomates,
2 oignons, 2 œufs,
2 gousses d'ail, 30 cl de lait,
100 g de crème fraîche,
20 g de beurre,
persil, sel et poivre.

Épluchez les pommes de terre, lavez-les, essuyez-les et râpez-les assez gros. Épongez bien. Ajoutez sel et poivre.

Épluchez les oignons, coupez-les en rondelles. Mélangez-les aux pommes de terre.

Frottez un plat avec une gousse d'ail, beurrez-le, étalez-y le mélange pommes de terre-oignons.

Lavez les tomates, coupez-les en morceaux, disposez-les dans les pommes de terre.

Battez ensemble les œufs entiers, la crème fraîche, le lait, le sel et le poivre. Versez sur le mélange de légumes et enfournez à four moyen (th. 6 - 180°) pendant 30 min.

Saupoudrez de persil haché au moment de servir bien chaud.

Tomates au nid

Un Menu
Tomates au nid
Jambon à l'os
Salade
Pêches

Préparation : *10 min.*
Cuisson : *25 min.*

Ingrédients

Pour 4 personnes.
2 très grosses tomates,
4 œufs,
30 g de beurre,
sel, poivre,
persil.

Coupez les tomates en deux, évidez-les. Salez l'intérieur des tomates et les retourner sur une assiette pour qu'elles rendent leur eau.

Ecrasez la pulpe des tomates. Chauffez le beurre dans une petite casserole. Ajoutez la pulpe de tomate, sel, poivre et laissez cuire sur feu moyen 10 min., en continuant d'écraser la pulpe des tomates avec une cuiller en bois.

Versez cette sauce au fond d'un plat allant au four, posez dessus les demi-tomates évidées. Mettez 10 min. à four chaud (th. 7 - 210°), remettez au four jusqu'à ce que le blanc soit bien pris.

Parsemez de persil haché avant de servir.

Cette entrée peut très bien constituer un plat pour le soir. Vous mettrez une grosse tomate entière par personne et accompagnerez de fromage et d'une salade verte.

Desserts

Gâteau aux abricots

Préparation : *20 min.*
Cuisson : *35 min.*

Un Menu

Langoustines
Escalopes de dinde
Haricots verts
Gâteau aux abricots

Ingrédients

Pour 6 personnes.
400 g d'abricots bien mûrs,
100 g de sucre en morceaux,
2 cuil. à soupe d'eau, 2 œufs,
100 g de sucre en poudre,
125 g de farine, 60 g de beurre,
1/2 sachet de levure chimique.

Préparez un caramel blond clair avec le sucre en morceaux et l'eau, dans une petite casserole. Versez-le dans le fond d'un moule à manqué de 22 cm de diamètre. Beurrez uniquement les bords du moule, qui eux ne sont pas caramélisés.

Lavez les abricots et une fois essuyés, disposez-les, coupés en deux et dénoyautés, sur le caramel, le côté bombé contre le moule.

Préparez la pâte : dans une terrine, mélangez les œufs avec le sucre en poudre. Lorsque le mélange est mousseux, ajoutez la farine, la levure, puis le beurre fondu. Versez cette pâte sur les abricots, sans les déplacer. Faites cuire à four chaud (th. 6-7 - 210°), pendant 35 min.

Retournez le gâteau sur un plat pour le démouler, lorsqu'il est encore chaud.

Gratinée d'agrumes

Préparation : *15 min.*
Cuisson : *3 min.*

Un Menu
Champignons
à la grecque
Rôti de porc
Chou-fleur
à la béchamel
Gratinée d'agrumes

Ingrédients

Pour 4 personnes.
2 pamplemousses,
2 oranges, 2 œufs,
10 cl de crème fraîche,
20 cl de Grand Marnier,
30 g de sucre.

Choisissez des agrumes non traités. Lavez-les. Pelez à vif les deux pamplemousses et les deux oranges, puis découpez-les en quartiers, en travaillant au-dessus d'un saladier pour récupérer le jus des fruits. Prélevez quelques zestes et découpez-les en très fines lanières.

Dans une casserole, versez le jus des fruits, ajoutez les 2 jaunes d'œufs, le sucre, le Grand Marnier. Mettez le tout au bain-marie et fouettez jusqu'à ce que vous obteniez une sauce onctueuse. Ajoutez la crème fraîche, fouettez à nouveau.

Sur quatre assiettes, disposez en forme de rosace, en alternant quartiers d'orange et de pamplemousse. Nappez avec la sauce.

Passez les assiettes sous un gril chaud jusqu'à la formation d'un glaçage.

Servez aussitôt en disposant quelques fines lanières de zeste sur chaque assiette.

Beignets d'ananas au coulis de kiwis

Préparation : *20 min.*
Cuisson : *30 min.*

Un Menu
Radis
Rôti de porc
Haricots verts
Beignets d'ananas au coulis de kiwis

Ingrédients

Pour 4 personnes.
1 ananas, 2 œufs, 1 cuil. à soupe d'huile, 150 g de farine, 25 cl de lait, sel, 4 kiwis, 1 bain de friture, le jus d'1 citron et 2 cuil. à soupe de sirop de sucre de canne.

Dans un saladier, préparez la pâte à frire en mélangeant farine tamisée, jaunes d'œufs, le lait, l'huile et une pointe de sel.

Montez les blancs en neige ferme (avec une pincée de sel), puis incorporez-les délicatement au mélange.

Pelez l'ananas, enlevez la partie dure du milieu et coupez le fruit en tranches. Découpez ensuite en bâtonnets.

Préparez le coulis de kiwis en mixant la chair des fruits pelés avec le jus de citron et le sirop de sucre de canne. Mettez au frais.

Enrobez les bâtonnets d'ananas de pâte à frire et plongez-les dans le bain de friture bien chaud (180°). Laissez dorer 2 min. environ. Égouttez sur du papier absorbant et servez chaud avec le coulis de kiwis.

Gratin d'ananas à la meringue

Préparation : *25 min.*
Cuisson : *10 min.*

Un Menu
Roulé au fromage
Sauté de veau aux endives
Gratin d'ananas à la meringue

Ingrédients

Pour 4 personnes.
1 bel ananas bien mûr,
3 œufs,
90 g de sucre,
1 cuil. à soupe d'huile,
1 pincée de sel.

Retirez l'écorce de l'ananas et coupez-le en quatre dans le sens de la longueur. Retirez la partie centrale un peu ligneuse. Mixez la pulpe avec 40 g de sucre.

Cassez les œufs en séparant les blancs des jaunes. Ajoutez ces jaunes à la purée d'ananas. Mettez le mélange dans un plat à four, assez haut, que vous aurez légèrement huilé. Faites chauffer le four au maximum.

Montez les blancs en neige ferme en leur ajoutant 1 pincée de sel. Dès qu'ils commencent à blanchir, incorporez le reste de sucre petit à petit. Fouettez jusqu'à ce qu'ils soient très fermes.

Étalez ces blancs d'œufs sur la purée d'ananas. Enfournez pour 8 à 10 min. Veillez à la coloration de la meringue. Si vous la trouvez trop pâle, allumez le gril et laissez le plat 1 ou 2 min. dans le four, porte entrouverte.

Servez ce dessert tiède.

PAPILLOTES D'ANANAS AU RHUM

Préparation : *10 min.*
Macération : *10 min.*
Cuisson : *20 min.*

UN MENU
Maïs en salade
Rôti de dindonneau
Pâtes
Papillotes d'ananas au rhum

Ingrédients

Pour 6 personnes.
1 gros ananas,
10 cl de jus d'orange,
24 cerises confites,
6 cuil. à café de cassonade,
20 cl de rhum.

Lavez l'ananas et séchez-le. Coupez-en la base qui est coriace, puis partagez le fruit en 6 dans le sens de la longueur. Avec un couteau, séparez la pulpe de l'écorce, puis coupez la pulpe en tranches de 1 cm d'épaisseur et reconstituez les parts d'ananas.

Placez chacune des barquettes sur une feuille d'aluminium. Arrosez de jus d'orange.

Coupez les cerises confites en deux, puis insérez-les entre les tranches d'ananas. Saupoudrez de cassonade.

Fermez les papillotes hermétiquement. Faites cuire à four chaud (th. 7 - 220°) ou en saison sur les braises d'un barbecue.

Disposez les papillotes sur un plat chaud et entrouvrez-les.

Arrosez de rhum à peine tiède et enflammez. Servez aussitôt.

Biscuits au chocolat : les Brownies

Préparation : *20 min.*
Cuisson : *25 min.*

Un Menu
Salade de tomates au thon
Steak
Haricots verts
Brownies

Ingrédients

200 g de chocolat noir amer,
200 g de beurre,
200 g de sucre en poudre,
175 g de farine tamisée,
4 œufs, 150 g de cerneaux de noix,
1 cuil. à café de levure chimique.

Préchauffez le four (th.7 - 220°).

Dans un saladier en verre à feu, cassez le chocolat en carrés, ajoutez le beurre en morceaux et faites fondre doucement au bain-marie, en remuant avec une spatule en bois jusqu'à ce que la préparation soit bien lisse.

Dans un bol, cassez les œufs, ajoutez le sucre et battez au fouet jusqu'à ce que le mélange blanchisse.

Écrasez grossièrement les noix. Dans le mélange beurre-chocolat, incorporez les œufs battus, les noix, la levure et la farine. Mélangez bien pour obtenir une pâte onctueuse.

Beurrez un moule à génoise carré, tapissez-le de papier sulfurisé et beurrez aussi le papier, côté intérieur. Versez la pâte dans le moule et faites cuire 25 min. au four.

Démoulez sur une grille et laissez refroidir. Découpez le gâteau en carrés pour servir.

Clafoutis aux cerises

Un Menu

Taboulé
Côtes de porc
Tomates
à la provençale
Clafoutis aux cerises

Préparation : *20 min.*
Cuisson : *40 min.*

Ingrédients

Pour 6 personnes.
500 g de cerises, 4 œufs,
100 g de sucre en poudre,
80 g de farine, 1 pincée de sel,
25 cl de lait,
1 sachet de sucre vanillé,
80 g de beurre.

Lavez les cerises, équeutez-les et séchez-les bien dans un torchon. Préchauffez le four (th. 6-7 - 200°).

Dans un grand saladier, mélangez la farine, le sel, 80 g de sucre et les œufs entiers. Puis, versez le lait froid, tout en continuant de remuer pour obtenir une pâte bien lisse. Incorporez à cette pâte 30 g de beurre fondu mais refroidi.

Avec 20 g de beurre, graissez un plat à gratin allant au four, poudrez-le du reste de sucre.

Disposez les cerises bien sèches et non dénoyautées et versez dessus la pâte. Parsemez le dessus avec le beurre restant et enfournez pour 40 min. environ.

Pour savoir si le clafoutis est bien cuit, enfoncez la lame d'un couteau, elle doit ressortir sèche. La surface doit être bien dorée.

Laissez refroidir 20 min., saupoudrez de sucre vanillé et dégustez le clafoutis tiède... Prévenez les convives que les cerises ont gardé leurs noyaux !

Crème bavaroise

Préparation : *45 min.*
(peut être fait la veille).
Repos au réfrigérateur : 6 h.

Un Menu
Barquettes aux crevettes
Escalopes de veau
Haricots verts
Crème bavaroise

Ingrédients

Pour 6 personnes.
25 cl de crème fraîche,
1/4 l de lait,
1 gousse de vanille,
3 jaunes d'œufs,
250 g de sucre en poudre,
6 feuilles de gélatine,
400 g de framboises,
5 cl d'alcool de framboises (facultatif).

Fouettez la crème et mettez-la au réfrigérateur.

Fendez en deux la gousse de vanille, mettez-la dans le lait, portez à ébullition, laissez infuser 10 min. puis retirez la vanille.

Travaillez les jaunes d'œufs avec 125 g de sucre jusqu'à ce que le mélange soit mousseux. Versez alors doucement le lait chaud tout en remuant. Remettez dans la casserole et faites épaissir sur feu doux (en remuant). Retirez du feu avant ébullition.

Faites gonfler la gélatine dans un bol d'eau froide. Essorez-la et mettez-la dans la crème chaude.

Passez la crème au tamis et laissez refroidir, en remuant de temps à autre pour éviter la formation d'une peau. Lorsqu'elle est froide, ajoutez la crème fouettée. Passez le moule à l'eau froide, versez-y la préparation et mettez au réfrigérateur, sans bouger le moule.

Nettoyez les framboises. Réservez-en 100 g pour la décoration.

Passez le reste au mixer, ajoutez le sucre restant et l'alcool.

Au moment de servir, démoulez la crème, décorez avec les framboises et présentez la sauce à part.

Crème brûlée à l'ancienne

(recette à faire la veille, ou au minimum 2 h avant de la servir).

Préparation : *15 min.*
Cuisson : *25 min. (+ 5 min. au gril).*

Un Menu
Salade exotique
Rôti de bœuf aux deux purées
Fromage et salade
Crème brûlée à l'ancienne

Ingrédients

Pour 6 personnes.
1/4 l de lait, 25 cl de crème fleurette, 1 gousse de vanille, 1 cuil. à café d'eau de fleur d'oranger, 4 jaunes d'œufs, 30 à 50 g de sucre en poudre, 60 g de cassonade.

Ouvrez la gousse de vanille sur toute la longueur, mettez-la dans une casserole avec le lait, puis portez à ébullition, retirez alors du feu et laissez infuser 10 min. à couvert. Ajoutez alors la crème et faites chauffer jusqu'aux premiers frémissements.

Travaillez les jaunes d'œufs avec le sucre en poudre, puis versez progressivement le lait vanillé sur ce mélange. Ajoutez l'eau de fleur d'oranger.

Répartissez cette crème dans 6 cassolettes (ou ramequins). Placez-les au milieu du four (th. 2-3 - 75°) et faites-les cuire : une peau se forme à la surface mais il ne faut absolument pas que la crème prenne couleur.

Laissez refroidir et tenez au réfrigérateur jusqu'au moment du « brûlage » (2 h au moins environ avant de servir pour avoir le temps de bien refroidir l'entremets).

Pour « brûler » la crème, faites chauffer le gril du four au maximum. Placez la grille à environ 15 cm de la source de chaleur (en position la plus haute). Saupoudrez les cassolettes de cassonade. Placez sous le gril et faites caraméliser le sucre, en surveillant attentivement. Dès que la cassonade est transformée en une sorte de glace dorée, retirez, laissez refroidir avant de servir.

Crème nougatine

Préparation et cuisson : *30 min.*

Un Menu
Tomates à la macédoine de légumes
Côtes d'agneau aux herbes
Flageolets
Crème nougatine

Ingrédients

Pour 6 personnes.
3/4 l de lait, 4 œufs,
75 g de farine,
100 g de sucre en poudre,
1 sachet de sucre vanillé.
Pour la nougatine :
75 g de sucre en morceaux,
60 g d'amandes hachées ou effilées.

Faites bouillir le lait. Prenez 2 œufs, séparez les blancs des jaunes. Réservez-les.

Dans une terrine, mettez 2 œufs entiers, puis les 2 jaunes, le sucre, la farine, le sucre vanillé. Mélangez bien le tout.

Ajoutez progressivement le lait chaud.

Remettez sur feu doux, en remuant sans cesse jusqu'au premier bouillon, la crème épaissit doucement.

Battez en neige les 2 blancs d'œufs. Versez la crème encore chaude sur les blancs, en mêlant soigneusement pour bien incorporer la neige à la crème.

Dans une petite poêle, mettez 75 g de sucre en morceaux avec 3 cuil. à soupe d'eau. Faites cuire jusqu'à caramel moyen. Ajoutez alors les amandes hachées. Mélangez et faites couler sur une plaque huilée. Laissez refroidir, puis concassez et écrasez finement la nougatine avec le rouleau à pâtisserie.

Passez à travers un tamis à mailles larges et incorporez à la crème refroidie.

Crème renversée au miel

Préparation : *15 min.*
Cuisson : *25 min.*

Un Menu
Salade de tomates
et maïs
Steak grillé
Pommes de terre sautées
Crème renversée
au miel

Ingrédients

Pour 4 personnes.
1/3 l de vin blanc liquoreux,
150 g de miel,
1 pincée de cannelle,
1 zeste de citron, 6 œufs.
Pour le caramel :
12 morceaux de sucre,
1 filet de vinaigre
et 1/2 cuil. à soupe d'eau.

Faites chauffer le vin blanc dans une casserole jusqu'à ébullition. Ajoutez alors le miel, la pincée de cannelle, le zeste de citron (lavé et non traité). Mélangez bien.

Battez les 6 œufs en omelette. Doucement, tout en remuant, versez sur les œufs le vin au miel tiède.

Préparez le caramel en mouillant les morceaux de sucre d'eau et de vinaigre. Chauffez à feu vif jusqu'à obtention d'un caramel doré (ne mélangez pas le sucre mais agitez la casserole de temps à autre).

Quand le caramel est à point, éteignez-le d'une goutte d'eau et versez-le dans un moule à manqué en enrobant bien le fond et les côtés du moule.

Mettez la crème dans le moule caramélisé et faites cuire au bain-marie, pendant 25 min. (th. 6 - 180°).

Laissez refroidir. Démoulez juste au moment de servir.

Crème renversée aux pêches au coulis de framboises

Préparation : *30 min.*
Cuisson : *45 min.*

Ingrédients

Pour 6 personnes.
6 pêches, 4 œufs, 100 g de sucre en poudre, 50 g de farine.
Pour le sirop : 1 verre d'eau, 60 g de sucre en poudre, 1/2 gousse de vanille, 10 morceaux de sucre pour le caramel, 500 g de framboises, 150 g de sucre en poudre pour le coulis.

Un Menu
Salade de tomates à la mozzarella
Filet de porc aux pommes de terre à l'ail
Crème renversée aux pêches

Ébouillantez les pêches pour les peler plus facilement, puis coupez-les en morceaux.

Préparez le sirop : faites bouillir l'eau, le sucre et la demi-gousse de vanille, fendue dans le sens de la longueur. Faites-y pocher les morceaux de pêche 3 min. et laissez en attente.

Mélangez au fouet les œufs entiers avec le sucre et la farine. Versez doucement, tout en mélangeant, les morceaux de fruit et le sirop.

Faites un caramel moyen dans une petite casserole avec les morceaux de sucre imbibés d'eau. Caramélisez un moule à manqué sur toute sa surface. Remplissez le moule caramélisé avec la crème aux pêches. Posez le moule dans un récipient plus grand rempli d'eau. Faites cuire au four 45 min. (th. 7 - 220°) dans ce bain-marie jusqu'à ce que la crème soit prise.

Préparez un coulis de framboises : passez les fruits au mixer, puis filtrez le jus obtenu à travers un tamis fin pour ôter les pépins. Ajoutez le sucre, mélangez bien et tenez au frais.

Au moment de servir, démoulez la crème froide et nappez-la du coulis de framboises.

Crème Singapour

Préparation : *20 min.*
Cuisson : *35 à 40 min.*

Un Menu

Noix de Saint-Jacques
à la provençale
Côtes d'agneau
Flageolets
Crème Singapour

Ingrédients

Pour 6 personnes.
1/2 l de lait, 3 œufs,
30 g de Maïzena,
100 g de sucre en poudre,
100 g de noix de coco râpée,
1 sachet de sucre vanillé.
Pour le caramel :
20 morceaux de sucre,
3 cuil. à soupe d'eau.

Faites chauffer le lait jusqu'à ébullition avec le sucre, le sucre vanillé et la noix de coco râpée (réservez-en une cuillère à soupe pour la décoration).

Mettez la Maïzena dans un saladier, ajoutez un œuf et mélangez bien au fouet. Ajoutez ensuite les 2 autres œufs. Battez vigoureusement et, tout en battant, versez progressivement le lait chaud et parfumé.

Préparez un caramel moyen dans une petite casserole. Versez-le dans un moule à manqué ou dans un plat en terre ou en porcelaine à feu, et inclinez le moule pour enduire le fond et les côtés.

Versez la crème préparée. Posez le moule dans un récipient plus grand rempli d'eau chaude. Faites cuire à four chaud (th. 7 - 220°) pendant 35 à 40 min.

Quand la crème est prise, retirez du four, laissez refroidir puis mettez au réfrigérateur.

Servez bien frais en poudrant la surface avec le reste de noix de coco.

Crêpes à la confiture

Préparation : *20 min.*
Repos de la pâte : *1 h.*
Cuisson : *3 à 4 min. par crêpe.*

Un Menu
Toasts aux champignons
Veau aux carottes
Crêpes à la confiture

Ingrédients

Pour 4 personnes.
150 g de farine, 2 œufs,
10 cl de lait, 10 cl de bière,
1/2 pot de confiture d'abricots,
1 cuil. à soupe de rhum,
oreillons d'abricot au sirop,
70 g de beurre, sucre glace, sel.

Préparez la pâte à crêpes : versez la farine dans un grand saladier et faites un puits au centre, cassez les œufs, ajoutez une pincée de sel et mélangez en incorporant petit à petit la farine. Délayez progressivement avec le lait, puis la bière. Laissez reposer la pâte, couverte, pendant 1 h.

Faites chauffer une poêle bien plate, graissez-la et faites les crêpes en laissant cuire sur chaque face 2 min. environ.

Au fur et à mesure de la confection des crêpes, badigeonnez-les de beurre et tenez-les au chaud en les recouvrant de papier alu, dans une assiette, au-dessus d'une casserole d'eau bouillante.

Faites chauffer très doucement la confiture d'abricots, à laquelle vous ajoutez 1 cuil. de rhum. Répartissez la confiture tiède sur chaque crêpe et roulez-les. Décorez avec des lamelles d'oreillons d'abricot.

Au moment de servir, saupoudrez de sucre glace.

Gâteau de crêpes

Préparation : *une bonne demi-heure (+ 1 h de repos pour la pâte).*
Cuisson : *20 min.*

Un Menu
Méli-mélo de chou rouge et blanc râpé
Veau aux carottes
Gâteau de crêpes

Ingrédients

Pour 6 personnes.
Pour les crêpes : 125 g de farine, 2 œufs, 25 g de sucre, 1/4 l de lait, 30 g de beurre et 1 pincée de sel.
Pour la garniture : 1 pot de confiture de fraises ou de framboises, 30 cl de crème liquide pour la Chantilly (ou de la Chantilly toute prête), 30 g de sucre en poudre, 1 grosse cuil. de sucre glace.

Préparez la pâte à crêpes avec la farine, le sucre, les jaunes d'œufs, le sel, le lait. Laissez reposer 1 h. Battez-les blancs en neige ferme et incorporez-les à la pâte.

Faites chauffez la poêle, graissez-la et faites dorer les crêpes sur les 2 faces. Empilez-les sur une assiette. Elles seront légères et un peu soufflées grâce aux blancs battus en neige.

Préparez la crème Chantilly en fouettant la crème bien froide dans un récipient également froid. Quand la crème est prise, ajoutez le sucre tout en fouettant.

Pour réaliser le gâteau, placez une crêpe sur le plat de service, tartinez-la de confiture, couvrez d'une deuxième crêpe, recouvrez-la de Chantilly et ainsi de suite jusqu'à épuisement des crêpes, en alternant confiture et Chantilly. Terminez par une crêpe que vous saupoudrez de sucre glace.

S'il vous reste de la Chantilly, vous la servirez avec le gâteau.

Brûlot de figues

Préparation et cuisson : *30 min.*
A faire au dernier moment.

Un Menu

Terrine de pâté
Sauté de veau aux carottes
Salade
Brûlot de figues

Ingrédients

Pour 6 personnes.
24 figues bien mûres,
50 g de beurre,
50 g de sucre en poudre,
le jus d'1 citron,
5 cl de cognac.
Pour accompagner :
20 cl de crème fraîche,
du sucre en poudre.

Pour la réalisation de ce dessert, choisissez une large sauteuse pouvant être présentée à table (cuivre, inox, verre ou porcelaine à feu). A défaut, faites cuire les figues dans une casserole à fond épais et transvasez-les dans un plat de service, préalablement chauffé, et pouvant supporter la flamme, pour flamber les fruits.

Pelez les figues en les conservant entières. Faites chauffer le beurre dans la sauteuse. Lorsqu'il est blond, mettez-y les fruits. Tournez bien pour les imprégner de beurre et saupoudrez-les de sucre.

Faites cuire 10 à 15 min. en les retournant une ou deux fois, jusqu'à ce que le fond commence à caraméliser. Arrosez alors avec le jus de citron.

Pour flamber : versez le cognac à peine tiédi sur les fruits, dans la sauteuse encore très chaude. Enflammez.

Servez brûlant, accompagné de crème fraîche et de sucre en poudre.

Figues au coulis de framboises

Préparation : *15 min.*
Cuisson : *30 min.*
et plusieurs heures au réfrigérateur.

Un Menu
Salade niçoise
Côte de veau
Haricots verts
Figues au coulis de framboises

Ingrédients

Pour 4 personnes.
16 figues violettes,
200 g de framboises,
1 feuille de gélatine,
1 citron,
1 cuil. à soupe de sucre en poudre.

Recouvrez d'eau à peine tiède une feuille de gélatine et laissez reposer 10 min. Préchauffez le four (th. 7 - 220°). Pendant que la gélatine ramollit, passez les framboises au mixer.

Ajoutez le sucre, un filet de citron, mixez quelques secondes et incorporez la gélatine à cette purée de fruits.

Essuyez les figues, rangez-les dans un plat à four et recouvrez-les de coulis de framboises.

Enveloppez le plat dans une grande feuille d'aluminium ménager, de façon à faire une papillote bien hermétique. Glissez le plat au four et faites cuire 25 min. Laissez refroidir sans découvrir, puis mettez le plat, toujours couvert, au réfrigérateur pendant une demi-journée.

Servez dans le plat de cuisson. Retirez la feuille d'alu juste au moment de servir.

A noter : vous pouvez très bien utiliser des framboises surgelées si vous n'avez pas de framboises fraîches. Vous les passez alors au mixer sans décongeler. Modifiez la quantité de sucre, surtout si les framboises ont été congelées enrobées de sucre.

Fraises au citron

Préparation : *20 min.*
Pas de cuisson.
Macération : *1 h.*

Ingrédients

Pour 8 personnes.
1 kg de fraises, 2 citrons,
125 g de sucre en poudre,
1 verre de vin blanc fruité
(muscat d'Alsace, par exemple).
Pour décorer : 1 citron
et 1 cuil. à soupe de sucre cristallisé.

Un Menu

Salade de tomates
Poulet rôti
Pommes de terre sautées
Fromage
Fraises au citron

Lavez soigneusement les citrons. Prélever un fin ruban de zeste avec un couteau économe sur 2 citrons. Détaillez ce zeste en fine julienne. Ébouillantez 1 min. et faites macérer le zeste dans le vin blanc avec le sucre en poudre pendant 1 h.

Pressez le jus des 2 citrons. Givrez le bord des coupes dans lesquelles vous servirez les fraises. Pour cela, mouillez le bord des coupes en les retournant dans une assiette creuse contenant le jus de citron, puis passez-les sur une soucoupe contenant le sucre cristallisé. Retournez les coupes.

Lavez rapidement les fraises sous l'eau, séchez-les, équeutez-les, répartissez-les dans les coupes et arrosez-les de jus de citron.

Piquez dans chaque coupe une fine rondelle de citron et arrosez avec le vin blanc parfumé au zeste de citron.

Servez bien frais.

Fraises au sabayon

Préparation et cuisson : *25 min.*

Un Menu
Huîtres
Rôti de thon
aux légumes nouveaux
Fromage
Fraises au sabayon

Ingrédients

Pour 4 personnes.
500 g de fraises,
quelques brins de menthe,
4 jaunes d'œufs,
100 g de sucre en poudre,
15 cl de très bon vin rouge ou de vin de dessert (banyuls, muscat...).

Ce dessert léger se prépare au dernier moment.

Lavez, séchez et équeutez les fraises. Disposez-les sur les assiettes en les coupant en deux ou en quatre, selon leur grosseur.

Préparez le sabayon au dernier moment. Travaillez au fouet les jaunes d'œufs et le sucre pour obtenir un mélange mousseux jaune clair.

Faites tiédir le vin.

Versez le mélange œufs-sucre dans une casserole inoxydable, puis ajoutez le vin tiède en filet tout en battant.

Faites épaissir sur feu très doux (5 min. environ) sans cesser de fouetter et sans laisser bouillir. On doit obtenir une crème mousseuse très légère, nappant la cuiller.

Versez le sabayon sur les fraises. Décorez de quelques brins de menthe et servez sans attendre.

Tarte aux fraises à la crème

Préparation : *25 min.*
Cuisson : *40 min.*

Ingrédients

Pour 4 personnes.
250 g de pâte sablée, 10 grosses fraises,
1 tasse de fraises des bois
ou de framboises,
2 cuil. à soupe de liqueur de fraises,
3 jaunes d'œufs, 30 cl de lait,
3 cuil. à soupe rases de sucre semoule,
1/2 gousse de vanille,
2 cuil. à soupe de crème fleurette,
additionnée d'un peu de jus de citron,
20 g de sucre glace.

Un Menu
Crudités
Rôti de porc
Ratatouille
Tarte aux fraises
à la crème

Chemisez un moule à tarte de 22 cm de diamètre de papier sulfurisé. Abaissez la pâte sur le plan de travail fariné, foncez le moule, égalisez les bords en pinçant avec les doigts. Garnissez de légumes secs et faites cuire 20 min. au four (th. 6 - 180°). Enlevez les légumes et remettez 10 min. au four.

Pendant ce temps, faites chauffer le lait avec la gousse de vanille, laissez frémir sans bouillir, puis faites tiédir. Fouettez les jaunes d'œufs avec le sucre. Quand ils blanchissent et deviennent crémeux, versez le lait. Mettez le mélange au bain-marie et faites épaissir en remuant continuellement jusqu'à ce que la crème colle au dos de la cuiller. Ôtez du feu, parfumer avec la liqueur de fraises, laissez refroidir en remuant de temps à autre.

Passez la crème au tamis pour la rendre plus fine, allongez-la avec la crème fleurette citronnée.

Remplissez le fond de tarte de cette crème bien froide. Disposez en cercle les fraises coupées en deux, remplissez le milieu de framboises ou fraises des bois. Avant de servir, saupoudrez les fruits de sucre glace.

Cassolettes de fruits d'automne

Préparation : *20 min.*
Macération : *1 h.*
Cuisson : *30 min.*

Un Menu

Pamplemousses
aux crevettes
Lapin à la moutarde
Riz
Cassolettes
de fruits d'automne

Ingrédients

Pour 4 personnes.
200 g de raisin blanc,
2 poires, 2 pommes,
80 g de sucre en poudre,
2 cuil. à soupe de cognac,
le jus d'1 citron, 4 œufs,
50 g de beurre, 50 g de farine.

Pelez les poires, coupez-les en quatre, évidez-les, puis recoupez-les en fines lamelles.

Pelez les pommes, coupez-les en quatre, évidez-les et recoupez-les en dés.

Lavez et égrenez le raisin.

Faites macérer ces fruits avec 40 g de sucre, le cognac et le jus de citron pendant 1 h environ.

Beurrez très légèrement quatre cassolettes allant au four, disposez dedans les fruits égouttés.

Battez les œufs avec le reste de sucre, le beurre fondu et la farine. Répartissez ce mélange sur les fruits et faites cuire à four moyen (th. 6 - 180°) en plaçant la grille assez haut dans le four.

Servez tiède ou froid.

Coupe de fruits rouges

Préparation : *20 min.*
Pas de cuisson.
(Rafraîchir au réfrigérateur)

Un Menu

Céleri rémoulade
Brochettes de lapin
Pommes de terre
Coupe de fruits rouges

Ingrédients

Pour 6 personnes.
750 g de cerises bien mûres,
250 g de fraises,
250 g de groseilles,
250 g de framboises, 1/2 citron,
2 cuil. à soupe de cognac,
sucre glace.
Pour le coulis de framboises :
500 g de framboises,
2 cuil. à soupe de jus de citron,
3 cuil. à soupe de sucre glace.

Préparez le coulis : nettoyez les framboises et passez-les à la grille fine du moulin à légumes. Ajoutez le jus de citron et le sucre glace.

Mélangez bien. Versez ce coulis dans une coupe et placez au réfrigérateur.

Lavez les cerises, épongez-les, équeutez-les et dénoyautez-les.

Lavez rapidement les fraises, égouttez-les et équeutez-les. Lavez les groseilles, égouttez-les et égrenez-les avec une fourchette. Lavez les framboises très rapidement et égouttez-les.

Mettez tous ces fruits dans une coupe en verre.

Pressez le demi-citron, versez le jus sur les fruits ainsi que les cuillerées de cognac. Saupoudrez finement de sucre glace. Mélangez très délicatement en prenant bien soin de ne pas écraser les fruits.

Laissez au frais jusqu'au moment de servir. Accompagnez du coulis servi à part.

Salade de fruits au yaourt

Préparation : *20 min.*
Pas de cuisson.
Macération : *30 min.*

Un Menu

Petite quiche aux légumes
Côtes de veau
Coquillettes
Salade de fruits au yaourt

Ingrédients

Pour 4 personnes.
2 oranges,
1 pamplemousse rose,
1 pomme, 1 poire, 1 banane,
1 citron, 3 yaourts nature
(facultatif : 2 cuil. à café de rhum).

Pressez le jus d'1 orange, mélangez avec les yaourts et fouettez le tout. Mettez au frais.

Pressez le citron.

Épluchez les fruits et coupez-les en petits dés. Arrosez avec le jus de citron. Ajoutez le rhum (facultatif) et laissez macérer 30 min. dans un saladier. Il est inutile d'ajouter du sucre puisque le yaourt a été battu avec le jus d'orange.

Pour servir, répartissez dans des coupelles, ajoutez les fruits.

Ce dessert doit être servi très frais.

A noter : ce dessert est très intéressant pour les enfants car il apporte un produit laitier et des crudités, c'est-à-dire du calcium et de la vitamine C.

Taboulé aux fruits

Préparation : *20 min.*
Pas de cuisson.
A préparer 2 h à l'avance.

Un Menu

Carottes râpées
Poulet et ratatouille
Fromage
Taboulé aux fruits

Ingrédients

Pour 6 à 8 personnes.
250 g de semoule moyenne (semoule à couscous),
2 belles pommes,
2 grosses oranges, 3 citrons,
125 g de raisin blanc,
125 g de raisin noir,
2 cuil. à soupe de sucre en poudre,
1 bouquet de menthe fraîche,
1 sachet de sucre vanillé.

Versez la semoule dans un saladier. Ajoutez 1 cuil. à soupe de sucre, le sucre vanillé, la menthe fraîche hachée et le jus d'un citron. Mélangez. Arrosez progressivement avec un bol d'eau bouillante pour humecter les grains de semoule sans qu'ils trempent. Laissez reposer 2 h.

Préparez la salade de fruits. Pressez les citrons qui restent dans un saladier. Épluchez les pommes et coupez-les en petits cubes que vous versez au fur et à mesure dans le jus de citron. Lavez les raisins, séchez-les sur du papier absorbant. Égrenez et ajoutez aux pommes. Pelez les oranges, coupez leur chair en cubes et mettez avec les autres fruits. Ajoutez le reste du sucre, mélangez et mettez au réfrigérateur.

Au moment de servir, mélangez semoule et salade de fruits. Décorez de quelques feuilles de menthe.

Gâteau au yaourt

Un Menu
Salade d'endives
aux noix
Steak haché
Pommes de terre sautées
Gâteau au yaourt

Préparation : *15 min.*
Cuisson : *1 h.*

Ingrédients

Pour 8 personnes.
1 pot de yaourt nature,
sucre en poudre, farine, 3 œufs,
huile d'arachide,
2 cuil. à soupe de rhum,
1 sachet 1/2 de levure en poudre,
20 g de beurre.

Videz le pot de yaourt dans une terrine. Le pot vide servira de mesure pour les autres ingrédients, en le remplissant jusqu'à ras bord.

Au yaourt, ajoutez 2 pots de sucre. Mélangez à la cuiller en bois. Mesurez 6 pots de farine, ajoutez au mélange et remuez bien. Incorporez un à un les œufs entiers, puis 1 pot 1/2 d'huile et le rhum. Mélangez énergiquement jusqu'à obtenir une pâte lisse et sans grumeaux. Incorporez la levure et mélangez une dernière fois.

Allumez le four (th. 6 - 180°), grille à mi-hauteur. Beurrez un moule à manqué et versez la préparation en égalisant bien la surface. Laissez cuire 1 h.

Démoulez le gâteau et laissez-le refroidir avant de le présenter.

GÂTEAU LÉGER À LA VANILLE

Préparation : *15 min.*
Cuisson : *30 min.*

UN MENU
Salade
de concombre
Pintadeau à l'orange
Gâteau à la vanille

Ingrédients

Pour 6 personnes.
350 g de fromage blanc
à 0 % de matière grasse,
2 yaourts nature, 4 œufs,
1 verre à moutarde de Maïzena
(150 g environ),
1 verre de sucre (200 g environ),
1 sachet de sucre vanillé.

Mélangez les sucres, les yaourts et la Maïzena qu'il faut verser en pluie. Mettez le tout dans une casserole et faites chauffer à feu doux, sans cesser de remuer au fouet. Ajoutez alors le fromage blanc en continuant de mélanger.

Retirez du feu, incorporez 3 jaunes d'œufs. Montez 4 blancs en neige. Incorporez-les très délicatement au mélange précédent.

Versez le tout dans un moule bien huilé. Avec un pinceau, badigeonnez le dessus du gâteau avec le jaune d'œuf restant battu à la fourchette.

Cuisez à four moyen (th. 6 - 180°) pendant 30 min. Laissez refroidir dans le moule. Il est préférable de laisser reposer 1 h encore le gâteau démoulé avant de le déguster.

A noter : pour bien réussir ce gâteau, surtout ne pas ouvrir le four pendant les 20 premières minutes de cuisson. Gâteau délicieux servi avec de la confiture.

Gâteau de semoule aux raisins secs

Un dessert économique mais savoureux, que vous pouvez préparer la veille pour le lendemain. Il se déguste nature ou accompagné d'une crème anglaise.

Préparation et cuisson : *1 h.*

Un Menu

Radis
Rôti de porc
Gratin de courgettes
Gâteau de semoule aux raisins secs

Ingrédients

Pour 6 personnes.

100 g de semoule de blé fine,
1 l de lait, 1 gousse de vanille,
100 g de sucre semoule,
50 g de sucre en morceaux,
100 g de raisins secs,
50 g de fruits confits,
4 cl de rhum, 2 œufs + 2 jaunes.

Mettez les raisins et les fruits confits coupés en petits morceaux à tremper dans le rhum. Préparez un caramel avec le sucre en morceaux et 2 cuil. à soupe d'eau. Etalez-le au fond et sur les bords d'un moule à cake.

Faites bouillir le lait avec 80 g de sucre et la gousse de vanille fendue en deux. Retirez la gousse, grattez l'intérieur et mettez les petits grains noirs dans le lait. Ajoutez la semoule en pluie en remuant et laissez cuire 15 min. à feu doux. Retirez du feu, ajoutez les raisins et les fruits confits avec le rhum, puis les 4 jaunes d'œufs, un par un. Battez les blancs en neige en leur ajoutant, à la fin, 20 g de sucre. Incorporez à la semoule et versez le tout dans le moule caramélisé.

Faites cuire 35 min. à four moyen (th. 7 - 220°) jusqu'à ce que le gâteau soit pris et bien doré. Laissez refroidir et mettez au réfrigérateur. Démoulez seulement au moment de servir.

MADELEINES

Préparation : *15 min.*
Cuisson : *15 à 20 min.*

UN MENU

Carottes râpées
Raviolis
Salade
Madeleines
avec compote
de pommes

Ingrédients

Pour 20 madeleines.

4 œufs, 125 g de beurre (plus ce qu'il faut pour beurrer les moules),
125 g de sucre, 125 g de farine,
1/2 sachet de levure, 1 orange,
1 cuil. à café d'eau de fleur d'oranger.

Après avoir lavé l'orange, râpez le zeste et réservez-le.

Cassez les œufs en séparant les blancs des jaunes.

Dans une terrine, mélangez les jaunes d'œufs et le sucre en fouettant. Incorporez le beurre mou et fouettez le mélange jusqu'à ce qu'il blanchisse. Préchauffez le four (th. 5 - 150°).

Battez les blancs en neige.

Ajoutez la levure à la farine. Alternativement, incorporez cuillerée par cuillerée les œufs en neige et la farine au mélange sucre, jaunes d'œufs, beurre, jusqu'à épuisement des ingrédients. Parfumez avec le zeste d'orange et l'eau de fleur d'oranger.

Beurrez les moules à madeleines et remplissez-les de pâte en évitant qu'elle ne déborde des alvéoles.

Placez au four et laissez cuire 5 min. (th. 5 - 150°), puis 10 à 15 min., selon la taille des moules (th. 6-7 - 200°).

Lorsque les madeleines sont cuites et bien dorées, démoulez et laissez refroidir sur une grille.

Les madeleines se conserveront plusieurs jours dans une boîte en fer.

Bûche aux marrons

Préparation : *20 min*
Au réfrigérateur plusieurs heures
Pas de cuisson.

Un Menu
Huîtres
Canard aux oranges
Bûche aux marrons
Coupe de fruits exotiques

Ingrédients

Pour 6 à 8 personnes.
500 g de purée de marrons non sucrée,
200 g de chocolat fondant,
125 g de beurre,
100 g de sucre glace,
10 cl de rhum (ou autre alcool)
Garniture
champignons en meringue,
perles de sucre coloré
petits sujets en matière plastique

Faites fondre le chocolat coupé en morceaux avec le beurre, su feu très doux ou mieux, au bain-marie. Tournez pour obtenir un crème bien lisse.

Toujours en remuant, ajoutez peu à peu le sucre glace, la puré de marrons et l'alcool.

Versez la pâte obtenue sur une feuille de papier sulfurisé ou d l'aluminium ménager, en lui donnant la forme d'une bûche. Préleve deux boulettes de pâte qui formeront les « nœuds » du bois. Mette le tout à durcir au réfrigérateur.

Avant de servir, retirez la bûche du papier et mettez-la sur l plat de service. Formez les « nœuds » du bois avec les boulette réservées, striez la bûche à la fourchette et terminez la décoratio avec les petits champignons et selon votre fantaisie.

Clafoutis aux mirabelles

Préparation : *15 min.*
Cuisson : *45 min.*

Un Menu
Salade de tomates
Filet de porc
Petites pommes de terre sautées
Clafoutis aux mirabelles

Ingrédients

Pour 6 personnes.
500 g de mirabelles,
1 tasse à thé de lait (15 cl),
3 cuil. à soupe bombées de farine,
3 œufs,
1 cuil. à soupe de beurre fondu,
1 cuil. à soupe d'alcool de fruits,
2 cuil. à soupe bombées de sucre,
1 pincée de sel.

Lavez et essuyez les mirabelles. Dénoyautez-les si vous avez le temps. Beurrez un plat en verre ou en porcelaine à feu. Préchauffez le four (th. 6-7 - 200°).

Cassez les œufs en séparant les blancs des jaunes. Ajoutez le sucre aux jaunes d'œufs, mélangez vivement jusqu'à ce que la préparation blanchisse, puis tout en continuant de remuer, versez le beurre fondu, la cuillerée d'alcool, la farine, le lait tiède et les fruits.

Ajoutez une pincée de sel dans les blancs d'œufs, battez-les en neige très ferme et versez-les dans la pâte, en soulevant la masse pour ne pas casser les blancs.

Versez cette préparation dans le plat beurré, enfournez et laissez cuire 45 min. environ.

Servez ce gâteau froid ou tiède.

Coupe de mirabelles aux épices

Préparation : *20 min*
Cuisson : *15 min*

Un Menu

Salade de betteraves
Hachis parmentier
Salade verte
Coupe de mirabelles aux épices

Ingrédients

Pour 6 personnes

1 kg de mirabelles
75 cl de vin blanc
100 g de sucre
1 orange et 1 citron non traités
2 cuil. à café de graines de coriandre, 5 clous de girofle
1 bâton de cannelle
1 gousse de vanille

Lavez soigneusement les mirabelles et égouttez-les. Lavez aussi l'orange et le citron et prélevez sur chaque fruit une bande de zeste.

Écrasez grossièrement les graines de coriandre, les clous de girofle et enfermez-les dans une boule à thé.

Portez le vin blanc à ébullition avec le sucre, les épices dans la boule à thé, le bâton de cannelle, la gousse de vanille fendue dans sa longueur, les zestes d'orange et de citron.

Laissez frémir le vin pendant 10 min. Plongez les mirabelles dans le vin et, dès la reprise de l'ébullition, laissez-les pocher à petit feu pendant 3 à 4 min., et faites refroidir dans le vin.

Retirez la boule à thé contenant les épices, versez les mirabelles dans une coupe et servez frais accompagné de biscuits secs.

Mousse légère au chocolat

Préparation : *15 min.*
Pas de cuisson.
A faire 1 ou 2 h à l'avance.

Un Menu

Artichauts vinaigrette
Steak haché
Purée de carottes
Mousse légère au chocolat

Ingrédients

Pour 4 personnes.
60 g de chocolat riche en cacao,
2 blancs d'œufs,
1 cuil. à soupe de sucre glace,
2 cuil. à soupe de crème allégée,
1 cuil. à soupe de café fort.

Faites fondre le chocolat cassé en morceaux, avec le café, dans un bol placé au bain-marie (ou au micro-ondes), jusqu'à ce qu'il soit mou.

Ajoutez la crème et remuez bien. Laissez refroidir.

Battez en neige ferme les blancs d'œufs. Ajoutez le sucre glace quand la neige est bien prise et battez encore quelques instants.

Mélangez délicatement les blancs d'œufs au chocolat.

Répartissez dans quatre ramequins, et mettez au frais jusqu'au moment de servir.

Dégustez avec des tuiles ou des langues de chat.

Gâteau aux mûres

Préparation : *25 min.*
Cuisson : *45 min.*

Un Menu

Concombre en salade
Rôti de dindonneau
Maïs grillé
Gâteau aux mûres

Ingrédients

Pour 6 à 8 personnes.
1 grand bol de mûres noires,
300 g de pain brioché rassis
(ou de pains au lait, croissants,
brioches rassis),
3 œufs, 1/2 l de lait,
200 g de sucre en poudre,
2 cuil. à soupe de rhum.

Faites bouillir le lait. Versez-le bouillant sur les restes de brioches coupés en morceaux. Lorsque tout est bien imbibé, mixez ou passez à la moulinette.

Incorporez le sucre, les œufs battus, le rhum, puis les mûres.

Versez dans un moule à flan (ou à charlotte) largement beurré. Faites cuire au bain-marie.

Laissez refroidir et démoulez.

Servez avec soit 150 g de crème fraîche, simplement sucrée d'un sachet de sucre vanillé, soit avec 1/2 l de crème anglaise.

A noter : si vous mangez ce gâteau au goûter, accompagnez-le d'une bonne tasse de thé.

PARFAIT DE NECTARINES

Préparation : *25 min.*
Pas de cuisson.
Congélation : *3 h.*

Ingrédients

Pour 8 à 10 personnes.
1 kg de nectarines,
250 g de sucre glace,
250 g de crème fraîche,
250 g de fromage blanc lissé,
2 citrons, 300 g de framboises,
100 g de sucre en poudre.

UN MENU

Salade de tomates et feta
Filet de lingue au four
Pommes vapeur
Parfait de nectarines

Ébouillantez les nectarines pour les peler plus facilement. Ouvrez-les pour enlever les noyaux. Coupez les fruits en morceaux, ajoutez le sucre glace et le jus de citron. Passez le tout au mixer pour obtenir une purée légère.

Fouettez la crème ainsi que le fromage blanc pour l'alléger. Mélangez les nectarines, la crème et le fromage blanc.

Versez dans un moule à charlotte et faites prendre en glace dans le freezer du réfrigérateur ou au congélateur, en remuant 2 ou 3 fois en cours de congélation.

Faites chauffer les framboises avec le sucre et le jus de citron mais sans chercher à écraser les fruits. Retirez du feu au premier bouillon et mettez au frais.

Pour servir, démoulez le parfait au centre d'un plat et entourez de framboises en compote.

TARTE À LA NOIX DE COCO

UN MENU
Melon
Côtes de veau
Pâtes fraîches
Tarte à la noix de coco

Préparation : *20 min.*
Repos de la pâte*: 1 h.*
Cuisson : *45 min.*

Ingrédients

Pour 6 personnes.
Pour la pâte sablée :
150 g de farine,
75 g de sucre en poudre,
75 g de beurre, 2 jaunes d'œufs,
2 cuil. à soupe d'eau.
Pour la garniture :
200 g de noix de coco râpée,
80 g de sucre en poudre,
1 sachet de sucre vanillé,
2 œufs.

Mettez la farine en fontaine. Déposez au centre le sucre, le beurre coupé en morceaux et un jaune et demi d'œuf. Amalgamez le tout en pétrissant, puis ajoutez l'eau.

Lorsque la pâte est homogène, laissez-la reposer 1 h au réfrigérateur.

Étalez la pâte au rouleau, puis foncez un moule à tarte de 24 cm de diamètre. Badigeonnez les bords avec le demi-jaune d'œuf restant. Piquez très légèrement le fond à la fourchette. Enfournez et laissez cuire 15 min.

Pendant ce temps, préparez la garniture : mélangez la noix de coco, le sucre, le sucre vanillé et les jaunes d'œufs.

Battez les blancs en neige, et incorporez-les délicatement à la préparation à la noix de coco. Versez sur le fond de pâte à moitié cuit. Remettez à cuire à four moyen pendant 30 min. environ.

Délice aux noix

Préparation : *30 min.*
Cuisson : *45 min.*

Un Menu
Pot-au-feu
Délice aux noix

Ingrédients

Pour 6 personnes.
1 tasse de noix décortiquées,
125 g de sucre en poudre,
125 g de farine, 3 œufs,
100 g de beurre,
1 cuil. à café de levure chimique.
Pour la garniture :
3 cuil. à soupe de confiture d'abricots,
quelques cerneaux de noix.

Faites ramollir le beurre, sans le faire fondre. Ajoutez le sucre et travaillez le mélange pendant 5 min.

Incorporez les jaunes d'œufs et travaillez à nouveau le mélange. Ajoutez la farine tamisée avec la levure, puis les noix hachées finement à la moulinette.

Battez les blancs d'œufs en neige et mêlez-les délicatement à la pâte.

Beurrez et farinez un moule à manqué de 22 cm de diamètre, versez-y la préparation, puis faites cuire à four moyen (th. 6 - 180°).

Lorsque le gâteau est cuit, démoulez-le et nappez-le, encore chaud, d'une fine couche de confiture d'abricots, bien écrasée.

Décorez avec quelques cerneaux de noix et laissez refroidir.

Tarte aux noix

Préparation : *25 min.*
Cuisson : *30 min.*

Un Menu
Betterave en salade
Côtes d'agneau
Purée
Tarte aux noix

Ingrédients

Pour 6 personnes.
180 g de farine, 80 g de beurre, 1 cuil. à café de sucre en poudre, 1/2 cuil. à café de sel, 1/4 de verre d'eau.
Pour la garniture :
150 g de cerneaux de noix, 2 œufs, 200 g de cassonade et 10 cl de crème fraîche.

Préparez d'abord la pâte pour qu'elle repose pendant le temps de confection de la garniture. Mettez la farine dans une terrine, coupez le beurre en petits morceaux et travaillez le mélange du bout des doigts. Ajoutez le sel, le sucre et l'eau. Mélangez sans trop pétrir. Roulez en boule et laissez reposer.

Réduisez les cerneaux de noix en poudre en les passant à la moulinette. Séparez les blancs des jaunes d'œufs, travaillez les jaunes avec la crème fraîche, ajoutez la cassonade et la poudre de noix.

Battez les blancs en neige et incorporez-les délicatement au mélange.

Abaissez la pâte sur une planche farinée, garnissez un moule beurré de pâte, remplissez le fond avec la garniture aux noix.

Faites cuire 30 min. environ à four assez chaud (th. 7-8 - 230°).

Servez la tarte bien froide.

Charlotte aux pêches

Préparation : *30 min.*
Pas de cuisson.
Au réfrigérateur plusieurs heures.

Un Menu

Crudités avec assortiment de sauces
Rosbeef
Haricots verts
Charlotte aux pêches

Ingrédients

Pour 4 à 6 personnes.
Oreillons de pêches,
5 cuil. à soupe de sucre,
1 gousse de vanille, 1 citron,
1 génoise de 16 à 20 cm,
2 verres à liqueur de kirsch.
Pour décorer :
100 g de crème fraîche.

Egouttez les pêches. Faites chauffer leur sirop dans une casserole avec le sucre, la vanille et le jus de citron.

Dès petite ébullition, plongez les pêches dans le sirop, sur feu doux, pendant 2 ou 3 min. Puis laissez refroidir dans le sirop.

Avec un très grand couteau, découpez la génoise en deux ou trois tranches horizontales. Aspergez-les avec une tasse de sirop de pêches parfumé au kirsch.

Dans un moule à charlotte, disposez en couches alternées, tranche de génoise et pêches. Terminez par la génoise. Pressez le tout sous une assiette alourdie d'un poids.

Entreposez plusieurs heures au réfrigérateur.

Pour servir, retournez la charlotte sur un plat rond.

Décorez-la de crème fraîche ou fouettée.

Compote de pêches à la normande

Préparation : *10 min.*
Cuisson : *30 min.*

Un Menu

Roulé au fromage
et salade
Steak
Pommes de terre nouvelles
Compote de pêches
à la normande

Ingrédients

Pour 6 personnes.
1 kg de petites pêches bien mûres, 200 g de fraises, 100 g de sucre en poudre, 1 grand verre de jus de pommes.

Pelez les pêches (pour retirer la peau plus facilement, ébouillantez-les). Dénoyautez-les.

Coupez les fruits en six ou huit morceaux. Mettez-les dans une cocotte avec les fraises lavées et équeutées, le sucre et le jus de pommes. Couvrez.

Faites cuire à petite ébullition jusqu'à ce que l'ensemble soit moelleux (20 à 30 min., selon le degré de maturité des fruits).

Servez très frais.

Cette recette peut être réalisée au micro-ondes, mais veillez à ne pas utiliser un récipient métallique et à couvrir votre plat avec un film transparent spécial micro-ondes.

Dessert aux pêches

Préparation : *15 min.*
Cuisson : *45 min.*

Ingrédients

Pour 6 personnes.
100 g de semoule, 1/2 l de lait,
500 g de pêches, 2 œufs,
75 g de sucre,
1 sachet de sucre vanillé,
1 pincée de sel,
un peu de gelée de groseilles.
Pour le sirop :
1 gousse de vanille,
150 g de sucre, 1/3 l d'eau.

Un Menu

Assiette de crudités
Steak haché
Pommes de terre sautées
Dessert aux pêches

Faites chauffer le lait avec le sucre vanillé et une pincée de sel. Quand il bout, jetez en pluie la semoule. Remuez avec une cuiller en bois, sur feu doux, 10 min. environ, jusqu'à ce que la semoule soit bien gonflée et ait absorbé le lait. Cassez les œufs en séparant les blancs des jaunes. Battez les jaunes avec le sucre et, hors du feu, ajoutez-les à la semoule.

Montez les blancs en neige et ajoutez-les délicatement à la préparation. Versez dans un moule rond beurré et cuisez à four moyen (th. 6 - 180°), 30 min. Laissez tiédir avant de démouler.

Faites un sirop léger avec la vanille, le sucre et l'eau. Faites pocher les pêches pelées et coupées en deux dans le sirop bouillant, à petits bouillons, jusqu'à ce qu'elles soient bien tendres (le temps est fonction des espèces et du degré de maturité). Égouttez-les sans les écraser et mettez au frais ainsi que la semoule.

Avant de servir, disposez les pêches sur et autour de la semoule.

Nappez de gelée de groseilles diluée dans une cuillerée d'eau.

Glace aux pêches et groseilles

Un Menu

Melon
Lapin à la moutarde
Carottes au naturel
Glace aux pêches
et groseilles

Préparation : *25 min.*
Cuisson : *15 min.*
Congélation : *2 h minimum.*

Ingrédients

Pour 6 personnes.
500 g de pêches,
1/2 verre d'eau,
100 g de sucre glace,
2 blancs d'œufs,
200 g de groseilles rouges.

Pelez les pêches, dénoyautez-les et coupez-les en morceaux.

Faites-les cuire avec 1/2 verre d'eau dans une casserole inoxydable. Quand les pêches sont tendres, passez-les au mixer pour obtenir une purée bien lisse. Ajoutez le sucre glace.

Battez les blancs d'œufs en neige, faites-les pocher quelques secondes, cuillerée par cuillerée dans un peu d'eau bouillante. Ajoutez les blancs d'œufs à la purée de pêches, mixez à nouveau.

Lavez et égrenez les groseilles, mélangez-les délicatement à la pulpe de pêches.

Faites congeler cette préparation.

Pour servir, moulez des boules à l'aide d'une cuiller spéciale (ou de deux cuillers à soupe) et présentez dans des coupes avec des tuiles aux amandes.

Soufflé aux pêches

Préparation : *15 min.*
Cuisson : *40 min.*

Un Menu
Radis
Steak
Spaghetti sauce tomate
Soufflé aux pêches

Ingrédients

Pour 4 personnes.
8 pêches bien mûres,
6 œufs,
300 g de sucre semoule,
un peu de beurre,
1 pincée de sel
et du sucre glace.

Faites bouillir de l'eau pour y plonger les pêches afin de les peler facilement. Enlevez les noyaux.

Cassez les œufs en séparant les blancs des jaunes. Battez les blancs en neige bien ferme avec une pincée de sel.

Faites cuire avec le sucre les pêches épluchées et coupées en deux pendant 20 min. environ. On obtient une purée de fruits.

Laissez refroidir et incorporez aux blancs battus en neige.

Rectifiez, si besoin, le sucrage.

Remplir un moule à soufflé beurré de cette purée de fruits et mettez à four très doux (th. 4 - 130°) pendant 30 à 40 min.

Avant de servir, saupoudrez de sucre glace.

Soupe aux pêches

Un Menu

Salade de fonds d'artichauts
Poulet à la cocotte
Tomates poêlées
Soupe aux pêches

Préparation : *10 min.*
Macération : *1 h.*
Cuisson : *30 min.*

Ingrédients

Pour 6 personnes.

6 belles pêches,
6 cuil. à soupe de sucre en poudre,
1/2 bouteille de vin rouge de Bordeaux,
12 morceaux de sucre,
1 bâton de cannelle ou 1 cuil. à café de cannelle en poudre.

Pelez les pêches, coupez-les en deux, retirez les noyaux. Saupoudrez de sucre. Laissez les fruits macérer ainsi pendant 1 h.

Dans une casserole, faites bouillir le vin rouge avec les morceaux de sucre et la cannelle pendant 10 min., puis faites-y pocher les pêches, en ajoutant le jus de macération.

Lorsque les fruits sont cuits, égouttez-les avec précaution et dressez-les dans une coupe.

Faites réduire le vin de moitié et nappez-en les pêches.

Tenez au frais.

Servez cet entremets accompagné d'une brioche que vous aurez coupée en tranches, légèrement sucrées et tiédies au four.

Pêches meringuées

Préparation : *25 min.*
Cuisson : *25 min.*

Un Menu
Salade de champignons
Rôti de veau
Haricots verts
Pêches meringuées

Ingrédients

Pour 4 personnes.
750 g de pêches, 4 œufs,
250 g de sucre en poudre,
3/4 l de lait, 75 g de farine,
1 gousse de vanille,
un peu d'extrait d'amandes amères,
1 pincée de sel.

Faites bouillir le lait. Ajoutez la gousse de vanille fendue sur sa longueur et laissez infuser dans le lait.

Cassez les œufs, séparez les blancs des jaunes. Vous n'utiliserez que 3 blancs pour cette recette. Travaillez les jaunes avec 100 g de sucre, lorsque le mélange blanchit, incorporez la farine. Ôtez la gousse de vanille, versez le lait doucement sur la préparation, tout en mélangeant. Faites épaissir cette crème sur feu doux en remuant jusqu'aux premiers bouillons. Parfumez avec quelques gouttes d'extrait d'amandes amères.

Pelez les pêches, coupez-les en deux et ôtez le noyau. Faites chauffer 100 g de sucre et 1 cuil. à soupe d'eau dans une casserole. Dès que le caramel commence, mettez les demi-pêches à dorer pendant 5 min., retournez-les pour bien les enrober.

Préchauffez le four (th. 5 - 160°). Salez légèrement les 3 blancs d'œufs, montez-les en neige ferme en incorporant 50 g de sucre vers le milieu de la préparation.

Versez la crème chaude dans un moule à soufflé, placez les pêches dessus, recouvrez des blancs d'œufs. Mettez 10 min. au four, le temps que la meringue colore. Servez tiède ou froid.

Dessert aux poires

Préparation : *5 min.*
Cuisson : *10 min.*

Un Menu
Rouleaux au fromage
Côte d'agneau
Flageolets
Dessert aux poires

Ingrédients

Pour 4 personnes.
4 poires, 1 citron vert (ou jaune),
125 g de crème fraîche,
1 cuil. à soupe de cannelle en poudre,
60 g de sucre en poudre,
30 g de beurre.

Épluchez les poires, coupez-les en quatre, enlevez le cœur et les pépins. Lavez le citron, prélevez le zeste, faites-le blanchir à l'eau bouillante et coupez-le en fine julienne.

Dans une sauteuse, faites fondre le beurre, quand il est chaud, faites-y dorer légèrement les poires en les retournant de tous côtés.

Quand elles sont dorées, réservez-les, jetez le beurre de cuisson, déglacez la sauteuse avec le mélange crème fraîche, sucre et cannelle et laissez cuire une bonne minute pour rendre la sauce liquide. Remettez les fruits dans cette sauce. Décorez avec la julienne de citron et saupoudrez d'un peu de cannelle en poudre.

Fondant aux poires

Préparation : *30 min.*
Cuisson : *30 à 35 min.*

Ingrédients

Pour 6 personnes.
3 poires fondantes.
Pour le sirop : 1/4 l d'eau,
75 g de sucre en poudre,
1/2 gousse de vanille, le jus d'1 citron,
1 cuil. à soupe d'alcool de poires
(facultatif).
Le gâteau : 100 g de beurre,
100 g de sucre en poudre,
1 sachet de sucre vanillé, 4 œufs,
250 g de farine tamisée,
1/2 sachet de levure en poudre,
le zeste d'1/2 citron.

Un Menu
Melon
Rougets grillés
Pommes vapeur
Fondant aux poires

Pelez les poires, partagez-les en deux en ôtant le cœur et les pépins. Mettez-les à plat dans une casserole contenant les éléments du sirop. Faites cuire doucement à couvert pendant 10 min.

Laissez refroidir les poires dans le jus, complètement recouvertes, pour qu'elles ne noircissent pas, puis égouttez-les et coupez chaque demi-fruit en lamelles longues sans les séparer complètement.

Beurrez et farinez un moule à manqué de 24 cm de diamètre. Travaillez le beurre avec une cuiller en bois dans une terrine chaude pour le ramollir. Ajoutez les sucres et mélangez bien. Incorporez les œufs l'un après l'autre. Ajoutez enfin la farine avec la levure, le zeste de citron râpé.

Versez dans le moule. Déposez dessus délicatement les poires en formant une rosace. Faites cuire à four modéré (th. 6 - 180°). Réduisez le sirop de cuisson des poires jusqu'à en obtenir une tasse environ. Ajoutez un peu d'alcool (si vous le désirez). Démoulez le gâteau aussitôt cuit, arrosez avec tout ou partie du sirop pour le rendre moelleux et fondant.

Gâteau aux poires

Un Menu
Potée campagnarde
Gâteau
aux poires

Préparation : *20 min.*
Cuisson : *1 h.*

Ingrédients

Pour 6 personnes.
3 demi-poires au sirop,
1/2 citron,
100 g de poudre de noisettes,
250 g de farine, 220 g de beurre,
125 g de sucre,
1 sachet de sucre vanillé,
1 sachet de levure chimique,
3 œufs, 1 cuil. à soupe
de cognac, sucre glace.

Fouettez dans une terrine 200 g de beurre ramolli avec le sucre et le sucre vanillé jusqu'à ce que le mélange soit mousseux. Ajoutez les œufs un par un en continuant de fouetter à petite vitesse.

Tamisez farine et levure et incorporez-les au mélange beurre, sucre, œufs.

Faites égoutter les poires, citronnez-les et coupez-les en deux dans leur longueur. Préchauffez le four (th. 6 - 180°).

Beurrez un moule à cake. Versez une mince couche de pâte. Déposez dessus les quartiers de poire. Recouvrez de la moitié de la pâte restante.

Dans ce qui reste, incorporez la poudre de noisettes, la cuillerée de cognac. Versez dans le moule et lissez bien la surface.

Mettez au four pour 1 h. Laissez refroidir le gâteau sur une grille et saupoudrez-le de sucre glace juste avant de servir.

GÂTEAU AUX POIRES SAUCE FRAMBOISE

Préparation : *25 min.*
Cuisson : *1 h 15.*

Ingrédients

Pour 6 personnes.
750 g de poires,
300 g de framboises, 1 citron,
1 orange, 250 g de sucre,
100 g de beurre, 4 œufs,
200 g de farine,
1/2 sachet de levure,
1 gousse de vanille,
1 bâton de cannelle.

UN MENU
Salade de maïs
Brochettes
de foies de volaille
Purée
Gâteau aux poires,
sauce framboise

Epluchez les poires, coupez-les en deux et ôtez les pépins. Citronnez-les aussitôt pour éviter qu'elles ne noircissent. Faites bouillir 50 cl d'eau avec le jus de l'orange et 150 g de sucre. Ajoutez la cannelle et la gousse de vanille fendue en deux. Laissez bouillir 10 min., puis plongez les poires dans ce sirop et laissez-les pocher 10 min. environ à petits frémissements.

Égouttez les poires et réservez-les. Dans le jus, mettez la moitié des framboises (fraîches ou surgelées) et faites réduire à découvert jusqu'à 30 cl de jus. Passez dans un tamis et laissez refroidir. Préchauffez le four (th. 6 - 180°).

Mélangez le beurre ramolli avec 50 g de sucre, 2 œufs entiers et 2 jaunes d'œufs. Lorsque le mélange est mousseux, ajoutez la farine et la levure. Fouettez les deux blancs en neige ferme avec le reste de sucre et incorporez à la pâte.

Beurrez un moule de 24 cm à bords hauts. Répartissez le reste de framboises et les poires. Versez la pâte et mettez à cuire 45 min. Servez tiède ou froid avec la sauce à la framboise.

Poires au coulis de chocolat

Préparation : *6 à 7 min.*
Cuisson au micro-ondes : *10 min. (max.) et 2 min. (puissance moyenne)*

Un Menu

Langoustines
Rôti de dindonneau
Pommes de terre sautées
Salade
Poires au coulis de chocolat

Ingrédients

Pour 6 personnes.
6 petites poires tendres.
Sirop : 1 verre d'eau (10 cl), 50 g de sucre en poudre, le jus d'1 citron.
Coulis de chocolat : 100 g de chocolat noir, 3 cuil. à soupe de sirop de cuisson des poires, 20 g de beurre et 1 cuil. à soupe de crème fraîche.

Dans une cocotte en verre ou un plat pouvant aller au micro-ondes, placer l'eau, le sucre et le jus de citron.

Pelez les poires en les gardant entières et en conservant la tige. Mettez les poires dans la cocotte, couvrez le récipient d'un autre plat ou d'un film cellulosique (faire 2 ou 3 trous) et placez au micro-ondes, puissance max. pendant 10 min. Vérifiez la cuisson et ajoutez 1 ou 2 min. si nécessaire. Laissez refroidir et mettez au réfrigérateur.

Préparez le coulis de chocolat : dans un bol mettez le chocolat en morceaux, 3 cuil. du sirop des poires, la crème et le beurre. Couvrez, faites chauffer 3 min. puissance moyenne. Attendez 1 min. puis fouettez pour une obtenir une crème coulante. Laissez refroidir.

Au moment de servir, dressez les poires dans un compotier ou des coupes individuelles et nappez du coulis de chocolat.

Poires farcies, sauce au chocolat

Préparation : *15 min.*
Cuisson au micro-ondes : *14 min.*

Ingrédients

Pour 4 personnes.
4 belles poires,
100 g de poudre d'amandes,
50 g de beurre,
3 cuil. à soupe de miel liquide,
30 g d'écorces d'oranges confites, 1 jus de citron.
Pour la sauce au chocolat :
150 g de chocolat à cuire,
10 cl de crème fraîche,
3 cuil. à soupe d'eau.

Un Menu

Carotte, betterave et céleri râpés
Côtes de porc
Purée
Poires farcies, sauce au chocolat

Pelez les poires, ouvrez-les en deux dans le sens de la longueur, évidez-les à l'aide d'une petite cuiller afin de former 8 barquettes. Citronnez-les.

Dans un bol, mélangez la poudre d'amandes, le miel, le beurre et les écorces d'oranges coupées en petits dés.

Recouvrez d'une pellicule de film plastique et enfournez au micro-ondes 3 min.

Farcissez chaque demi-poire de cette préparation. Rangez les poires sur un plat assez grand, recouvrez-les d'un film transparent et mettez au four pour 8 min.

Sauce au chocolat : cassez le chocolat en morceaux dans un bol, ajoutez l'eau, la crème fraîche, couvrez d'un film transparent et enfournez 3 min. Mélangez cette sauce à la fourchette pour qu'elle soit lisse.

Servez les poires, froides ou tièdes, arrosées de sauce au chocolat chaude.

Poires au poivre

Préparation : *10 min.*
Cuisson au micro-ondes : *6 min.*

Un Menu
Carottes râpées
Cassoulet
Poires au poivre

Ingrédients

Pour 4 personnes.
4 poires bien mûres,
150 g de sucre semoule,
6 clous de girofle,
1 cuil. à soupe de poivre concassé,
10 cl de vin blanc fruité.

Mettez le sucre dans un plat micro-ondes transparent pour surveiller la cuisson du sirop qui ne doit pas caraméliser. Ajoutez les têtes uniquement des clous de girofle écrasés, le poivre et le vin. Couvrez, mettez en position maximum 3 min. Laissez tiédir.

Pelez les poires, coupez-les en deux, enlevez le cœur et les pépins. Disposez les demi-fruits dans le sirop du plat micro-ondes, en les plaçant comme les rayons d'une roue, côté pointu vers le centre. Couvrez, et mettez 3 min. en position III (ou 7 selon les modèles de four).

Laissez refroidir sans découvrir.

Disposez les demi-poires dans un compotier ou dans des petites assiettes individuelles. Couvrez avec du sirop de cuisson passé au chinois.

Placez un film étirable sur le plat (ou les assiettes) et mettez au réfrigérateur pour servir très frais.

Poires au vin

Préparation : *20 min.*
Cuisson des poires : *15 à 20 min.*
(selon la variété).

Un Menu
Fonds d'artichauts
en salade
Escalopes de veau
aux champignons
Fromage
Poires au vin

Ingrédients

Pour 6 personnes.
6 poires moyennes, plutôt fermes,
1/4 l de vin rouge,
75 g de sucre roux,
2 clous de girofle,
1/2 gousse de vanille,
1 bâton de cannelle,
1 orange.

Dans une casserole juste assez grande pour que les poires y tiennent debout, sans plus, mettez le vin rouge, le sucre, le jus d'orange et les épices.

Portez à ébullition.

Pelez les poires, laissez-les entières et conservez la tige.

Au fur et à mesure de la préparation, mettez-les dans le vin chaud épicé. Couvrez et faites cuire à toute petite ébullition jusqu'à ce que les poires soient tendres. Vérifiez leur cuisson avec la pointe d'un couteau qui doit pénétrer facilement.

Égouttez les poires, disposez-les dans un compotier.

Faites réduire le sirop à pleine ébullition pour qu'il reste un grand verre.

Nappez les poires, servez frais.

Chaud-froid aux pommes caramélisées

Dessert à préparer au dernier moment.
Préparation : *15 min.*
Cuisson : *20 min. environ.*

Un Menu
Taboulé
Escalope de porc
Haricots verts
Chaud-froid aux pommes caramélisées

Ingrédients

Pour 6 personnes.
1 l de crème glacée à la vanille,
4 pommes ne se défaisant pas à la cuisson,
50 g de beurre,
125 g de sucre en poudre,
50 g de raisins secs,
3 cuil. à soupe de rhum.

Lavez les raisins secs et faites-les gonfler dans le rhum. Remuez de temps à autre.

Pelez les pommes, évidez-les et coupez-les en 8.

Dans une large sauteuse ou une poêle à revêtement anti-adhésif, faites fondre le beurre. Lorsqu'il est juste « noisette », mettez à dorer les morceaux de pomme. Retournez-les au bout de 3 à 4 min.

Saupoudrez de sucre et laissez cuire en retournant à nouveau avec précaution, pour que l'ensemble soit doré et caramélisé (10 min. environ).

Au moment de servir, déposez 2 ou 3 boules de glace dans chacune des six coupelles individuelles et répartissez les tranches de pomme bien chaudes. Parsemez chaque coupelle de raisins secs et versez un filet de rhum de trempage.

Servez immédiatement.

Feuilleté aux pommes, noix et chocolat

Préparation : *40 min.*
Cuisson : *40 min.*

Ingrédients

Pour 8 personnes.
300 g de pâte feuilletée,
6 pommes reinettes,
15 noix de pécan,
100 g de chocolat,
sucre de canne, 20 g de beurre,
1 jaune d'œuf,
1 cuil. à soupe de lait, farine.

Un Menu
Gratin de coquilles Saint-Jacques
Rôti de bœuf
Purée
Salade
Feuilleté aux pommes, noix et chocolat

Abaissez la pâte sur le plan de travail fariné. Chemisez un moule de papier sulfurisé et foncez-le de pâte. Mettez au réfrigérateur.

Épluchez les pommes, coupez-les en quatre, épépinez-les et coupez-les en tranches fines. Faites fondre le beurre dans une poêle antiadhésive et faites dorer à feu vif les pommes, saupoudrez-les de sucre. Quand elles commencent à devenir transparentes, enlevez-les du feu et faites refroidir.

Décortiquer les noix de pécan (à défaut, des noix normales), hachez-les grossièrement. Cassez le chocolat en morceaux. Disposez les pommes sur le fond de tarte, les noix et le chocolat entre les rangées de pommes. Avec le reste de pâte, faire des lanières que vous disposez en croisillons sur les pommes.

Badigeonnez le dessus avec un jaune d'œuf dilué dans du lait. Saupoudrez de sucre de canne. Placez dans la partie inférieure du four (th. 7 - 220°). Au bout de 15 min., abaissez la température à 200° (th. 6). Laissez cuire au total 40 min. environ.

Servez la tarte tiède ou chaude.

Galettes aux pommes

Préparation : *20 min.*
(+ 30 min. de repos pour la pâte).
Cuisson : *10 min. pour chaque galette.*

Un Menu
Barquettes d'endives au fromage blanc
Escalopes de dinde
Petits pois
Galettes aux pommes

Ingrédients

Pour 4 personnes.
2 pommes, 4 cuil. à soupe de confiture de framboises, 125 g de farine, 3 œufs, 2 cuil. à soupe de sucre, 150 g de crème, 1 citron, 4 cuil. à soupe d'huile, sel.

Dans un saladier, mélangez les œufs, le sucre, 1 pincée de sel, la crème et 10 cl d'eau. Battez au mixer, ajoutez la farine petit à petit jusqu'à obtenir une pâte à crêpes assez épaisse. Laissez reposer 30 min.

Pendant ce temps, pelez les pommes, retirez le cœur et les pépins à l'aide d'un vide-pomme et coupez chaque fruit en 8 rondelles. Badigeonnez-les de jus de citron pour éviter qu'elles ne noircissent.

Dans une poêle, faites chauffer 1 cuil. à soupe d'huile. Versez-y le quart de la pâte et placez 4 rondelles de pomme. Laissez cuire jusqu'à ce que le fond de la pâte prenne bien (6 min. environ) puis retournez la galette et faites cuire l'autre face (4 min.).

Tenez au chaud, à l'entrée du four, ou sous une feuille de papier aluminium pendant que vous cuisez les autres galettes.

Au moment de servir (les galettes sont tièdes), déposez un peu de confiture de framboises sur les rondelles de pomme.

Gâteau de pommes aux épices

Préparation : *40 min.*
Cuisson : *1 h.*

Un Menu
Carottes râpées
Steak haché
Spaghetti
Gâteau de pommes aux épices

Ingrédients

Pour 6 personnes.
Mélange aux épices :
30 g de beurre, 30 g de noix hachées,
30 g de sucre roux, 30 g de farine,
1/2 cuil. à café de cannelle,
1/4 de cuil. à café de muscade râpée.
Pour le gâteau : 70 g de beurre,
1 tasse à thé de lait (15 cl),
140 g de farine, 100 g de sucre,
1 sachet de levure, 1 pincée de sel,
2 œufs, 2 ou 3 pommes,
1/2 cuil. à café d'extrait de vanille.

Pour la préparation aux épices, mélangez dans un saladier le beurre fondu avec les noix hachées, le sucre roux, la farine, les épices. Laissez en attente.

Faites la pâte à gâteau : malaxez le beurre pour le rendre crémeux. Ajoutez le sucre, le lait, la farine. Incorporez les 2 œufs entiers, battez énergiquement et terminez par le sel, la levure et la vanille.

Versez cette pâte dans un moule à manqué soigneusement beurré et fariné. Pelez les pommes, coupez-les en tranches et disposez-les à la surface du gâteau. Répartissez le mélange aux épices sur les pommes.

Faites cuire à four chaud (th. 7 - 220°), en surveillant pour éviter que le gâteau ne brûle. Servez chaud.

Gâteau tiède aux pommes

Préparation : *20 min.*
Cuisson : *55 min.*

Un Menu
Melon
Côtes de veau
Pâtes fraîches
Salade
Gâteau tiède aux pommes

Ingrédients

Pour 6 personnes.
4 grosses pommes,
60 g de margarine au tournesol,
2 cuil. à soupe de calvados,
200 g de farine, 25 g de Maïzena,
180 g de sucre semoule,
2 cuil. à café de cannelle en poudre,
2 cuil. à café de levure,
10 cl de jus d'orange,
15 cl d'huile au tournesol,
2 œufs, 1 pincée de sel.

Allumez le four (th. 5 - 150°). Enduisez de margarine le fond et les parois d'un moule à manqué de 22 cm. Coupez les pommes en quatre, pelez-les, enlevez cœur et pépins. Coupez chaque quartier en trois lamelles. Faites fondre le reste de margarine dans une poêle et faites-y blondir les lamelles de pomme, 2 min. de chaque côté, arrosez de calvados et flambez. Laissez tiédir les pommes.

Pendant ce temps, préparez la pâte du gâteau. Mettez dans le bol du robot : farine, Maïzena, sucre, sel, cannelle, levure, jus d'orange, huile et œufs. Faites tourner l'appareil 1 min. (vous pouvez très bien préparer la pâte, dans une terrine, avec batteur ou fouet).

Versez dans le moule le tiers de la pâte, rangez sur le dessus la moitié des pommes, couvrez du deuxième tiers de pâte, disposez le reste des pommes et recouvrez de pâte. Lissez la surface. Faites cuire le gâteau 55 min.

A la sortie du four, laissez reposer 5 min. avant de démouler. Servez tiède.

Pommes farcies

Préparation : *20 min.*
Cuisson : *30 min.*

Un Menu

Salade de maïs
Brochettes
Pommes de terre sautées
Pommes farcies

Ingrédients

Pour 6 personnes.
6 belles pommes,
3 brioches ou 300 g de pain brioché,
50 g de beurre,
1 poignée de raisins secs,
1 verre à vin de liqueur,
2 bonnes cuil. de sucre en poudre.

Essuyez soigneusement les pommes. Ne les pelez pas mais enlevez les pépins et creusez un peu pour ôter la pulpe, de façon à fourrer les pommes.

Faites tremper les raisins secs dans un peu de liqueur (kirsch, rhum, Grand Marnier...)

Coupez des tranches dans les brioches ou le pain brioché, tapissez-en le fond d'un plat, bien beurré, allant au four. Aspergez d'un peu d'alcool. Émiettez le reste de brioche, faites-le tremper avec les raisins. Mélangez bien le tout et farcissez-en les pommes.

Déposez sur chaque pomme un petit morceau de beurre.

Rangez les pommes sur les tranches de brioche, saupoudrez de sucre et cuire à four moyen (th. 5 - 160°), de 20 à 30 min. selon la variété des pommes.

Servez chaud ou tiède.

Flan au potiron

Préparation : *30 min.*
Cuisson : *20 min.*

Un Menu

Salade de riz
Steak grillé
Pommes de terre sautées
Flan au potiron

Ingrédients

Pour 6 personnes.
1 morceau de potiron (500 g environ),
3/4 l de lait,
150 g de Maïzena,
200 g de sucre en poudre,
3 oranges.
Pour le caramel :
80 g de sucre en morceaux et un peu d'eau.

Caramélisez un moule à flan (si vous ne faites pas le caramel, vous pouvez utiliser des dosettes toutes prêtes).

Faites cuire dans un peu d'eau bouillante salée la chair du potiron coupée en cubes.

Égouttez, réduisez en purée.

Délayez petit à petit la Maïzena avec le lait froid. Faites épaissir dans une casserole, sur feu doux, en remuant sans arrêt.

A ébullition, ajoutez le sucre en poudre, la chair du potiron en purée, le jus de 3 oranges et le zeste finement râpé d'une orange (que vous aurez préalablement lavée ou brossée).

Donnez à nouveau un bouillon et versez dans le moule caramélisé. Laissez refroidir.

Démoulez au moment de servir.

GÂTEAU À LA RHUBARBE

Préparation : *25 min.*
Cuisson : *35 min.*

UN MENU
Concombre
au fromage blanc
Côtes d'agneau
Tomates grillées
Gâteau à la rhubarbe

Ingrédients

Pour 8 ou 10 personnes.
500 g de tiges de rhubarbe,
4 œufs, 200 g de sucre en poudre,
1 sachet de sucre vanillé,
160 g de farine,
1/2 cuil. à café de levure chimique,
sucre glace (facultatif).

Pelez les tiges de rhubarbe, puis coupez-les en petits dés d'1 cm environ de côté.

Cassez les œufs dans une terrine. Ajoutez le sucre semoule.

Posez la terrine dans une casserole d'eau chaude et battez au fouet jusqu'à ce que le mélange ait doublé de volume.

Ajoutez la farine tamisée et la levure en mélangeant délicatement.

Beurrez un moule en verre ou porcelaine à feu, de 30 cm de diamètre, versez-y la pâte et parsemez la surface de morceaux de rhubarbe. Ils s'enfoncent peu à peu dans la pâte. Saupoudrez de sucre vanillé.

Enfournez le gâteau pour 35 min. (th. 7 - 220°).

Servez refroidi dans le moule de cuisson. Saupoudrez à ce moment de sucre glace si vous le désirez.

CONSEILS PRATIQUES

Abricot. Contrairement à d'autres fruits, l'abricot ne mûrit plus une fois cueilli. Lorsque vous les achetez, choisissez donc des fruits mûrs.

Agrumes. Même si vous choisissez des agrumes non traités, brossez et lavez les fruits avant d'utiliser l'écorce pour faire des zestes.

A point. Pour savoir si une terrine ou un gâteau sont cuits à point, enfoncez la lame d'un couteau à l'intérieur de la préparation, elle doit ressortir sèche.

Ail. Vous avez mangé des escargots, des praires… farcis au beurre d'ail et craignez une haleine chargée. Plus agréable que le grain de café, croquez une pomme, l'odeur sera atténuée.

Apéritif. Pour changer des cacahuètes ou chips offerts au moment de l'apéritif, présentez des petits bouquets de chou-fleur (blanchi 3 min.) avec des sauces légères au fromage blanc aux fines herbes…

Asperge. Très peu énergétique, l'asperge est riche en fibres. Elle fournit un large éventail de minéraux (potassium, phosphore magnésium, notamment) et de vitamines (A et C) concentrées dans les pointes.

Bain-marie. L'eau d'un bain-marie, fortement salée, bout plus vite

Bananes grillées. C'est un régal pour les enfants ! Pour griller les bananes, fendez la peau sans entamer la chair et laissez cuire doucement sur le gril du barbecue en retournant le fruit une ou deux fois.

Bananes. Ne les placez jamais au réfrigérateur. Le froid les fait noircir.

Barbecue. Avant la cuisson des aliments, huilez le gril ainsi que les brochettes, les aliments ne colleront pas.

Betterave. Le jus de betterave est un remarquable colorant alimentaire. Si vous voulez étonner vos convives, présentez donc à table du riz ou des pâtes d'un beau rose vif... colorés au jus de betterave.

Beurre. Attention, il absorbe les odeurs... Conservez le beurre dans une boîte hermétique ou du papier aluminium au réfrigérateur. Ne le rangez pas près de poisson, melon ou fraises...

Beurre rance. Pour le récupérer, pétrissez-le dans de l'eau additionnée de bicarbonate de soude (10 g pour 1 litre). Laissez tremper le beurre une heure ou deux. Egouttez et rincez à plusieurs reprises à l'eau froide.

Biscuits. Ils se conservent bien si vous les rangez dans une boîte en fer avec couvercle. Vous pouvez ajouter une petite pomme. Vous l'enlèverez quand elle sera ridée.

Blanquette de veau. Un petit secret de cuisinière : mettre quelques gouttes de citron sur les morceaux de veau avant de les faire revenir.

Boîtes de conserve. Essuyez ou lavez toujours le dessus d'une boîte de conserve avant d'y enfoncer l'ouvre-boîte.

Brocoli. Il faut choisir le chou-brocoli avec des têtes fermes et serrées, d'une couleur vert foncé, légèrement bleuté. Le brocoli se conserve à l'abri de la chaleur et de la lumière, sinon il jaunit.

Cake. Les raisins secs et les fruits confits se disperseront bien dans la pâte et ne tomberont pas au fond du moule si vous les farinez avant de les ajouter à la préparation.

Caramel. Règle d'or pour ne pas le rater : cinq morceaux de sucre pour 1 cuillerée à café d'eau.

Carottes râpées. Renouvelez la saveur de cette entrée en utilisant à la place de la traditionnelle vinaigrette du jus d'orange. Poivrez bien et servez les carottes avec quelques rondelles très fines d'orange.

Céleri râpé. Pour éviter au céleri râpé de noircir si vous le préparez à l'avance, versez dessus un peu de lait. Il restera blanc et ne sèchera pas.

Champignons. Avant de cuisiner des girolles ou des cèpes en conserve, égouttez-les et faites-les sécher un peu au four. Vous aurez l'impression qu'ils sont frais cueillis.

Châtaignes. Réduites en purée, elles n'accompagnent pas seulement le gibier mais aussi la pintade, le dindonneau ou le rôti de porc.

Chocolat chaud. Il sera plus mousseux et plus léger si vous le battez au fouet juste avant de le servir. Et pour lui donner un parfum plus subtil, ajoutez une pincée de cannelle en poudre ou de café soluble.

Chou-fleur. Pour atténuer l'odeur de cuisson du chou-fleur, mettez dans l'eau un croûton de pain rassis.

Choucroute. C'est du chou transformé par une fermentation naturelle. La choucroute est riche en eau, à forte teneur en sels minéraux (calcium, potassium), contient fibres et vitamines. Nature, la choucroute n'apporte que 20 calories aux 100 grammes.

Cidre. Un peu de cidre dans un plat le parfumera (poulet, lapin, veau...). Ajoutez-le en fin de cuisson et évitez une longue ébullition. Ne mettez pas d'ail, d'épices, de vinaigre ou de tomates dans le plat, sinon la saveur disparaîtra.

Cloche à fromage. Pour atténuer l'odeur des fromages placés sous cloche, glissez au milieu du plateau deux ou trois branchettes de thym.

Clou de girofle. Il ne se marie pas bien avec les fines herbes. En revanche, il se plaît avec cannelle, gingembre, cardamome. Ne l'oubliez pas dans une compote de pommes.

Compotes de fruits. Profitez de l'abondance de fruits en été, pour faire des compotes que vous congèlerez. Vous aimerez les servir, l'hiver venu. Pour cela, ne les faites pas cuire complètement. Laissez bien refroidir avant de congeler. Ajoutez un jus de citron avant de placer dans des barquettes hermétiques.

Concombre. Pour supprimer l'amertume d'un concombre, épluchez-le et mettez-le entier dans du sel. Puis placez-le dans le lait avant de le couper en rondelles.

Confitures. Si vous constatez que le dessus des confitures a moisi, enlevez cette partie et faites recuire vos confitures deux minutes à petits frémissements. Les confitures se gardent au frais et au sec.

Conserve. Toute conserve cesse d'en être une dès qu'elle est ouverte. Ne laissez jamais un aliment dans sa boîte de conserve en métal, transvasez-le dans un récipient en verre ou en plastique alimentaire.

Copeaux de chocolat. Confectionner des copeaux de chocolat pour décorer un gâteau ou des coupes de glace, c'est facile. Il suffit de râper la tranche d'une tablette de chocolat avec un couteau « économe ».

Coquilles Saint-Jacques. On compte environ 6 coquilles au kilo. En plat principal, comptez 4 noix par personne ; pour une entrée 2 suffisent.

Cornichons. Utilisez le vinaigre blanc, spécial conserves, pour les cornichons et non le vinaigre coloré.

Coupes glacées. La présentation des coupes glacées sera impeccable si vous procédez ainsi. Placez toujours la partie liquide en premier (sauce au chocolat, coulis de fruits, crème anglaise...), puis disposez les boules de glace, terminez par le « décor » : copeaux de chocolat, brisures de nougatine ou de caramel, petits fruits...

Crème Chantilly. Pour la réussir parfaitement, utilisez un récipient bien froid (placez-le au réfrigérateur avant de vous en servir), de la crème fraîche très froide. Fouettez la crème en plaçant le récipient dans un autre plus grand contenant des glaçons.

Crêpes. L'idéal est vraiment de les déguster au sortir de la poêle ! Mais pour les garder chaudes, empilez les crêpes sur une assiette posée sur une casserole d'eau bouillante, le tout recouvert par un grand saladier.

Cuisine. Lorsque vous faîtes un pâté, un plat en sauce... prévoyez large et congelez le supplément une fois bien refroidi.

Endives. Ne les laissez pas tremper dans l'eau, cela les rend amères. Également pour supprimer l'amertume, enlevez un petit cône à la base de chaque endive.

Épinards. Crus, les épinards peuvent se conserver quelques jours dans le bac à légumes du réfrigérateur mais c'est un légume qui s'oxyde et qu'il faut manger très frais. Une fois cuits, évitez de les réchauffer ou de les garder car il se forme rapidement des substances toxiques.

Equivalence. Une cuillerée à soupe remplie rase contient environ 20 g de riz, de gros sel, de beurre ; 15 g de semoule, de sucre en poudre, de fécule, de café moulu, d'eau ; 10 g de farine, de gruyère râpé. Ces mesures ne sont pas rigoureuses comme la balance...

Foie de veau. N'attendez pas que la poêle soit très chaude quand vous faites cuire des tranches de foie de veau, car cette viande devient dure au contact d'une forte chaleur.

Fond de tarte. Certains fruits, très juteux, détrempent le fond de tarte. Pour éviter cet inconvénient, badigeonnez celui-ci avec de l'œuf battu.

Four. Les thermostats des fours sont numérotés de 1 à 10 ou donnent directement le degré de température. Pour connaître l'équivalence entre ces deux systèmes, il suffit de multiplier le numéro par 30. Par exemple : Thermostat 5 = 150° ; th. 8 = 240°.

Fraise. Lavez toujours les fraises avant de les équeuter pour éviter de leur donner un goût d'eau.

Framboise. C'est un fruit fragile. Sa conservation n'excède pas deux jours au réfrigérateur. Pour sa présentation et pour garder sa saveur, il est préférable de ne pas le laver.

Fromage. Le morceau de gruyère a desséché. Enveloppez-le dans un linge, bien imbibé de vin blanc. Laissez-le ainsi quelques heures, il retrouvera sa fraîcheur.

Gencives. Croquez les pommes avec leur peau, c'est bon pour les gencives. Auparavant lavez ou essuyez le fruit.

Gigot à l'ail. Vous aimez le parfum de l'ail dans la viande mais détestez croquer la gousse. Pour éviter cela, faites cuire les gousses non épluchées 10 min. à l'eau bouillante. Lorsqu'elles sont tendres, réduisez-les en purée et mélangez cette purée à la sauce du gigot.

Grillade. Lorsque vous faîtes des grillades, ne piquez pas la viande durant la cuisson car le sang s'écoule. Pour retourner la viande, évitez donc la fourchette.

Gruyère râpé. Dans un gratin ou dans les pâtes, le gruyère « filera » beaucoup mieux s'il est râpé gros, voire émincé en fines lamelles et incorporé en remuant à la préparation très chaude.

Jaune d'œuf. Si vous n'utilisez pas immédiatement un jaune d'œuf, vous le garderez un jour ou deux au réfrigérateur, à condition de le recouvrir d'eau froide ou d'huile.

Jus de betterave. Comme le jus de betterave a tendance à « râper » un peu la gorge, présentez-le en mélange avec un jus de carotte, moitié-moitié. Délicieux, servi bien frais.

Jus de citron. Il vous rendra bien des petits services en cuisine. Il empêche fruits et légumes pelés de noircir et en relève le goût. La coquille d'œuf frottée avec un peu de jus de citron ne laissera plus fuir le blanc au moment de la cuisson.

Jus de fruit. Ne préparez jamais longtemps à l'avance un jus de fruit frais car il s'oxyde et perd ses vitamines.

Kiwi. Les petits grains noirs du kiwi, écrasés, donnent de l'amertume, évitez donc l'emploi du mixer lorsque vous transformez ces fruits en coulis ou en purée.

Lait. Avant de mettre le lait à bouillir, passez l'intérieur de la casserole sous l'eau, sans l'essuyer, le lait n'attachera pas.

Légumes en conserve. Avant d'utiliser des légumes en conserve, rincez-les toujours à l'eau tiède, puis à l'eau froide.

Légumes. La façon de couper ou de détailler fruits et légumes modifie leurs goûts. Par exemple, une carotte râpée a un goût différent d'une carotte détaillée en bâtonnets. Les champignons coupés en quartiers sont plus croquants que les champignons en lamelles et n'absorbent pas la vinaigrette de la même façon.

Légumes nouveaux. Il est préférable de brosser ou de gratter les légumes nouveaux plutôt que de les peler. Passez-les rapidement sous un filet d'eau et ne les laissez pas tremper, ainsi vous préserverez au mieux vitamines et sels minéraux.

Légumes verts. Lorsque vous cuisez des légumes verts à l'eau salée, ne couvrez pas la casserole. Les légumes garderont mieux leur couleur verte.

Maïs. Lorsque vous pochez des épis de maïs frais, faites-le dans un mélange moitié eau, moitié lait. Les grains seront plus moelleux. Pochez les épis après avoir enlevé les feuilles.

Margarines. Elles renferment de la provitamine A, mais surtout de la vitamine E, lorsqu'elles sont à base d'huile de tournesol ou de maïs.

Maturité. En enfermant des fruits pas très mûrs dans un sac plastique, avec une ou deux pommes, ils mûriront plus vite.

Micro-ondes. Il est préférable de mettre un couvercle aux préparations que vous cuisez ou réchauffez au micro-ondes. Ce peut être le couvercle du récipient en matière « spéciale micro-ondes » mais aussi un film plastique ou du papier sulfurisé.

Moules. Pour les garder au chaud, une fois cuites, placez-les dans un plat creux posé sur une casserole d'eau bouillante, recouvrez avec un autre plat creux ou un saladier.

Moutarde. Une fois ouvert, le pot de moutarde doit être conservé au réfrigérateur.

Noix. Pour redonner à des noix sèches un peu du goût des noix fraîches, trempez-les une nuit dans de l'eau sucrée.

Œufs brouillés. Pour les réussir, il ne faut pas battre les œufs longtemps mais bien les mélanger rapidement. Si l'on n'ajoute pas de crème fraîche, il faut stopper la cuisson dès que les œufs sont pris.

Œufs durs. 10 minutes, c'est le maximum. Si vous prolongez le temps de cuisson des œufs durs, ils noircissent entre le jaune et le blanc.

Œufs en neige. Pour que les blancs d'œufs montent bien et soient fermes, ajoutez une pincée de sel fin ou quelques gouttes de jus de citron. Veillez bien, au moment de casser les œufs, à ce qu'il n'y ait pas de trace de jaune dans les blancs.

Oignon. Pour enlever l'odeur d'oignon sur les mains, frottez les paumes avec du gros sel humide. Pour éviter que les oignons entiers se défassent à la cuisson, faites une incision en forme de croix à la base de chaque légume.

Les tiges vertes d'un oignon qui germe peuvent très bien remplacer les fines herbes dans une salade ou une omelette.

Pour éviter de pleurer quand vous les pelez, travaillez directement sous un filet d'eau, à l'évier. Essayez aussi de mettre les oignons au réfrigérateur avant de les utiliser.

Olives vertes. Vous n'avez pas de dénoyauteur à olives... Prenez un couteau bien aiguisé, tournez en spirale autour du noyau de l'olive verte. Résultat : l'olive sera dénoyautée et la spirale reprendra la forme de l'olive.

Pain de mie. Le pain de mie frais se tranche mal. Pour obtenir de belles tranches fines et régulières, placez le pain une heure ou deux au réfrigérateur avant de l'utiliser.

Pain. Pour qu'un pain rassis retrouve le goût du frais, humidifiez-le légèrement et placez-le quelques minutes à four tiède.

Pâtes. « Al dente », pour un Italien, c'est la cuisson idéale des pâtes. Cela veut dire qu'elles ne sont ni trop molles ni trop collantes. Sous la dent, les pâtes doivent résister imperceptiblement.

Les pâtes triplent de volume à la cuisson. Songez-y au moment de les mettre dans la casserole. Pour éviter qu'elles ne collent, ajoutez une cuillerée à café d'huile à l'eau de cuisson.

Pâte brisée. Pour réussir une pâte brisée, pour qu'elle reste parfaitement souple et tendre, il faut la préparer rapidement et ne pas la pétrir. Trop de manipulations la font durcir à la cuisson.

Pâtisserie. Lorsque vous utilisez des œufs, pour une préparation, cassez-les, un à un, dans un petit bol avant de les ajouter. Cela vous évitera de tout jeter dans le cas d'un œuf mauvais.

Pépins. Les pépins de coing, de pomme sont riches en pectine. Placez-en plusieurs dans un sachet et mettez à cuire avec les fruits lorsque vous faites des confitures. Ils serviront de gélifiant.

Persil. Le persil plat a plus de saveur, utilisez-le pour la cuisine ; réservez le persil frisé pour la décoration.

Pintade. A la cuisson au four, une pintade restera bien moelleuse si vous farcissez l'intérieur avec deux petits-suisses.

Poireau. Excellent désintoxicant, le bouillon de poireau remet en forme après quelques excès de table. Faites cuire blanc et vert de poireau, bien émincés dans l'eau salée pendant une demi-heure environ. Consommez de petites tasses de ce bouillon plusieurs fois dans la journée.

Poisson. Pour fariner un poisson sans en mettre partout dans la cuisine, mettez deux cuillerées de farine dans un sac plastique avec le poisson. Fermez le sac, secouez. Le poisson sera fariné et vous n'aurez plus qu'à jeter le sac.

Poisson au four. Disposez toujours un lit de légumes sous le poisson cuit au four : tomates, oignons, carottes râpées, poireaux... empêcheront le poisson d'attacher au plat.

Poisson grillé. Les poissons cuits au gril ne dessècheront pas si, en cours de cuisson, vous les badigeonnez plusieurs fois avec un « pinceau » de branchettes de thym ou de romarin trempé dans l'huile.

Pommes. Granny-Smith, Belle de Boskoop, Jonagold, Rouges américaines, Reine de Reinettes... des variétés de pommes que vous pourrez utiliser pour une cuisson à la poêle.

Pommes au four. Elles ne s'effondrent pas au fond du plat si vous prenez la précaution de les enduire d'un peu d'huile et d'inciser la peau légèrement sur tout le pourtour avec la pointe d'un couteau.

Pommes de terre. Les pommes de terre primeur sont très riches en vitamine C et très goûtées. Ne les utilisez pas pour faire des frites car elles seraient molles, ni pour la purée car elles manqueraient de liant.

Pot-au-feu. Cuisez à part les légumes (carottes, céleri, poireaux) du pot-au-feu. Vous les ajouterez au bouillon au moment de servir. Ainsi, ils resteront bien fermes et surtout, ils n'auront pas absorbé de gras.

Présentation. Pour décorer un plat, des radis-fleurs. Rien de plus facile : faites une incision en croix sur le haut des radis, laissez tremper dans l'eau froide salée. Les radis s'ouvrent comme des fleurs.

Pruneaux. Faites-les gonfler dans le thé plutôt que dans l'eau avant de les utiliser en cuisine. Ils auront plus de goût.

Radis. Lorsque vous achetez une botte de radis bien frais, une fois croqué les radis roses, utilisez les fanes pour un potage. Préparez-les exactement comme un potage au cresson avec pommes de terre et lait.

Réfrigérateur. Pour une bonne conservation des aliments, les produits entreposés au réfrigérateur doivent être frais et propres. Débarrassez donc les légumes des parties terreuses ou abîmées. N'oubliez pas non plus de nettoyer régulièrement le réfrigérateur et pas seulement le bac à légumes.

Rhubarbe. Elle est très acide. De préférence, faites cuire les tiges de rhubarbe dans des récipients en terre, en verre ou en porcelaine à feu.

La rhubarbe se conserve quelques jours au frais. Après, elle devient molle et donc difficile à éplucher. Les tiges de rhubarbe se congèlent très bien, coupées en tronçons.

Riz au lait. Ne sucrez pas le lait avant de verser le riz, il ne cuirait pas. Ajoutez le sucre, une fois le riz au lait cuit.

Riz en salade. Le riz absorbera mieux la sauce vinaigrette si vous l'assaisonnez alors qu'il est encore chaud.

Rôti. Si vous plongez deux à trois minutes un rôti de porc ou de veau dans du lait bouillant, il ne « rétrécira » pas à la cuisson au four ou dans la cocotte.

Salade de fruits frais. Epluchez les fruits avec un couteau à lame inoxydable et arrosez aussitôt les fruits de jus de citron pour éviter qu'ils ne noircissent, surtout s'il s'agit de pommes, poires, pêches.

Salade flétrie. Pour redonner du tonus à une salade un peu fanée, trempez-la dans l'eau tiède puis dans l'eau très froide.

Salsifis. Les salsifis s'éplucheront mieux si vous les faites tremper avant dans l'eau froide.

Sauce. Elle est trop liquide... De préférence à la farine qui parfois forme des grumeaux, ajoutez une cuillerée de flocons de purée instantanée, délayés dans un peu d'eau froide.

Sauce hollandaise. Pour « rattraper » une sauce hollandaise qui a tourné, versez un jus de citron dans un bol, puis ajoutez dessus, tout en fouettant, la sauce hollandaise râtée.

Saucisses. Elles seront plus digestes si vous les plongez dix minutes dans l'eau bouillante avant de les poêler. Piquez la peau avec une fourchette pour leur éviter d'éclater.

Saucisson sec. Ce n'est pas toujours facile d'enlever la peau d'un saucisson sec. Astuce : enroulez le morceau dans un linge humide, laissez-le dix minutes, la peau s'enlèvera facilement et vous n'aurez plus qu'à trancher le morceau de saucisson.

Sel. Le sel ne formera pas un bloc compact dans la salière si vous y glissez trois grains de riz. Ils absorbent l'humidité.

Sucre glace. Extrêmement fin, préférez ce sucre pour tous les desserts sans cuisson : mousses, crème Chantilly, truffes au chocolat...

Surgelé. Le poisson surgelé que vous préparez à la poêle ne doit pas être décongelé avant la cuisson, sinon il perdrait sa tenue.

Théière. Ne la lavez pas avec un produit à vaisselle. Elle se rince simplement à l'eau claire. Utilisez-la uniquement pour le thé, ayez un autre récipient pour les tisanes. Ces dernières pourraient communiquer leur parfum fort au thé.

Tomates farcies. Elles perdent beaucoup d'eau en cuisant. Mettez une pincée de riz au fond de chacune d'elles avant de les farcir, le riz absorbera l'eau pendant la cuisson.

Vinaigre blanc. Vos mains sont tachées par les fruits que vous avez épluchés pour les confitures. Frottez-les avec un peu de vinaigre blanc, les taches disparaîtront.

Vinaigrette. Vous avez eu la main trop lourde... Pour rattraper une vinaigrette trop forte, placez un gros morceau de mie de pain dans la sauce. Elle en absorbera une partie et vous compléterez ensuite avec un peu d'huile.

Vitamines. La quantité recommandée de fruits et légumes (crus ou cuits) est de 600 à 800 g par jour. Cette quantité permet une variété dans l'alimentation et assure à l'organisme l'apport indispensable en vitamines et minéraux.

Zeste. Pour prélever facilement le zeste d'un citron ou d'une orange, le mieux, après avoir lavé le fruit, est de le peler avec un couteau économe. Ainsi, vous ne prenez que l'écorce colorée.

TABLE DES MATIÈRES

Entrées

Poissons et coquillages

Volailles et lapin

VIANDES

LÉGUMES

Desserts

Votre carnet de recettes

Votre carnet de recettes

Imprimé en France par Brodard et Taupin, La Flèche (Sarthe)
I.S.B.N. : 2.7373.2358.4 - Dépôt légal : mars 1998
N° d'éditeur : 3746.03.09.05.99